Zwei braune Kinderaugen schauen mich erwartungsvoll an. Ganz fest halte ich die kleine Hand, ein zartes Ärmchen umfaßt meine Beine, als wollte es mich nie wieder loslassen. Nicht ganz vier Jahre ist sie alt, die Tochter, die ich nicht geboren habe.

Wer ihre Eltern waren weiß ich, ich werde es vergessen. Sie hat einen Namen, aber wenn sie einverstanden ist, werde ich sie Maria nennen, Maria, wie meine Tochter, die ich vor mehr als zehn Jahren verloren habe.

»An diesem Kind ist viel gutzumachen …«, sagt die Fürsorgerin bei unserem Abschiedsgespräch in ihrem Dienstzimmer. Sie mustert uns, Andreas, meinen Mann, und mich, über ihrer Brille, die sie halb auf der Nase trägt, »… aber Sie werden das schon schaffen…«, räumt sie schließlich wohlwollend ein. »Was mir mehr Kopfzerbrechen macht, ist, wie Sie mit den Alpträumen des Kindes fertig werden. Manche Woche hat es keine Nacht durchgeschlafen und dann am Tag viel geweint, kaum etwas gegessen. Na ja, ich erinnere mich, Sie waren mal Schwester in der Psychiatrie.« Sie lehnt sich in ihren Bürosessel zurück und sieht mich an, als erwarte sie eine Antwort, wie eine Lehrerin, die Vokabeln abhört.

Entwaffnen will ich sie, all ihre Bedenken ausräumen und sage: »Liebe ist heilsamer als alles andere.«

Sie bleibt skeptisch.

In der Nähe dieser grauhaarigen Frau fühle ich mich unwohl. Als ob es ständig durch ein undichtes Fenster zieht, macht ihre Gegenwart den Raum unbehaglich und kühl. Von Anfang an waren wir uns unsympathisch, seit Monaten versuche ich, meine Abneigung gegen sie zu unterdrücken. Vergeblich. Daß es letztendlich an mir liegt, weiß ich. Meine schlechten Erfahrungen mit der Jugendhilfe, wo diese Frau immerhin zwanzig Jahre Mitarbeiterin war, bevor sie in dieses Kinderheim wechselte, sind schuld an meiner Voreingenommenheit.

Einmal war ich nahe daran, sie zu fragen: Wie haben Sie eigentlich vor der »Wende« gehandelt, wenn bei einer Ehescheidung um das Sorgerecht für ein Kind gestritten wurde und das Gericht bei Ihnen eine Empfehlung einholte?

War für Sie dann auch der Vater als SED-Genosse geeigneter, ein Kind zu erziehen, als die Mutter, die sich nichts anderes hatte zuschulden kommen lassen, als politisch anders zu denken?

Aber vielleicht tat ich ihr unrecht, und sie war eine von denen, die den Mut hatten, sich ein unantastbares Gewissen zu leisten?

Lange ist es her, daß man mir mein einziges Kind weggenommen hat, nicht lange genug, um vergessen zu können.

Es war Spätherbst 1980, als sie Maria abholten, sie war gerade vier Jahre alt. Wir durften uns nie wiedersehen.

Die Fürsorgerin steckt die Geburtsurkunde und den Impfausweis der Kleinen ordentlich in einen großen Briefumschlag, den sie mir zusammen mit einem schäbigen Köfferchen übergibt. »Da sind noch ein paar Kleidungsstücke vom Kind drin und ein Plüschtier«, sagt sie nüchtern.

Wir verlassen das Heim Hand in Hand, das Kind – von heute an unsere Tochter – in der Mitte. Das große

Tor schließt sich hinter uns, und im selben Moment werde ich von einer ungestümen Zärtlichkeit überwältigt. Jetzt muß ich meine Tränen nicht mehr zurückhalten, darf meinen Gefühlen freien Lauf lassen, das Kind an mich drücken, es küssen.

Im Überschwang der Gefühle ist mir, als müßte ich einen Eid, ein Gelübde ablegen – jetzt und für immer. Bei allem, was mir heilig ist, schwöre ich, daß ich dieses Kind glücklich machen werde. Eine bessere Kindheit als ich soll es haben, kein Schatten soll darauf liegen, keine Angst und keine Not.

Als die Kleine in ihrem roten Kleidchen auf den Gehwegplatten ausgelassen Hüpfkästchen spielt, werden in mir Gedanken an meine Kindheit wach.

Wie dieses kleine Mädchen war auch ich ein Kind mit schwarzen Haaren …

Noch einmal gehe ich die Wege meines Lebens, und jeder Schritt tut weh. Die Seele habe ich mir wundgerieben in den Jahren, wie Füße in zu engen Schuhen.

Meine Eltern hatten Mitte der fünfziger Jahre geheiratet.

Meine Mutter, eine zarte, brünette Frau mit geheimnisvollen Mandelaugen und einem sinnlichen Mund, von der es hieß, sie sei die Schönste der kleinen Stadt, in der sie und dann auch ich geboren wurden, war in der Vergangenheit vom Leben nicht verwöhnt worden.

In den letzten Kriegsjahren hatte sie nach Österreich geheiratet. Dort brachte sie Dorothea zur Welt, die sie Dora nannte.

Die Schwiegermutter machte ihr das Leben zur Hölle, traktierte den Sohn mit ihrer Eifersucht. Der entschied sich für seine Mutter.

Mit dem Kind an der einen Hand und einem großen Koffer, der mehr wog als sein Inhalt, in der anderen kehrte sie dem Dörfchen bei Wien den Rücken, stieg in den erstbesten Zug nach Deutschland, wollte nichts weiter, als wieder heim nach Thüringen zu ihrer sterbenskranken Mutter.

Die zweite Ehe dauerte nicht länger als die erste.

Er arbeitete als Kraftfahrer bei der »Wismut«. Als das gemeinsame Kind mit eineinhalb Jahren starb, saß er wegen Benzinschwarzhandel im Gefängnis.

Geschlagen hatte er sie, wenn er betrunken war, die Schnapsflaschen an den Zimmerwänden zerschmettert. War er wieder nüchtern, bereute er, was er getan hatte, flehte sie unter Tränen an, ihm zu verzeihen, und schlug nach jeder Zechtour doch immer wieder zu. Irgendwann kam mit der Post ein Brief vom Jugendamt. Eine andere Frau hatte ein Kind von ihm bekommen und verlangte nun Unterhalt für das Neugeborene.

Nach der Scheidung arbeitete die Mutter als Verkäuferin für Sportartikel in einem Warenhaus, mußte sich und ihr Kind mit einem winzigen Gehalt über die Runden bringen. Als Gras über ihr Unglück gewachsen schien, längst neue Zerwürfnisse und Tragödien die Bürger der kleinen Stadt in Atem hielten, kam ein Fremder in die Stadt.

»Hast du schon den neuen Trainer von unserer Fußballmannschaft gesehen, Ruth?« fragte Lissy, eine ältere Kollegin, meine Mutter. »Da drüben steht er.« Sie deutete durch das Schaufenster hinüber auf die andere Straßenseite. »Der da mit dem dunklen Anzug und dem Trenchcoat... Sieht er nicht gut aus? Guck doch mal die schwarzen Haare ... Wär das nicht ein Mann für dich? Italiener soll er sein und nach Knoblauch und

Rasierwasser riechen … Stell dir mal vor, ein Italiener in unserem Kaff … Beim Fleischer haben sie erzählt, er sei Franzose, aber das glaube ich nicht, die sehen anders aus, hab' im Krieg welche gesehen, wobei er ja ein bißchen aussieht wie so einer … Nein, nein, eine solche gebogene Nase hat nur ein Italiener … Was meinst du, ob der überhaupt deutsch spricht?«

»Ich weiß, Lissy«, sagte meine Mutter später, »du meinst es gut. Er ist ja auch ein interessanter Mann, aber zwei Scheidungen und die Probleme mit dem Kind reichen mir … Doras Lehrerin kam gestern abend zu uns nach Hause … Dora war die ganze letzte Woche nicht in der Schule. Als ich sie zur Rede stellte, war kein Wort aus ihr herauszubekommen, da ist mir die Hand ausgerutscht. Ich werde einfach nicht mehr fertig mit ihr.«

»Reg dich nicht auf, Ruth. Ich habe auch die Schule geschwänzt. Das macht jedes Kind mal. Deine Dora braucht keine Ohrfeigen, sondern einen Vater, der sie gern hat …«

»Und da denkst du an einen Italiener, der nach Knoblauch und Rasierwasser riecht …?«

In der kleinstädtischen Gerüchteküche wurde noch lange über die Herkunft des Fremden spekuliert.

Eines Tages kaufte er Sportbekleidung bei meiner Mutter.

»Sie sprechen ja deutsch«, sagte sie erstaunt.

Er lachte: »Warum nicht, ich bin ja auch in Deutschland geboren.«

Von da an kam er immer wieder, allerdings ohne etwas zu kaufen.

Endlich faßte er Mut und fragte meine Mutter: »Wohin gehen wir heute abend, schöne Frau? Ich möchte Sie einladen.«

Nachdem er sie ein paarmal zum Tanzen ausgeführt hatte, kam er am Wochenende zu Besuch nach Hause. Die Wohnung war wie geleckt. Er sollte von allem den besten Eindruck gewinnen, auch von Dora.

»Vielleicht bekommst du bald einen neuen Vater«, hatte die Mutter zu ihr gesagt, doch der Mann, der sie nun fast jedes Wochenende besuchte, schien sie überhaupt nicht wahrzunehmen.

Um zehn Uhr abends schickte ihn meine Mutter stets zurück in sein Hotelzimmer.

»Du mußt mich verstehen, Carlo, ich bin schon zweimal geschieden. Ich habe auf meinen Ruf zu achten. Was meinst du, wie sie hier in der Straße tratschen, die wissen mehr über einen als man selbst.«

Es dauerte Monate, bis sie ihn endlich in ihr Bett ließ.

Er verstand es, eine Frau zum Träumen zu bringen. Im Taumel der Gefühle ließ sie ihre Illusion vom großen Glück, wie schon so oft in ihrem Leben, in einem ruderlosen Boot an ein unbekanntes Ufer treiben. Sie fühlte sich mit ihren vierunddreißig Jahren wie vierundzwanzig und vergaß die Welt um sich.

Dieses Mal würde es gutgehen, mußte es gutgehen. Man kann nicht dreimal Pech haben, dachte sie, und doch blieben Zweifel.

»Na, Ruth, wie geht's mit euch beiden?« verlangte Lissy zu wissen. »Ist es was Ernstes?«

»Carlos will mich heiraten. Er sagt, er sehne sich nach einem Zuhause, habe es satt, das Leben aus dem Koffer. Ich glaube, er ist ein guter Mensch. Was meinst du, wie er für uns sorgt, was er uns alles mitbringt, vorgestern sogar einen geräucherten Aal.«

»Du klingst nicht gerade begeistert«, stellte Lissy fest.

»Ach, Lissy, wie soll ich es dir erklären, wenn ich es doch selbst nicht weiß? Er ist einfach anders als die Männer, die ich vor ihm gekannt habe. Er trinkt das Leben wie Wein, verstehst du? Er ist jemand, der immer Durst hat, keine Grenzen kennt, weder für das Glück noch das Unglück. Dieser Mann ist wie ein reißender Strom, der wild durch das Leben braust, den kaum jemand aufhalten kann.«

»Das ist die fremdländische Mentalität, Ruth. Daran mußt du dich erst gewöhnen.«

»Ich sehne mich doch aber nach Ruhe, nach Ordnung. Ich kann nun mal nicht aus meiner Haut. Verkrampft und phantasielos sei ich, hat er gesagt, ich müsse erst noch lernen, mich loszulassen. Vielleicht stimmt das sogar, doch ich will nicht, daß er Unruhe in mein Leben bringt. Und das tut er, jedesmal, wenn er da ist. Aber ich kann auch nicht Schluß machen mit ihm, jetzt, wo die Leute aus dem Haus gesehen haben, daß er über Nacht geblieben ist.«

»Ist er denn gut zu deiner Kleinen?«

»Er beachtet sie kaum; das hatte ich mir auch anders vorgestellt. Er will ein eigenes Kind, hat er gesagt.«

»Gib ihm Zeit! Der liebt dich, glaub mir, das sieht doch jeder. Und du hast ihn doch auch gern?«

»Bestimmt hast du recht, Lissy. Ich war vielleicht zu lange allein. Und was die fremdländische Mentalität angeht, hast du wahrscheinlich auch recht. Dem Paß nach ist er zwar Deutscher, aber sein Vater war Italiener, ein Musiklehrer, er kam durch den Ersten Weltkrieg nach Deutschland. Seine Mutter stammt aus Griechenland und lebt jetzt auch wieder dort, mit ihrem zweiten Mann, hat er mir erzählt.«

»Siehste, Ruth, wie ich dir sagte, das ist eben das fremde Blut.«

Als meine Eltern heirateten, wußte niemand davon. Nicht einmal Dora. Die war wie immer morgens zur Schule gegangen.

Nun hatte sie ihren dritten Vater bekommen, und nun würde alles besser werden, das jedenfalls hatte die Mutter versprochen.

»Wenn ich erst wieder verheiratet bin, habe ich mehr Zeit für dich, brauche nur noch halbtags zu arbeiten, dann ist ein zweiter Verdiener im Haus, und wir müssen nicht mehr mit jeder Mark knausern. Mal sehen, wenn du noch ein Brüderchen oder Schwesterchen bekommst, höre ich ganz auf zu arbeiten. Und wenn du ganz lieb bist zu deinem neuen Vater, wird er dich auch gern haben. Wirst sehen, Dora, mußt nur Geduld haben.«

Dora stand morgens früher auf, als sie mußte, putzte die Schuhe des Vaters auf Hochglanz, brachte den Eltern das Frühstück ans Bett. »Dora, du bist ein Schatz«, lobte die Mutter. Aber er, dem alle Mühe galt, er drehte sich, ohne ein Wort, ohne einen Blick für sie, auf die andere Seite und schlief weiter.

Nichts veränderte sich so, wie es ihr die Mutter versprochen hatte. Im Gegenteil. Früher kam die Mutter abends pünktlich nach Hause, war nur dann und wann mit einer Kollegin ins Kino gegangen oder tanzen. Jetzt wartete Dora manchen Abend vergeblich auf die Eltern. Sie saß auf der Bordsteinkante oder auf den abgetretenen Steinstufen vor der Haustür und schabte mit den Schuhen den Straßenstaub von einem Fuß auf den anderen. Hätte die Nachbarin sie nicht aufgefordert, endlich nach oben zu gehen, hätte sie wohl noch bis Mitternacht dort gehockt, wenn die Eltern vom Tanzen kamen oder aus dem Restaurant.

Als die Mutter mit mir schwanger war, schrieb Dora ihre Angst, jetzt ganz und gar vergessen zu werden, an Freundinnen: »Meine Mutter bekommt wieder ein Kind. Ich hasse sie, ich hasse sie, ich hasse sie!« stand auf einem kleinen zerknitterten Zettel, den die Mutter im Schulranzen fand, als sie ihn wie jeden Abend kontrollierte. Sie war außer sich und verprügelte Dora.

»Schämst du dich nicht, deiner schwangeren Mutter so etwas anzutun, du Luder, nichts als Ärger habe ich mit dir!«

Sie wandte sich an den Vater, hielt ihm mit bebenden Händen den Zettel unter die Nase, erhoffte Beistand von ihm. Doch er sagte unbeteiligt: »Dora ist dein Kind, was ihr untereinander auszumachen habt geht mich nichts an.«

Die Mutter teilte ihre Liebe zwischen uns Kindern ungleich auf. Es schien so, als würde ich, die Sanfte, die Erwünschte, doppelt geliebt und Dora für sie immerfort ein Stein des Anstoßes sein.

Ich litt darunter, wenn sie meine Schwester zu Unrecht und zu hart bestrafte, ihr so manche Tracht Prügel verabreichte, während sie mich fast schon übertrieben liebevoll umsorgte.

Den Wutausbrüchen der Mutter gegenüber Dora ging meistens ein Streit mit dem Vater voraus. Die Zeiten, als sie sich zusammen amüsierten, waren längst vorbei. Er nahm sich seine Freiheit, ging fort, wann er wollte, und kam heim, wann es ihm gefiel. Ihr blieb der Haushalt, die Kinder und eine zunehmende Unzufriedenheit über die langweilig gewordene Ehe.

Da hatten sie mich in die Welt gesetzt, als sie glaubten, ihr Glück für immer festhalten zu können, und nachdem sich dies als Illusion erwiesen hatte, machten sie mich zum Aushängeschild ihrer auf Gewohnheiten reduzierten Gemeinsamkeit.

Meine Mutter strickte Jäckchen für mich, kaufte Kleidchen, band mir Seidenschleifen ins Haar und gab mich Sonntag vormittags dem Vater an die Hand, wenn das Wetter schön war. »Kommt aber pünktlich zum Mittagessen«, rief sie uns immer nach, war beruhigt, weil sie wußte, daß der Vater zusammen mit mir nicht beim Frühschoppen im »Posthof« versacken würde.

Ich liebte diese Sonntagvormittage, die am schönsten waren, wenn ein Zirkus vor der Festhalle seine Zelte aufgeschlagen hatte. Für eine Mark Eintritt zeigte mir der Vater alle Tiere in der Tierschau und erzählte mir dabei von fernen Ländern, als sei er selbst dort gewesen.

Dora mußte derweil der Mutter beim Kochen helfen. Die Thüringer Klöße gab es jeden Sonntag, und jedesmal glich deren Zubereitung einem heiligen Ritual.

Am Nachmittag legte sich der Vater das Jackett über die Schulter, sagte hastig: »Es kann spät werden heute abend, ich bin zum Skat verabredet«, und verschwand. Die Mutter schickte ihm einen bösen Blick hinterher. Nervös rührte sie mit dem Löffel in ihrer grünen Sammeltasse mit dem Goldrand, die niemand außer ihr benutzen durfte. Dora hatte sie ihr einmal zum Geburtstag geschenkt, lange ihr schmales Taschengeld darauf gespart.

Die Stimmung war gespannt. »Mach endlich das Radio leise, mir platzt der Kopf«, herrschte die Mutter Dora an. Die protestierte kleinlaut: »Nie darf ich Musik hören, alle aus meiner Klasse dürfen das, nur ich nicht.« Ich verkroch mich bei solchen Gelegenheiten hinter meinem Bilderbuch auf dem Sofa, wo ich artig sitzen blieb, ohne mich zu rühren.

»Du hast es nötig, dich zu beschweren, gerade du! Hast mir doch erst heute wieder ein Loch in den Strümpfen heimgebracht, das ist so groß, daß ich es nicht mal mehr stopfen kann, und deine neuen Schuhe müssen wir morgen auch schon wieder zum Schuster bringen, weil die Absätze hin sind. Und dann kommst du mir zum Dank noch frech!« Die Mutter schlug mit der flachen Hand heftig auf den Tisch.

Die Tasse sprang auf den Fußboden und zerbrach. Entsetztes Schweigen. Und dann schrie die Mutter auf Dora ein, daß sich ihre Stimme überschlug: »Du siehst nicht nur aus wie dein Vater, du bist auch so. Genauso liederlich und verkommen. Hätte ich dich bloß bei ihm gelassen, damals. Mir würde es heute besser gehen, ich hätte einen anderen Mann gefunden, nicht so einen Herumtreiber, der nur zum Essen heimkommt und mich beleidigt. Aber wer hat mich schon gewollt mit einem Kind am Hals!«

Sie kniete auf dem Fußboden, kehrte die Scherben zusammen und weinte dabei.

Danach sagte keiner mehr ein Wort.

Später setzte sie sich ins Wohnzimmer, auf die Couch neben dem Kachelofen, und strickte, wollte ganz für sich sein.

Daß sie Dora trotzdem liebte, wenn auch auf eine ganz besondere Weise, spürte ich, wenn sie ihrer »Großen« in mühevoller Handarbeit ein Kleid nähte oder änderte. Dann hatten beide soviel Freude beim Anprobieren, plauderten gelöst, umarmten und küßten sich sogar. Ich genoß den Frieden zwischen ihnen, der allerdings nie lange anhielt.

Seit ich todkrank mit einer beidseitigen Lungenentzündung darniedergelegen hatte, lebte die Mutter in ständiger Angst, mich zu verlieren, zumal ich ein schwächliches Kind war. Mehrmals am Tag legte sie mir prüfend die Hand auf die Stirn. Sobald sie Anzeichen für eine beginnende Erkältung wahrzunehmen glaubte, setzte sie mich tagsüber auf das alte Sofa in der Küche und baute um mich herum drei pralle Federkissen wie Burgmauern auf. Mit dem Teddy im Arm hatte ich still sitzen zu bleiben, und die einzige Abwechslung war, der Mutter bei der Hausarbeit zuzusehen. Ab und an steckte sie mir ein kirschgroßes Stückchen Butter in den Mund. »Das ist gut für deine Lunge.« Kam Dora von der Schule heim, rief sie ihr zu: »Schließ sofort die Tür hinter dir, es zieht. Deine Schwester wird sich noch den Tod holen, wenn wir nicht aufpassen.«

»Du mußt mir helfen«, sagte die Mutter sogleich fordernd zu meiner Schwester. »Solange du aufwäschst, kann ich ein paar Reihen an Undines Winterpullover stricken. Es wird bald kalt.«

Dora murrte und verzog das Gesicht hinter dem Rücken der Mutter zu einer Grimasse. Mich legte die Mutter zum Mittagsschlaf, vorher mußte ich noch ein Glas lauwarme Milch trinken.

Wenn ich aufwachte, war die Küche blitzblank und es roch nach allen möglichen Putzmitteln. Der Herd glänzte, als wäre er aus purem Silber. Im Wohnzimmer kroch die Mutter auf allen vieren und schrubbte den Teppich mit einer groben Bürste und Seifenwasser.

Sobald sie mich und Dora sah, begann sie zu schimpfen: »Hundertmal habe ich euch schon gesagt, ihr sollt euch in acht nehmen, die Hausschuhe vor der Wohnzimmertür ausziehen, aber nein, was ich sage ist ja sowieso für die Katz. Ich bin eben nur euer Dreckpudel.« Bat Dora, eine Freundin besuchen zu dürfen, hieß es: »Jaja, geh nur zum Kichern, laß mich ruhig allein mit der ganzen Arbeit. Immerhin ist es ja auch dein Dreck, den ich hier wegmache. Und vergiß nicht, den Leuten zu erzählen, wie schlecht es dir zu Hause geht, damit sie es mir morgen wieder im Konsum oder beim Fleischer unter die Nase reiben. Meinst du vielleicht, ich weiß nicht Bescheid?«

Unsere Wohnung war zu klein, als daß jedes Kind ein eigenes Zimmer haben konnte. Deshalb mußten wir uns einen Raum teilen, der mit unseren Betten und einem riesigen alten Kleiderschrank so voll war, daß man kaum treten konnte. Im schmalen, zweiflügligen Fenster klapperte, wenn es draußen windig war, die linke Fensterscheibe und ließ uns manche Nacht nicht einschlafen. Aus dem rotbunten Plastikbeutel für die Schmutzwäsche, der an einem Kleiderbügel aufgehängt war, roch es muffig. Die einzige Lampe im Zimmer hing an der Decke und warf einen kalten Lichtschein auf den braunlackierten Holzdielenfußboden. Dennoch war dieses winzige häßliche Zimmer, das durch die großgemusterte, weißgraue Tapete mit den barocken Schnörkeln noch kleiner wirkte, für uns ungleiche Schwestern ein Refugium. Da erzählten wir uns die geheimsten Geheimnisse, da las Dora mit der Taschenlampe unter der Bettdecke die abgegriffenen Schmöker, die sie sich von ihren Freundinnen geliehen hatte. Da zeigte sie mir, wie man die Kerne von Paprikaschoten auf Zwirn fädelt, sie trocknen läßt, mit rotem Nagellack anmalt und eine tolle Halskette daraus macht.

Manchmal weinte Dora abends neben mir in ihrem Bett, träumte von Österreich, wo sie geboren war, erzählte mir, daß sie von zu Hause weg und zu ihrem leiblichen Vater mochte. Und ich hatte Angst, die geliebte Schwester könnte mich heimlich verlassen und zu ihrem Vater nach Österreich fahren. Woher sollte ich wissen, daß dies gar nicht möglich war.

Obwohl Dora allen Grund gehabt hätte, wütend auf mich zu sein, weil mich die Eltern ihr vorzogen, war sie mir damals eine zärtliche Schwester. Es gab niemals Haß zwischen uns. Ganz sicher war ich mir über ihre Gefühle aber nie. Ich meinte manchmal, in ihren hellen Augen etwas Fremdes zu sehen, etwas Kaltes, wofür ich keine Erklärung hatte.

War ich gesund, putzte mich meine Mutter heraus, daß ich aussah wie eine Puppe, der man Leben eingehaucht hatte, nahm mich fest an die Hand und ging mit mir einkaufen oder spazieren. Sie genoß es, wenn man uns bewunderte. Ich hingegen beneidete die Kinder, die auf der Straße herumtoben durften, spürte eine große Sehnsucht, es ihnen gleichzutun, aber ich wußte, die Mutter würde es nicht erlauben.

Nachdem ich wieder einmal matt und röchelnd in meinem Bett gelegen hatte, schickte man mich zu einer Solekur. Ich würde nie wieder richtig gesund werden, erfuhren die Eltern, als sie mich nach sechs Wochen aus dem Sanatorium abholten.

Während ich zur Kur war, hatte sich der Vater, von der Mutter gedrängt, eine andere Arbeit gesucht, eine, wo er öfter zu Hause und an den Wochenenden nicht mehr mit seiner Fußballmannschaft unterwegs war.

»Tu es für Undine«, hatte die Mutter ihn beschworen, »wer weiß, wie lange wir sie noch haben«

Von nun an verdiente er als Colorierer von Fotografien den Lebensunterhalt für die Familie. In Heimarbeit. Meine Mutter half mit, sie war bei der Arbeit genauer und fleißiger als der Vater, arbeitete manchen Tag seine Bilder nach.

In unserer Speisekammer standen die großen Glasflaschen mit den geheimnisvollsten Farben. Schon ihre Namen wie »Siena« oder »Zinnober« faszinierten mich, und meiner Phantasie wuchsen Flügel, wenn ich die Flaschen gegen das Licht hielt. In meinen Tagträumen war ich nicht mehr krank, meine Eltern liebten sich, stritten nicht mehr, und Dora heiratete einen Prinzen. Wir wohnten in einer Villa und nicht in unserer ärmlichen, viel zu kleinen Wohnung in einem heruntergekommenen Mietshaus mit stinkenden Mülltonnen vor der Haustür.

Mein Vater kam bald fast jeden Abend angetrunken nach Hause.

Er, der nichts mehr liebte als seine Freiheit, erstickte am Gleichmaß der Tage, deren einziger Höhepunkt der Feierabend war, wenn er die fertig colorierten Fotografien zählte und feststellte, daß er vier oder fünf Bilder über die Norm geschafft hatte. Danach ging er aus dem Haus und landete immer an einer Kneipentheke. Einmal zerriß er nachts nach einem heftigen Streit mit der Mutter in blinder Wut zehn große colorierte Bilder in tausend Stücke und warf eine Farbflasche mit »Karminrot« aus dem Fenster, mitten auf die Straße. Selbst der stärkste Regen konnte diesen Fleck auf dem Asphalt nicht wegwischen. Es dauerte Monate, bis er endlich verschwunden war.

Schließlich suchte sich der Vater eine neue Arbeit. Nun fuhr er jeden Morgen mit dem Bus in eine benachbarte Stadt, wo er die Sportveranstaltungen für die Angestellten eines großen Industriebetriebes organisierte. Nebenbei stellte er eine Knabenfußballmannschaft auf die Beine und trainierte sie mehrmals in der Woche. »Was arbeitet Ihr Mann denn jetzt eigentlich?« wurde die Mutter von neugierigen Nachbarinnen gefragt, die sich über nichts mehr gefreut hätten, als über eine Antwort, die ihre Vorstellung vom faulen Südländer bestätigt hätte. Um so stolzer war sie, als sie sagen konnte: »Mein Mann ist jetzt Sportinstrukteur, und er verdient gut, aber dafür muß er auch bis in die Nacht arbeiten.« Damit dachte sie, alle Zweifel der Nachbarn auszuräumen, die Ehe könnte nicht stimmen, denn es hätte ja sein können, daß sie ihren Mann gesehen hatten, als er erst spät am Abend nach Hause kam.

Dabei wußten doch alle längst, daß gar nichts stimmte in dieser Ehe. Der Krach jeden Abend war durch die dünnen Wände nicht zu überhören. Selbst wenn ich mir die Bettdecke über den Kopf zog und mir mit beiden Händen die Ohren zuhielt, verstand ich noch fast jedes Wort, wenn die Eltern in der Küche stritten.

»Wieso kommst du erst so spät heim? Kannst du nicht sein wie alle anderen Männer, ein ordentliches Leben führen! Seit einer Woche habe ich keinen Pfennig Haushaltsgeld von dir bekommen. Alles bringst du durch mit deinen Huren!« Die Mutter schrie den Vater an, noch lauter, als wenn sie mit Dora stritt. Der Vater dagegen wurde selten laut.

Dora lernte in der Berufsschule Industriekauffrau, ich in der ersten Klasse Schreiben und Lesen.

Die Mutter war jetzt oft krank. Wenn sie am Morgen nicht wie sonst zusammen mit uns aufstand, um uns Frühstück zu machen, wußten wir, daß sie wieder Migräne hatte. Die dunkelgrünen Rollos an den Fenstern blieben dann tagelang heruntergezogen. Alles war an diesen Tagen anders, selbst der allabendliche Streit mit dem Vater fiel aus, und nur Dora durfte zu der Kranken, ihr einen Tee zu bringen oder eine kalte Kompresse für die Stirn.

Wenn es gar zu unerträglich wurde, mußte sie den Arzt holen.

Dora und ich lauschten dann an der Tür, hinter der die Mutter in ihrem Bett kreidebleich und lebensmüde lag.

»Trenn dich von deinem Mann!« hörten wir einmal den Doktor sagen. »Du machst dich ja kaputt, denk an dich und vor allem an deine Töchter, die kriegen doch alles mit in dieser kleinen Wohnung!«

»Ich kann mich nicht noch ein drittes Mal scheiden lassen. Die Schande überlebe ich nicht, was sollen die Leute von mir denken!« antwortete die Mutter erregt, und jedes zweite Wort ertrank in Tränen.

Der Arzt wurde lauter: »Was sagst du da, um die Leute geht's dir! Auf deren dummes Urteil hast du dein Leben gebaut! Hast du denn keinen Verstand? Meinst du nicht, daß die vor ihrer eigenen Tür genug zu kehren haben, allesamt? Vor dir selbst mußt du bestehen können. Vor dir und deinen Kindern! Und das kannst du auch, wenn du dich ein drittes Mal scheiden läßt!«

Nach einer Weile kam der Arzt in die Küche, gab Dora ein Rezept und fragte aufgebracht: »Wann kommt der Vater nach Hause?«

»Irgendwann, vielleicht heute abend. Er ist auf Dienstreise«, stammelte Dora und schob mich hinter sich, weil sie wußte, daß ich Angst hatte vor diesem großen Mann.

Der Arzt nickte, dann sah er mich an und meinte: »Und du da hinten brauchst Eisen, bist ja ganz blaß, du wächst zu schnell.«

Das sagte er jedesmal zu mir, wenn er bei der Mutter war.

Dora ging eines Tages zum Friseur und ließ sich ihren Pferdeschwanz abschneiden.

»Schön siehst du aus, wie eine richtige junge Dame …«, fand die Mutter und fuhr ihr vergnügt mit den Fingern durch die kurzen Haare.

Ich hatte stolz ein Zeugnis mit dreizehn Einsen nach Hause gebracht. So zufrieden war die Mutter selten mit uns.

Sie hatte uns zur Feier des Tages einen Marmorkuchen gebacken. Auf dem Herd köchelte der Gemüseeintopf. Die Beatles sangen »All you need is love« im Radio, das Dora ausnahmsweise einmal laut stellen durfte. Aus ihrer Schulmappe holte sie ihre große Drahtbürste, erlöste mich von Haarschleife und Klemmen, bürstete meine langen, schwarzen, widerspenstigen Haare durch, was mir so guttat. »Putzwolle sortieren« sagte sie immer dazu, nur um mich zu ärgern.

Es kam jetzt öfter vor, daß junge Männer mit Dora ausgehen wollten. Nicht immer stimmte die Mutter zu, wenn doch, dann war sie tagelang damit beschäftigt, für Dora ein hübsches Kleid zu nähen. Meinem Vater war das nicht recht, wie ihm überhaupt nichts mehr recht war. Manchmal konnte man meinen, er wäre eifersüchtig auf die jungen Männer.

Die grauen Haare an den Schläfen im sonst noch pechschwarzen Haar zupfte er sich täglich vor dem Spiegel aus und ließ sie im Waschbecken liegen. Die Mutter schwieg meist dazu. Manchmal aber zischte sie ihm im Vorbeigehen »alter Bock« zu.

Als er sich einmal unbeobachtet fühlte, sich mit billigem Schnaps Mut angetrunken hatte, trat er hinter Dora, die am Küchentisch über ihren Schulaufgaben saß. Der alte Wolf hatte Appetit auf junges Fleisch bekommen. Dora spürte seine warme Hand auf ihrem Körper, glaubte wohl für einen Augenblick, er würde endlich wahr, der Traum, den sie als Kind von väterlicher Liebe geträumt hatte. Doch sie war kein Kind mehr, und die Augen, in die sie sah, waren nicht die eines Vaters. Sie begriff schnell, wand sich aus dieser beklemmenden Umarmung. Wenige Tage nach ihrem achtzehnten Geburtstag verließ sie das Haus, verlobte sich bald und heiratete wenig später.

Die Mutter war still geworden, seit Dora weg war. Daß sie ihr fehlte, spürte ich, wenn sie abends ganz allein unter der kleinen gelben Lampe im Wohnzimmer saß und in dem Album mit den Kinderfotos blätterte.

Mein Vater hatte sich eine moderne Fotoausrüstung gekauft und arbeitete freiberuflich als Sportfotograf, hetzte von einer Veranstaltung zur nächsten.

»Ich muß mein eigener Herr sein! Merkst du nicht, daß du mir im Weg stehst?« sagte er zu meiner Mutter, als sie ihn wieder einmal getadelt hatte, weil er spät nach Hause gekommen war. »Du bist unbeweglich, hast kein Verständnis für jemanden, der etwas werden will; weiter als bis über den eigenen Tellerrand kannst du nicht denken. Ich ersticke in deiner Nähe, ich ersticke, ich gehe ein wie eine Primel ohne Wasser!« brüllte er sie an.

»Nun habe ich nur noch dich«, jammerte meine Mutter anderntags und erzählte mir weinend, daß Dora ein Baby bekäme. »Sie ist doch noch so jung, hat noch nichts gehabt von ihrem Leben.«

Als sei es an der Zeit, daß sie jemandem ihr beladenes Herz bis zum Grund ausschüttete, zeigte sie mir mindestens zwanzig Fotos von jungen Frauen im Minirock, billig geschminkt, die mein Vater in den verschiedensten Posen fotografiert hatte. Sie hatte die Bilder in einer seiner Fototaschen gefunden, die sie jeden Abend, wenn er längst schlief, wie eine Detektivin durchforschte. »Daß er mir das antut, das habe ich doch wirklich nicht verdient«, jammerte sie und breitete die Fotos mit einer heftigen Handbewegung auf unserem Küchentisch aus, damit ich auch jede Einzelheit erkennen konnte.

Es tat mir weh, sie so schlecht von meinem Vater reden zu hören, und gleichzeitig hatte ich Mitleid mit ihr, was auch sehr weh tat.

Spät am Abend kam sie aufgeregt an mein Bett, machte mich wach. »Worüber wir uns vorhin unterhalten haben, davon sagst du aber niemandem ein Wort, versprich mir das, auch nicht deinen Schulfreundinnen. Nicht auszudenken, wenn die das zu Hause erzählen. Was sollen dann die Leute von uns halten!«

Am nächsten Tag war Waschtag. Große Wäsche. Die Mutter stand noch vor sechs Uhr morgens auf, band sich ein buntes, verschlissenes Kopftuch um, zog sich dicke Strümpfe an, um in den großen Gummistiefeln im eiskalten Waschhaus warme Füße zu behalten. Die lange, weiße Gummischürze mit dem Lederband um den Hals sollte vor der kalten Nässe und der kochenden Seifenlauge schützen.

Am Abend vorher hatte sie alle Wäsche in scharfem Seifenwasser eingeweicht. Der Wäschekessel wurde mit Holzfeuer zum Kochen gebracht, danach die Kochwäsche in unzähligen Holzzubern und Zinkwannen klar gespült und immer wieder mit einem groben Wäschestampfer aus hartem Holz umgerührt.

Wenn dann mittags die Wäsche strahlend weiß auf der Leine hing, war meine Mutter völlig erschöpft. Sie ließ sich auf den nächstbesten Küchenstuhl fallen und streckte die Beine weit aus. Das Wasser triefte von der Schürze in die Stiefel. Sie atmete tief durch, als sie vom Wohnzimmerfenster aus ihr Tagewerk betrachtete. »Vierundfünfzig Schlüpfer sind zusammengekommen, achtmal Bettwäsche und zwanzig Handtücher. Soviel hatte noch keine auf der Leine ...«, sagte sie, mit sich zufrieden. Nun konnten die Nachbarinnen sehen, daß sie eine tüchtige Hausfrau war.

Alle Stunde ging sie auf den Wäscheplatz hinterm Haus und hängte die Wäsche um, sonst hätte sich das Leinen, die Laken und Bettbezüge verzogen, und das Bügeln wäre noch mühsamer geworden.

»Aus dir wird nie eine gute Hausfrau!« schimpfte sie, als ich abends keine Lust hatte, dic Wäschc mit klarem Wasser einzusprengen, damit sie sich leichter bügelte.

Sie nahm meine Hände, sah mir fest in die Augen und erklärte mit eindringlicher Stimme: »Der ganze Stolz einer Frau ist ihr Wäscheschrank, in dem die Bettwäsche, Tischtücher und Unterwäsche auf Bruch gebügelt und makellos weiß zu liegen haben. Die Handtücher müssen weich sein, denn sind sie hart, hat man sie nicht genug gespült und man war faul, das mußt du dir merken!« Nach einer kurzen Verschnaufpause fuhr sie in ihrer Unterweisung fort: »Und die Küche, der Geschirrschrank, der Herd und der Fußboden ist die Zierde einer jeden Hausfrau. Aber die eigentliche Visitenkarte ist die Toilette. Eins darfst du nie vergessen: Wenn du bei anderen Leuten zu Besuch bist, und die Toilette stinkt, dann taugt der ganze Haushalt nichts.« Sie atmete tief durch. »Hast du verstanden, was ich dir eben erklärt habe?« Ihre Stimme war klanglos. Sie rieb sich ihren schmerzenden Rükken. Ich nickte.

Später stellte sie mir mein Abendbrot auf den Küchentisch. Zuvor hatte sie die geblümte Wachstuchtischdecke mit einem feuchten Lappen gründlich abgewischt. Fahrig und nervös bestrich sie die Schwarzbrotschnitte dünn mit Butter.

»Wurst habe ich heute keine für dich, dein Vater braucht zuviel Geld für sich ...«

Ich trank meine Milch und schwieg, wie immer.

Abends im Bett wartete ich auf den Vater, wartete darauf, daß er die Wohnungstür aufschloß. Manchmal kam er so spät, daß ich über dem Warten einschlief.

Seit Dora weg war, kam er abends oft in mein Zimmer, setzte sich auf mein Bett und streichelte mich mit seinen verschwitzten Händen. Er roch nach Eisenbahnabteil, Rauch und Bier, für mich duftete er nach der großen, weiten Welt. Auch wenn er nur in die nächstgrößere Stadt gefahren war, hatte er mir soviel zu erzählen, als wäre er um die halbe Welt gereist.

Er war ein besonderer Vater, fand ich. Niemand außer mir hatte einen solchen Vater in meiner Schulklasse.

»Angeberin!« schimpften mich die Kinder neidisch, wenn ich stolz erzählte, daß mein Papa im Fernsehen zu sehen war, als ein Fußballänderspiel übertragen wurde und er mit seiner Kamera gleich hinter dem Tor saß.

»Wen hast du am meisten lieb, sag, Papa oder Mama?« Diese Frage stellten die Eltern oft an mich, und jeder erwartete von mir, daß ich seinen Namen nannte. Wenn sie mich zu sehr bedrängten, antwortete ich: »Die Dora«, um keinem von beiden weh zu tun.

Mit dieser Antwort gab sich die Mutter nicht zufrieden. Der Vater sollte es aus meinem Munde hören, daß ich sie mehr liebte als ihn. »Wenn ich nicht gewesen wäre, als du damals mit der Lungenentzündung auf den Tod gelegen hast, du würdest heute nicht mehr leben«, sagte sie dann enttäuscht, als sei ich ihr lebenslangen Dank schuldig. »Fünf Jahre und drei Monate wärst du jetzt schon tot«, sagte sie vorwurfsvoll, blätterte in unserem Wandkalender mit den farbigen Blumenbildern. »Ganz genau fünf Jahre, drei Monate und zwölf Tage.« Sie nickte nachdenklich und rechnete noch einmal im Kopf nach.

Mich quälte das schlechte Gewissen, wie konnte ich ihr das antun? Wieso hatte ich ihr nicht gesagt, worauf sie so sehr wartete: »Dich, Mama, dich habe ich am liebsten von allen.« Wie zufrieden wäre sie gewesen mit dieser Antwort, die dem Vater gezeigt hätte, daß sie von mir mehr geliebt wurde als er, so, wie es ihr zustand.

Der Vater hingegen lächelte und nahm mich auf den Schoß. »Ist doch egal«, sagte er, »du bist jedenfalls mein Dinelein, meine Prinzessin …«

Es war alles so leicht mit ihm.

»Sieht er nicht gut aus für sein Alter?« fragte mich die Mutter, wenn sie dem Vater am Fenster hinter der Gardine wehmütig nachschaute, wie er mit schnellen Schritten, als müßte er fliehen, das Haus verließ. Akkurat, wie es ihre Art war, hatte sie ihm vorher Hose und Hemd gebügelt. In der Gewißheit, ihn wieder schön gemacht zu haben für eine andere, räumte sie das Bügeleisen weg, hängte das feuchte Leinentuch sorgfältig zum Trocknen auf die Holzstäbe über dem Herd. Sie sagte kein Wort dabei. Als sei es eine heilige Pflichterfüllung, das nicht endenwollende Leid geduldig zu ertragen.

Merkte sie allerdings, daß ich sie beobachtete, oder wenn ich vielleicht noch fragte: »Wo geht der Papa jetzt hin ...?«, schwappte das Faß, übervoll mit Verbitterung, über.

Eine kaum vorstellbare Energie bemächtigte sich dann dieser zarten, kleinen Frau, die so sanft und lieb sein konnte, daß ich manchmal glaubte, sie sei selbst noch ein Mädchen wie ich. Die Angst jagte mein Herz, wenn sie mich unberechenbar zornig an den Schultern packte, schüttelte, mir ins Gesicht schrie: »Du bist an allem schuld, nur du ..., deinetwegen muß ich hier zu Hause hocken. Wenn du nicht wärst, würde mich dein Vater überallhin mitnehmen, du bist schuld, daß das Leben an mir vorbeigegangen ist ...!« Nachdem sie wie von Sinnen auf mich eingeschlagen hatte, brach sie in Tränen aus, schleppte sich verzweifelt und erschöpft zum Küchenherd, kochte sich einen Kaffee, schluchzte beim Trinken und sah mich verstohlen an, als wollte sie jeden Moment um Verzeihung bitten. Sie ging zur Wasserleitung, kraftlos, als hätte jeder Schlag, den sie mir mit aller Wucht verpaßt hatte, sie getroffen, doppelt und dreifach. Sie ließ das kalte Wasser über ihre Hände laufen, die sie sich an mir blau geschlagen hatte. Nur langsam beruhigte sie sich, und ich zwang mich, nicht mehr zu zittern. Ich durfte sie nicht noch einmal reizen, blieb deshalb still sitzen auf dem Sofa unter dem Küchenfenster, weil das schon immer der Platz zum Stillhalten war. Ich wollte der Mutter gefallen und wußte, das ging nur mit wortloser Demut.

»Du darfst heute mit mir abends fernsehen, so lange du willst«, sagte sie später zärtlich, als ob nichts geschehen war, und nahm mich liebevoll in die Arme und drückte mich an sich. »Du bist doch mein Einundalles, wen habe ich denn sonst noch auf der Welt?«

Tage später hörte ich den Vater im Streit mit der Mutter sagen: »Ich bin nur noch wegen der Dine hier, sonst wäre ich schon längst auf und davon!«

Nun war es gesagt. Von beiden. Ich war nicht nur am Unglück der Mutter schuld, nein, auch an dem des Vaters.

»Schuld, Schuld, Schuld!« schrie es in meinem Kopf.

Ich schlich mich aus der Wohnung, setzte mich auf die ausgetretenen Holzstufen der Bodentreppe. Die Stille tat gut. Unsere Nachbarin, die genau über uns wohnte, war auf dem Trockenboden mit dem Aufhängen ihrer Wäsche beschäftigt.

»Bleib nur sitzen Kindchen, störst mich nicht«, sagte sie mit ihrem ostpreußischen Dialekt, den ich gern hörte. »Mußt nicht weinen, Kindchen, Eheleute streiten sich öfter mal, die einen mehr, die anderen weniger. Sind halt zwei verschiedene Kreaturen. Es jibt nischt, was verschiedener ist als Mann und Frau, aber so soll's auch sein, wenn's der liebe Gott nicht so hätte haben wollen, wär's nicht so.« Sie holte tief Luft, wie jemand, der noch viel zu sagen hat. »Deine Mutter ist eben nervös, die Dünnen überhaupt, da kann sich een Mann nich anlehnen. Aber se will ja auch nur ihr Glick, mußt se verstehen, hat schon soviel Pech jehabt, und een Fejefeuer ist er, dein Vater, eene feste Hand bräuchte der, eine Frau, die ihm sagt, was jehauen und jestochen is. Aber alles, was recht is, deine Mutter is dafür die verkehrte. Viel zu leicht machenses ihm, die andren Weiber.«

Ich sah ihr auf den Mund, ihr Hals wurde immer roter, die Adern unter der Haut schwollen an. Ich hatte Angst, daß sie an ihrem Lachen erstickte.

»Die Uhlitzen von nebenan, kennst se doch, die mit der Oberweite, daß man Angst haben muß, ihre

Bluse platzt, hat sich vorjestern beim Friseur die Haare feuerrot färben lassen, feuerrot wie dem Teufel sein Jesicht. Dann is se in den Kurzwarenladen jejangen und hat sich zwee Meter weiße Spitze jekauft. Die Frau Lauer, die um die Ecke wohnt, kennst se doch, die mit den vielen Katzen, hat zufällig hinter ihr jestanden, wollte Zwirn kaufen. Der hat sie nach langem Hin und Her verraten, daß sie sich die Spitze an ihren Schlüpfer nähen will. Rate mal, warum, Kindchen, rate mal?«

Ich zuckte ahnungslos mit den Schultern. Sie hatte ihren Spaß. »Dein Vater will se fotografieren, hat se jesagt, die Uhlitzen, damit anjejeben hat se wie ne Tüte Mücken, oben ohne will er se ablichten. Na hoffentlich schafft das sein Fotoapparat.« Sie klatschte sich mit den Händen auf ihre dicken Oberschenkel. Ihr schrilles Lachen schallte durch das Treppenhaus.

Ich sprang auf, rannte nach unten, nahm zwei, drei Stufen auf einmal.

»Aber, Kindchen, nun sei doch nicht gleich böse, so war's doch nicht jemeint«, rief sie.

Es gelang mir nie wieder, dreizehn Einsen auf dem Zeugnis zu haben. »Undine, du grübelst schon wieder, du hörst ja gar nicht zu. Wo bist du bloß mit deinen Gedanken?« fragte mich die Lehrerin.

Ich antwortete nicht, wollte niemandem etwas verraten von meiner Schuld. Wenn ich zu Kindergeburtstagen eingeladen war, machte meine Mutter mich zurecht, als sei ich gerade einem Bilderbuch entstiegen. »Du wirst heute bestimmt wieder die Hübscheste sein«, sagte sie beim Abschied zufrieden. »Eine Tochter muß schön sein, bei einem Sohn reicht Intelligenz«, war ihr Motto.

Ich machte mir nicht viel aus Sackhüpfen, Eierlaufen und Negerküssen. Viel mehr reizte es mich, die Eltern der anderen Kinder zu beobachten. Es war alles ganz anders als bei uns zu Hause.

»Schatz« sagten die zueinander oder »Liebling«. Da nahm der Vater eines Mitschülers dessen Mutter in den Arm, hängte ihr, weil es kühl war, eine Strickjacke über die Schultern, küßte sie erst auf die Wange, dann sogar auf den Mund, sie lehnte sich mit ihrem Kopf an ihn. Die Mutter einer Schulfreundin bekam zu jedem Geburtstag der Tochter von ihrem Mann einen großen Blumenstrauß und ein Schmuckstück geschenkt. Dieselben Kinder erzählten dann jedes Jahr nach den großen Ferien von einem herrlichen Urlaub mit ihren Eltern. Und jedes Jahr hatte ich Angst davor, wenn die Lehrerin uns Kindern auftrug, den Aufsatz »Mein schönstes Ferienerlebnis« zu schreiben. Noch nie hatte ich mit den Eltern einen Urlaub verbracht. Acht lange Wochen saß ich allein herum. Sollte ich schreiben, daß ich Dora angebettelt hatte, mir aus der Bibliothek ein dickes Buch mitzubringen, so dick, daß ich die ganzen langen Wochen über beschäftigt wäre? Daß sie mir zwei Bände »Krieg und Frieden« von Lew Tolstoi mitgebracht hatte, versteckt in einer Plastiktüte unter dem Babyjäckchen, an dem sie gerade strickte, damit es die Mutter ja nicht sah, weil sie sonst geschimpft hätte: »Du wirst dir noch die Augen verderben und den Verstand mit der Leserei…«? Daß ich die Bücher auf dem Trockenboden bei schlechtem Licht gelesen hatte, auf einem Haufen Kleiderlumpen sitzend, die aufgetürmt neben der verstaubten Mandoline des Vaters lagen?

»Du mußt eben etwas erfinden, was du aufschreiben kannst, etwas, das man dir glaubt. Hast doch soviel

Phantasie ...«, ermutigte mich die Mutter zu Beginn des neuen Schuljahres.

Meine Mutter arbeitete halbtags wieder als Verkäuferin.

Wie eine Medaille hängte sie mir feierlich einen Wohnungsschlüssel an einem weißen Baumwollband um den Hals.

Zur Schule würde ich gehen wie immer, sagte sie, mir danach das Essen aufwärmen, das sie mir auf den Herd stellte, die Hausaufgaben erledigen, dann zu Dora laufen und ihr Baby, sie hatte ein Mädchen geboren, spazierenfahren.

Jeden Wochentag brachte der Briefträger bündelweise Post für meinen Vater. Von überall schrieb man ihm und bestellte Sportfotos. Nachts hörte ich das Surren der Belichtungsuhr. Tagsüber trockneten die Fotos auf mannsgroßen Pappen unter unseren Betten und auf den Schränken. Meine Mutter führte genau Buch über Rechnungen und Nachnahmezahlungen, exakt wie über ihr Haushaltsgeld. Abends saß ich mit ihr am Tisch in der Küche, wo wir Adressen auf die großen Umschläge schrieben, in die wir dann die Fotos steckten. Vorher hatte ich den Firmenstempel meines Vaters auf die Rückseite der Fotos gedruckt und bei der Gelegenheit gleich einen in jedes Schulbuch und jedes Heft von mir, sogar in die Federmappe. Da stand sein Name, darunter »Bildreporter« und danach unsere Adresse. Ich war stolz.

Die Mutter bekam einen Kühlschrank und eine Wäscheschleuder, auch neue Möbel wurden angeschafft. »Jetzt sind wir jemand«, sagte sie triumphierend zu mir, als die Sachen, von denen sie schon so lange geträumt hatte, geliefert wurden. Andächtig strich sie mit der Hand über die neue Couchgarnitur aus weinrotem Stoff.

Nun führte uns der Vater mindestens einmal in der Woche zum Essen aus. Wenn er den dunkelblauen Zweireiher mit den silbernen Knöpfen trug, die helle Hose dazu, gefiel er mir am besten. Meine Mutter paßte zu ihm in ihrem hellen Kostüm und den hohen weißen Pumps.

Im Restaurant durfte ich als erste die Speisekarte lesen. Der Vater streichelte sogar die Hand der Mutter. Das hatte ich noch nie gesehen. Danach ging es in den Stadtpark, wenn das Wetter schön war.

Mein Vater war ein leidenschaftlicher Fotograf, er sprang um uns herum wie ein junger, verspielter Hund. Die Kamera klickte pausenlos. Meine Mutter blickte gereizt in die Runde, auf der Suche nach einem bekannten Gesicht, vor dem sie sich für ihren Mann schämen müßte, war erleichtert, wenn sie keins entdecken konnte. »Du wirst dich nicht nach ihm umdrehen, hörst du!« befahl mir die Mutter. »Lächerlich macht er uns, kein Wunder, wenn die Leute über uns reden. Und recht haben sie.« Die Mutter war außer sich.

Noch bevor ein solcher Tag vorbei war, hatte mein Vater manchmal mehr als vier Filme verknippst. Wenn er die Fotos Tage später entwickelt hatte, saß er oft stundenlang da und betrachtete sie. Überall lagen sie. Einmal hatte er einige Bilder mit Reißzwecken und kleinen Nägeln an die Wand geheftet. Er zog mich zärtlich an sich, kippelte auf dem Küchenstuhl wie ein großer Junge, die Beine auf dem Tisch und in einer Hand die Bierflasche, die er in einem Zug leeren konnte.

»Was meinst du, Dinelein, ist Fotografieren nicht auch eine große Kunst, perfekter noch als Malen?«

fragte er mich, wie in eine andere Welt entrückt. Ich nickte.

Meine Mutter kam vom Einkaufen, vom Schlangestehen. Sie traf fast der Schlag, als sie die Fotos an der Wand sah. Sie ließ die beiden schweren Taschen fallen, schlug die Hände über dem Kopf zusammen. Die Kartoffeln kullerten mitten in die Küche auf das abgewetzte, aber blitzsauber gebohnerte Linoleum. Ein Bild nach dem anderen riß sie herunter.

»Die ganze Tapete ist hin, die Löcher bekomme ich nie wieder weg…!« schrie sie und weinte dabei. Tränenlos. Sie fegte durch die Wohnung, sie wühlte wie von Sinnen in sämtlichen Schubfächern, alle Schränke standen offen. Erst als sie ein kleines Stück weiße Kreide, nach dem sie scheinbar die ganze Zeit so verzweifelt gesucht hatte, zwischen den Fingern hielt, wurde sie ruhiger. In jedes Löchlein der verwohnten Küchentapete mit den blauen Blumen, die hinter dem Herd Fettspritzer hatte, die wie große Sommersprossen aussahen, wischte sie wütend die Kreide.

Ich flüchtete mich auf den Trockenboden.

Das Knallen der schweren Haustür drang bis in mein Versteck. Jetzt war der Vater aus dem Haus. Ich mußte warten, mindestens eine halbe Stunde, bis sich die Mutter beruhigt hatte, sonst hätte ich wieder die Schuld an allem bekommen.

»Deine Lehrerin hat gesagt, daß du sehr begabt bist, musisch, aber im Rechnen mußt du noch besser werden, und daß du viel zu still bist, hat sie gesagt, zu sensibel. Mißtrauisch gegenüber deinen Klassenkameraden, daß du nie richtig mitmachst. Wir sollen aufpassen, daß aus dir kein Einzelgänger wird«, berichtete die Mutter, als sie nach einer Elternversammlung an mein Bett kam, um mich zuzudecken. Ich hörte ihr erwartungsvoll zu.

»Deine Zeichenlehrerin hat sogar vor allen Eltern gesagt, daß sie deine Bilder nicht bewerten kann wie die der anderen Kinder. Wenn sie dir eine Eins gibt, dürfte sie keine weitere verteilen, weil der Abstand zu groß ist. Wir sollen deine Begabung unbedingt fördern. Ich war sehr stolz auf dich, und mir ist da auf dem Heimweg etwas eingefallen:

Die Tochter von der Wally, kennst sie doch auch, die mit der steifen Hüfte, mit der ich früher zur Schule gegangen bin, die hat so etwas Ähnliches wie Porzellanmalerin gelernt, und wie die Wally erzählt, verdient ihre Tochter sehr gut. Sie sitzt zwar meistens am Fließband, muß auch mal eine Nachtschicht machen, aber die Arbeit gefällt ihr. Und sie ist immer toll angezogen, kann sich was leisten. Meinst du nicht, daß das auch ein Beruf für dich wäre? Hast mit achtzehn dein eigenes Geld und kannst das Leben genießen … und auf deine Aussteuer sparen, bist für die Männer eine gute Partie. Denk mal drüber nach …«

Ich konnte nicht einschlafen, drehte mich in meinem Bett von einer Seite auf die andere. Wie konnte die Mutter solche Pläne für mich machen? Ich wollte studieren, und sie wußte das. Sie hatte mich damals ausgelacht.

»Du wärst die erste, die in unserer Familie studiert, die Flausen vergiß mal ganz schnell. Wenn du erwachsen bist, wirst du heiraten, einen ordentlichen Haushalt führen, Kinder bekommen und noch ein paar Mark dazuverdienen. Das war immer so. Ein Mädchen studieren zu lassen ist vertane Zeit, rausgeschmissenes Geld! Ich möchte nur mal wissen, von wem du das hast! In meiner Familie verdienen sie alle ihren Lebensunterhalt mit einfacher, aber ehrlicher Arbeit, da wollte keiner hoch hinaus. Aber das hast du von deinem Vater. Guck dir bloß deine Schwester an, sie ist das beste Beispiel. Ich höre heute noch ihre Klassenleiterin sagen: Sie können die Dora doch nicht, wo sie so gute Noten hat, schon nach der achten Klasse von der Schule nehmen und sie in einen Beruf zwängen, den sie gar nicht will. Ich habe mich überreden lassen, sie weiter zur Schule geschickt, dann zur Berufsschule, mir die Vorhaltungen deines Vaters angehört, daß sie uns auf der Tasche liegt, er sie ernähren muß, obwohl sie schon längst eigenes Geld verdienen könnte. Und als sie dann ausgelernt hatte, was hat sie gemacht? Geht aus dem Haus und heiratet.«

Ich versuchte zur Ruhe zu kommen. Vielleicht würde ja auch meine Lehrerin mit der Mutter reden, hoffte ich.

Als ich am nächsten Tag von der Schule nach Hause kam, saß der Vater regungslos auf dem Küchenstuhl am Fenster, mit dem Rücken zur Tür. Die Gardine hatte er zur Seite geschoben und starrte hinaus, trank aus einer Schnapsflasche und war nicht ansprechbar.

Die Mutter, noch blasser als sonst, schob mich ins Wohnzimmer. »Sprich ihn jetzt bloß nicht an«, flüsterte sie, legte ihren Zeigefinger auf den Mund.

»Was ist mit dem Papa?«

»Heute kam ein Einschreibebrief vom Rat des Kreises. Das Gewerbe haben sie deinem Vater entzogen, weil er Fotos von westdeutschen Sportlern verkauft hat. Das ist verboten, haben sie geschrieben. Mit Fingern werden sie auf uns zeigen, die Leute …«

Als wir zurück in die Küche kamen, war der Vater fort.

Fast eine Woche lang verbrachte er seine Tage im »Fasan«, einer Kneipe mit schlechtem Ruf. Er kehrte nur zum Schlafen heim, erst nachts, wenn er betrunken war, daß er kaum noch gehen konnte.

Wenig später erhielt er eine Ladung vom Gericht, er wurde beschuldigt, »Staatsverleumdung« betrieben zu haben.

Als der Vater heimkam, roch er nach Alkohol.

»Dein Vater ist ein Verbrecher«, sagte er mit schon recht ungelenker Zunge. »Fünfhundert Mark Strafe habe ich zu zahlen, bin jetzt vorbestraft, weil ich ein ›Staatsverleumder‹ bin, nur weil ich in der Kneipe gesagt habe: Der Sport darf keine Grenzen kennen und keine Politik, er darf nicht mißbraucht werden. Während der Verhandlung ist es mir wie Schuppen von dcn Augen gefallen, wer mich angeschwärzt hat...« Er öffnete mit einem Ruck den Metallverschluß einer Schnapsflasche und schüttete den braunen Fusel in sich hinein. »Alles haben sie mir kaputtgemacht, die Schweine. Kommunisten schimpfen sie sich und wissen gar nicht, was ein Kommunist ist, ... ach, scheißegal alles ..., Scheißkleindenker ...« Seine roten, glasigen Augen bohrten sich in mein Gesicht. »Komm, Prinzessin, setz dich zu mir«, sagte er. »Ich werde dir jetzt was erzählen. Vierundvierzig stand ich schon mal vor Gericht, auch politisch. Ich war damals noch mit meiner ersten Frau verheiratet, unser Sohn war noch klein. Meine Frau hatte einen gutgehenden Stoff- und Kurzwarenladen mit in die Ehe gebracht. Meine erste Frau war eine edle Frau, mußt du wissen, Dinelein, die hätte dir gefallen. Geduldig war sie, kein böses Wort kam über ihre Lippen. Fleißig und sauber war sie wie deine Mutter, aber bei weitem nicht so schön. Aber innen war sie schön, im Herzen, verstehst du. Als ich das begriffen habe, war es schon zu spät. Heute weiß ich, daß ich ein Haderlump war und wie schnell man sein Glück verspielen kann.

Aber das ist eine andere Geschichte, tut nichts zur Sache. Während des Krieges waren in unseren kleinen Ort, nahe der Grenze zum Erzgebirge, russische Zwangsarbeiter gebracht worden. Wie krepierendes Vieh, ganz arme Hunde, sag' ich dir. Ich wohnte mit meiner Familie nicht weit von den Scheunen, wo die Russen untergebracht waren. Abends, wenn es dunkel war, habe ich mich an den Zaun geschlichen und Brot durchgeschoben, wenn wir hatten, auch mal ein Stück Speck oder Wurst. Am Tag bin ich in die Stadt gefahren, habe Stoffreste getauscht mit einem Bäcker, der gab mir Weißbrot dafür. Für zwölf Perlmuttknöpfe bekam ich zwei Liter Milch vom Bauern. Was davon zu Hause übrigblieb, brachte ich den Russen. Monatelang ging das so, bis mich jemand aus dem Dorf beobachtet und verraten hat. Ich war denen sowieso ein Dorn im Auge, weil ich nicht so deutsch aussah wie sie. Ich kam ins Zuchthaus.

In die SED bin ich eingetreten, war einer der ersten in unserem Ort. Dran geglaubt habe ich, an diese wunderbare, große Idee des Kommunismus, habe Lenin und Marx gelesen als wär's die heilige Schrift.

Der mich verraten hatte ist auch Kommunist geworden.

In den Rat der Gemeinde ließ er sich wählen, und am ersten Mai hing eine riesengroße rote Fahne aus seinem Fenster, größer noch als ein Bettuch. Da ist mir der Kragen geplatzt. Verprügelt habe ich ihn, wie die Nazis damals mich, vier Mann mußten mich festhalten, sonst hätte ich ihn umgebracht.

Zwei Wochen später haben sie mich aus der Partei geschmissen. Eine Lektion habe ich dabei gelernt: Die

Meute, die einen hetzt, ist immer dieselbe, nur die Anführer wechseln, die Masse macht immer mit, und wenn sie nur den Speichel lecken, der den Herrschern, die sie anbeten, aus dem Mund tropft. Hauptsache, sie bekommen etwas ab von der großen Macht. Es gibt immer einen, von dem sie glauben, daß er noch kleiner ist als sie selbst, und sie genießen es, nach unten zu treten.

Aber glaube mir, auch diese Diktatur, dieser Haufen von Heuchlern und Verrätern, wird kaputtgehen ...«

Mein Vater war müde geworden vom vielen Reden, von seiner Reise in die Vergangenheit und vom Schnaps.

Ich wollte ihm eine Freude machen, ihm zeigen, daß ich alles, was er mir gesagt hatte, begriffen hatte.

»Papa, jetzt, wo ich das alles weiß, möchte ich kein Thälmannpionier mehr sein!«

Mein Vater lachte laut auf: »Darauf warten die doch nur, Spießruten würden sie dich laufen lassen in der Schule. Nein, nein, bleib Pionier, sag nichts, mach mit, aber versuche, gerade zu bleiben. Eine andere Lösung gibt es nicht.«

Daß mein Vater verurteilt worden war, machte in unserer kleinen Stadt schnell die Runde.

»Na, Angeberin, dein Vater sitzt jetzt nicht mehr im Fernsehen hinter dem Fußballtor. Wenn er so weitermacht, sitzt er bald hinter Gittern!« grölte eine Handvoll Kinder aus meiner Klasse, als ich zum Unterricht kam.

Am schlimmsten war der Heimweg.

Meist waren sie zu dritt. Manchmal waren es auch mehr. Ein Mädchen, etwas älter und größer als ich, war ihre Anführerin. »Zigeuner, dreckiger Zigeuner!« schrie sie und warf stets den ersten Stein nach mir, nahm ihn von einem Haufen, den sie und ihre Kumpane neben sich aufgebaut hatten.

Dann stachelte sie ihren jüngeren Bruder auf: »Los, mach sie fertig! Reiß ihr den Schulranzen runter, los, mach schon!« Als ich mich gegen ihn zu wehren versuchte, eher hilflos um mich schlug, riß sie mir an den Haaren den Kopf nach hinten und zwang mich zuzusehen, wie die anderen auf meinem Schulranzen herumtrampelten und dabei wie irre lachten. Sie zerrte immer fester an meinen Haaren. Ich schrie um Hilfe, doch niemand von denen, die vorübergingen, wollte mich hören. »Sag: Mein Vater ist ein Säufer und ein dreckiger, dahergelaufener Zigeuner, und ich bin auch ein Zigeuner, los, sag es, sag es!« kreischte sie mir in die Ohren, und als ich ihr nicht gehorchte, zwang sie mich mit einer Hand zu Boden, kratzte mit der anderen den Straßendreck aus dem Rinnstein und rieb ihn mir ins Gesicht.

Wäre nicht doch eine dicke, alte Frau stehengeblieben, die Furien hätten noch lange nicht von mir abgelassen.

»Wie siehst du bloß wieder aus!« sagte meine Mutter aufgebracht an der Wohnungstür. »Wie soll ich das bloß alles wieder sauberkriegen?« Sie wischte und zupfte an meinem schmutzigen Kleid. »Eine geschlagene Dreiviertelstunde warte ich mit dem Mittagessen auf dich. In zehn Minuten muß ich aus dem Haus, um pünktlich an der Arbeit zu sein, das weißt du doch!«

Sie war verärgert, rannte aufgeregt zwischen Küchentisch, Herd und Spiegel hin und her, trug mir das Mittagessen auf und klebte mir zwischendurch ein Heftpflaster auf die Wunde an der Stirn.

Ich stocherte in meinem Essen herum, konnte nichts essen, war noch zu aufgeregt.

»Mama, die haben wieder Zigeuner zu mir gesagt, die Kinder. An der Stadtmauer sind sie über mich hergefallen wie wilde Tiere ...«

Meine Mutter ließ mich nicht ausreden. »Ach, was meinst du, wie wir uns früher als Kinder geprügelt und beschimpft haben, das gehört halt dazu. Aber schmutzig wie du bin ich nie nach Hause gekommen, mein Vater hätte mir schon den Hosenboden versohlt, der war da nicht zimperlich!«

Mit einem Lippenstift malte sie die Konturen ihres schönen Mundes nach, pustete vorsichtig die frischlackierten Fingernägel trocken. Noch ein prüfender Blick in den Spiegel, sie war zufrieden mit sich.

»Dann nimmst du eben in Zukunft einen anderen Weg.«

Sie verabschiedete sich eilig. Das Klackklack ihrer Absatzschuhe drang von der Straße herauf in unsere Küche.

Ich nahm mir vor, den Vater, der doch soviel vom Leben wußte, um Rat zu fragen. Und an diesem Abend hatte ich Glück. Er war nicht betrunken. Er setzte sich zu mir ans Bett, und ich erzählte ihm, was mir widerfahren war.

»Papa, was ist ein dreckiger Zigeuner? Die haben gesagt, du bist einer und ich auch.«

Als hätte ihm diese Frage jedes Wort aus dem Mund gestohlen, saß er wortlos da. Kein Lächeln, kein Scherz, wie sonst immer um diese Zeit, auch keine Geschichte.

Er stand auf, lief unruhig vor meinem Bett auf und ab. Schließlich schaltete er das Deckenlicht an, ging ins Wohnzimmer und kehrte mit drei großen Büchern unter dem Arm zurück und setzte sich wieder zu mir.

»Auschwitz« stand auf dem einen und »Der Nürnberger Prozeß« auf den beiden anderen.

Er blätterte aufgeregt in den Seiten.

»Hier, das Foto mußt du dir genau ansehen!« sagte er dann, zeigte dabei mit seinem Finger auf ein großes Bild mit vielen Kindern, die alle einen Ärmel ihrer schäbigen Jacken und Mäntel hochgekrempelt hatten. Auf jedem der abgemagerten Arme war eine mehrstellige Nummer tätowiert.

Ich las den Text unter dem Bild: Überlebende Kinder aus dem Lager Auschwitz, ... Juden, Sinti und Roma ... Der Vater versuchte mir zu erklären, was ich da sah. Daß ich ein Kind von noch nicht mal ganz elf Jahren war, vergaß er dabei.

Er hob mich aus dem Bett, stellte mich barfuß neben sich auf die gebohnerten Holzdielen, vor die mittlere Schranktür mit dem großen Spiegel.

»Sieh in den Spiegel!« verlangte er energisch, wie ich es nicht von ihm kannte.

Ich betrachtete mich, sah ein Mädchen mit langen, dunklen Haaren und einem Pflaster auf der Stirn in einem fliederfarbenen Nachthemd mit weißem Spitzenkragen. Neben ihr ein Mann in einer hellen Popelinehose und einem buntkarierten Hemd. Nicht sehr groß war er, nicht besonders kräftig. Beide hatten sie die gleiche Haarfarbe, die gleiche schmale, gebogene Nase, die gleichen Augen, die gleichen Schatten darunter, die gleichen breiten, schwarzen Augenbrauen.

»Wir sind anders, Dinelein, nicht deutsch, nicht so deutsch, wie sie uns haben wollen«, sagte er und kniete sich, als müßte er mich beschwören, neben mich. »Sie werden immer etwas finden, was sie an uns stört, was anders ist als bei ihnen. Alles Fremde ist für sie verdächtig, und zum Zigeuner wird man schnell in ihren Augen. Sie lernen einfach nichts dazu, können nicht aufhören mit ihrem »Deutschland, Deutschland über alles«-Wahn. Aber sei stolz, du hast mein Blut und das meiner Eltern, du hast sogar noch mehr von ihnen in dir als ich. Das habe ich schon gemerkt, da lagst du noch in den Windeln – da habe ich sie in deinen Augen gesehen, die Unruhe und die Leidenschaft. Dein Herz schlägt lauter und schneller als das der anderen, du wirst ein Leben lang im Feuer tanzen, und die, die dich hassen, hassen dich nur, weil sie dich beneiden. Vielleicht wirst du später einmal eine schöne Frau, stark und stolz sein, weil dein Herz groß und deine Seele tief ist.«

»Bin ich also doch ein Zigeuner, Papa?« stellte ich noch einmal ängstlich meine Frage. Er lächelte müde. »Die Antwort mußt du dir schon selbst geben.«

Der Vater ließ mich wieder ins Bett kriechen und deckte mich zu bis zum Hals.

»Ich weiß nicht, ob du begreifst, was ich dir jetzt noch sage. Die Kinder, die dich beschimpfen, sind nicht schuld. Es sind Kinder wie du. Schuld haben allein ihre Eltern. Wer kann schon wissen, wie in diesen Familien geredet wird, hinter der verschlossenen Wohnungstür.«

Ich umarmte den Vater, lehnte mich an seine Schulter. Nein, gut roch er nicht, nach Kneipe eben, wie die Mutter immer sagte, aber er war gut, ein guter Mensch. Von mir aus konnten sie alle über ihn sagen, was sie wollten, ich liebte ihn so, wie er war und weil er so war.

»Du wirst so lange an diesen Kindern vorbeigehen, bis sie keine Lust mehr haben, dir etwas anzutun«, sagte er, nachdem wir ein paar Minuten ganz ruhig beieinander gesessen hatten. »Wer Umwege macht, ist feige, und ein Feigling bist du nicht. Oder?«

Ein paar Tage später erfüllte sich die Prophezeiung meines Vaters. Nachdem mich die Kinder noch dreimal auf offener Straße steinigten, ließen sie mich in Ruhe. Ganz leicht war mir danach vor Glück. Doch ich wollte ganz sichergehen. Ich ging mit 7,25 Mark aus meinem Sparschwein in die Drogerie und holte mir Blondiercreme. Statt blond wurden meine Haare rot. Die Blicke meines Vaters werde ich nie vergessen.

Gut dreizehn Jahre war ich alt, als ich zum ersten Mal meine Tage bekam. Mir war so elend, wie ich mich nie gefühlt hatte.

»Jetzt bist du eine Frau«, sagte meine Mutter zu mir, beinahe bedauernd, und machte ein ernstes Gesicht dabei, als sei jemand gestorben, um den es ihr besonders leid tat. Ich wußte nicht, was sie meinte, als sie sagte: »Das kommt nun auch noch auf mich zu.«

»Erklärst du es mir, Mama?« bat ich, hoffte, sie würde mir die Angst nehmen, mir sagen, warum es mir so schlecht ging. »Später«, sagte sie, »heute nicht.«

Sie blickte sich hilfesuchend um, als erwarte sie jemanden, der ihr diese Peinlichkeit abnehmen würde. Am Abend überwand sie sich aber doch. »Deine Kindheit ist vorbei«, sagte sie, ohne mich dabei anzusehen. »Eines mußt du von Anfang an wissen, die Männer wollen alle nur dasselbe: In ihr Bett wollen sie dich kriegen, ihren Trieb abreagieren. Wenn du nicht mitmachst, sind sie über alle Berge, so schnell kannst du gar nicht gucken, und dann heißt es, die Frau taugt nichts, sonst wäre der Mann geblieben. Frauen kriegen immer die Schuld. Und wenn du verheiratet bist, mußt du, ob du willst oder nicht, das schreibt sogar das Gesetz vor. Eine einzige Sauerei ist das alles; als Frau ist man sowieso nur der Dreckeimer, Mittel zum Zweck.

Die Kerle fragen nie, wie es einem geht. Hauptsache, die Frau hält hin und die hatten ihren Spaß. Schweine sind die alle, ganz große Schweine.«

Sie verzog das Gesicht, als ob ihr gerade eine glitschige Kröte über die Hand gelaufen wäre.

Ich stierte auf meinen Teller mit den Schokoladenplätzchen. Vier Stück hatte die Mutter mir und sich aus der silbergemusterten Keksbüchse zugeteilt, danach den Deckel wieder fest verschlossen.

»Und die Liebe, Mama, was ist mit der?«

Sie trank ihre Teetasse leer, wollte wieder Zeit gewinnen.

Ich wartete.

»Liebe! Liebe, die gibt es nicht, das laß dir gesagt sein. Alle, die daran glauben, machen sich etwas vor. Der Mensch ist ein Tier, und genauso verhält er sich. Wenn es ihn ankommt, sucht er sich einen Partner, dann bleiben sie eine Zeit beieinander, bis die Gier vorbei ist, und das war's dann schon. Weißt du, was uns Frauen bleibt von der Liebe? Ein dicker Bauch und Geburtswehen, daß du glaubst, der Teufel persönlich brennt das Höllenfeuer unter dir an. Dreimal habe ich das durchgemacht, ich kann dir sagen, da pfeifst du auf die Liebe, da schwörst du dir nur das eine: nie wieder einen Mann an dich ranlassen.«

Sie mußte sich verschnaufen.

»Das ist ja alles schrecklich«, hauchte ich.

Meine Mutter fühlte sich bestätigt, spürte, daß ihre Worte auf fruchtbaren Boden gefallen waren, als ich wiederholte: »Das ist ja schrecklich!«

Sie lachte auf: »Was meinst du, wie oft ich in meinem Leben gehört habe: Ich liebe dich? Und ich war so blöd und habe das geglaubt. Was mir das eingebracht hat, siehst du ja an deinem Vater.

Nun weißt du Bescheid«, beendete die Mutter, sichtlich erleichtert, unser Gespräch und schickte mich zu Bett.

So war das also mit dem Frausein: Schmerzen und Leid. Die Angst lag wieder neben mir in meinem Bett.

Die Schule wurde mir immer gleichgültiger. Nur manchmal noch traf mich eine abschätzige Bemerkung meiner Mitschüler über meinen Vater.

»Gestern nachmittag haben wir deinen Vater gesehen, im Stadtpark hat er gelegen, der war vielleicht wieder voll.« Sie amüsierten sich auf meine Kosten, hatten ihren Spaß an meinem Unglück und gaben erst Ruhe, wenn sie mich zum Weinen gebracht hatten.

Was wußten die denn schon von meinem Vater? Die sahen nur, daß er trank, nichts mehr zuwege brachte seit seiner Verurteilung. Aber wessen Vater hatte wie meiner den Russen geholfen, im Krieg, sein Leben aufs Spiel gesetzt? Keiner, da war ich mir sicher. Und geschlagen hatte er mich auch noch nie.

Also blieb er für mich trotz allem unantastbar.

Tante Eva, die Schwester meiner Mutter, kam jedes Jahr einmal aus dem Rheinland zu uns nach Thüringen. Sie war viel lebhafter als meine Mutter. Und erzählen konnte sie! Da wurde die Nacht zum Tag, wenn sie die Farbfotos von ihrem letzten Spanienurlaub zeigte und im nächsten Moment über das Gedränge beim letzten Schlußverkauf schimpfte. Eine ganz andere, bunte, schöne Welt tat sich da auf.

»Wenn ich dich so ansehe, Undine, herausgemacht hast du dich seit dem letzten Jahr«, meinte die Tante, als ich sie mit der Mutter vom Bahnhof abholte. Später hörte ich sie sagen: »Weißt du, Ruth, was mir sofort aufgefallen ist, als ich dich mit Undine am Bahnsteig stehen sah? Deine Undine ist der gleiche Typ wie meine Marina, hat auch die gleiche Figur. Wenn es dir recht ist, schicke ich ab und zu ein paar abgelegte Kleider von Marina, die sind alle noch gut, es wäre schade drum, und euch ist geholfen, wo es hier nichts gibt. Und so ein junges Mädchen möchte sich doch schön machen, das ist bei euch in der Ostzone bestimmt auch nicht anders als bei uns drüben.«

Die Tante begann zu schwärmen. Sie schwärmte gern und viel. Von ihrem neuen Berberteppich oder von ihrer Zuchtperlenkette, die sie an ihrem längst welken Dekolleté trug. Ja, sie genoß ihre Überlegenheit und unsere Bewunderung. In diesem Moment schwor ich mir, der Mutter, wenn ich selbst Geld verdiente, eine solche Perlenkette zu kaufen. Sie sollte auch so etwas haben, das fand ich nur gerecht, denn sie war nicht weniger wert als die Tante aus dem Westen.

»Bei uns wird jeder Mensch danach beurteilt, was er sich leisten kann, das fängt schon bei der Garderobe an. Und im Bundeshaus, wo Marina als Friseuse arbeitet, muß sie immer gut aussehen. Wirst staunen, Ruth, wenn du die Kleider siehst, und die Undine erst.« Sie meinte es gut.

»Danke, Eva, da nimmst du mir eine große Sorge ab«, sagte meine Mutter. »Hier rennt man sich die Hacken ab und bekommt nichts Vernünftiges. Undine ist jetzt in einem Alter, wo man darauf achten muß, daß sie hübsch gekleidet ist. Schließlich soll sie ja mal einen Mann kriegen, aber manchmal denke ich, sie legt gar keinen Wert darauf. Sie geht nie mit den Freundinnen weg, versteckt sich hinter Büchern. Vorige Woche hat sie mir gesagt, daß sie Krankenschwester werden will. Ich habe gedacht, ich hör' nicht richtig. Nachttopfschwenker für ein lausiges Gehalt.

Verstehst du das, Eva? Sie könnte es doch viel einfacher haben, selbst als Verkäuferin würde sie mehr verdienen. Aber ihr ist nicht beizukommen. Mein Gott, dieses Kind ist ganz anders geworden, als ich es mir immer gedacht habe.«

»Sei doch froh, Ruth, wenn sie weiß, was sie will. Und Krankenschwestern werden immer gebraucht. Was sagt denn Carlo dazu?«

»Dem ist doch alles egal«, antwortete meine Mutter gereizt. »Was meinst du, was ich mit diesem Mann durchmache ... Aber Undine ist seine Prinzessin, so nennt er sie sogar, er hat sie noch nie erzogen, das bleibt alles an mir kleben, sie hat Narrenfreiheit bei ihm.

Er kann noch so besoffen sein, sie vergöttert ihn, verzeiht ihm alles, nur mir nicht. Wenn mir mal die Nerven durchgehen, da ist sie nachtragend und kleinlich.«

»Vielleicht bist du nur empfindlich, Ruth«, beschwichtigte die Tante meine weinende Mutter. »Du müßtest mal raus hier, deine Seele freilassen, mal für ein paar Wochen abschalten. Und was Undine angeht, sie ist für ihren Vater vielleicht so etwas wie ein Publikum, das er sonst nicht hat. Sie bewundert ihn, umsorgt ihn, aber fordert nichts, das genießt er. Ist dir noch nie der Gedanke gekommen, daß du von allen dasselbe verlangst und erwartest wie von dir?

Selbstaufgabe und Pflichterfüllung! Du darfst eins nicht vergessen – die Menschen sind nicht alle gleich, und wenn man jemanden mit aller Macht dazu bringen will, zu sein wie man selbst, zwingt man die größte Zuneigung in die Knie. Toleranz, Ruth, die mußt du lernen, Toleranz kittet alle Risse, sie hält die Menschen beieinander, ohne die nimmt die Liebe Schaden.«

Eine neue Schülerin war in unsere Klasse gekommen. Wir freundeten uns an, nachdem sie für mich Partei ergriffen hatte, als mich ein paar Jungen wieder wegen meines Vaters anpöbelten. Eines Tages tat sie geheimnisvoll, blickte sich um, ob auch niemand in der Nähe war, und flüsterte mir zu: »Meine Mutter hat es mir zwar verboten, und der Pfarrer und der Kaplan meinen auch, daß ich niemandem etwas davon sagen soll, ich würde es mir nur unnötig schwermachen. Aber dir will ich es verraten: Ich bin Katholikin. Nun weißt du es.« Sie war sichtlich erleichtert, wartete auf meine Reaktion.

»Nimmst du mich mal mit in die Kirche, Beate?« fragte ich die Freundin neugierig.

Sie nickte bereitwillig: »Aber vorher muß ich dir noch allerhand beibringen. Komm am besten gleich heute nachmittag zu mir nach Hause.«

Beate teilte sich mit ihrer wenig älteren Schwester ein gemütliches, schräges Zimmerchen unter dem Dach. Aneinandergelehnt saßen wir dort auf dem kleinen Sofa und tranken aus einer Flasche mit Strohhalmen Limonade. »Schau her, dieses Foto wurde bei meiner Erstkommunion gemacht«, sagte Beate und zeigte mir ein Bild, auf dem sie aussah wie eine kleine Braut mit einer Kerze in der Hand. Auf einem anderen Foto erkannte ich Marcus, einen Jungen aus einer anderen Klasse, der mir in der letzten Zeit öfter mit seinem Moped begegnet war und der versucht hatte, mit mir ins Gespräch zu kommen.

»Ist der auch Katholik?« fragte ich.

»Ja. Kennst du den Marcus?«

Ich wurde rot und versuchte abzulenken, indem ich fragte, wie ich mich zu verhalten hätte, wenn ich eine katholische Kirche betrat.

Wenigstens das »Vaterunser« müßte ich bis zum nächsten Sonntag auswendig lernen, verlangte Beate.

Als ich mich verabschieden wollte, holte sie ein Schächtelchen hinter den Sofakissen hervor. Sie öffnete den Deckel, und da lagen auf gelber Watte zwei Perlenketten. Ich hielt sie jedenfalls dafür. Eine braune und eine weiße, jede mit einem Kreuzanhänger aus Silber. Beate nahm die schönere weiße behutsam heraus. »Hier, Undine, diesen Rosenkranz schenke ich dir, er soll dein Leben lang bei dir sein«, sagte sie feierlich und fügte dann sachlich hinzu: »Wie du damit betest, zeig' ich dir ein andermal.«

Ich beeilte mich, nach Hause zu kommen, um meiner Mutter zu erzählen, daß ich eine Freundin gefunden hatte, eine ganz besondere, wie ich meinte, nämlich eine katholische.

»Den hat mir die Beate geschenkt«, sagte ich glücklich und legte meiner Mutter den Rosenkranz in die Hand.

Sie warf einen kurzen Blick auf das Geschenk, dann gab sie es mir zurück. »Katholischer Kram, meine Schwiegermutter in Österreich hatte auch solch ein Ding. Nun fehlt nur noch, daß du in die Kirche rennst und katholisch wirst, das würde allem die Krone aufsetzen. Von mir aus, mach was du willst. Ich habe heute keine Nerven mehr.« Sie litt wieder unter Migräne, wollte in Ruhe gelassen werden.

Ich nahm den Rosenkranz mit ins Bett, drückte ihn ganz fest an meine Brust.

Am nächsten Sonntag gingen Beate und ich gemeinsam zur Messe. Die Orgel spielte leise, und mir war ganz feierlich zumute. Als wir in der Bank knieten, stieß Beate mich an und flüsterte mir ins Ohr: »Da drüben, die gerade gekommen sind, die in der ersten

Reihe, das ist die Familie von Marcus. Die kleine blasse Frau in dem hellbraunen Mantel, mit der gehäkelten Mütze, die so finster dreinschaut, das ist seine Mutter. Die kenn' ich, solange ich denken kann, aber ich habe die noch nie lachen oder wenigstens einmal lächeln gesehen, ich glaube, die kann das gar nicht. Die anderen daneben sind seine Schwester Elisabeth, deren Mann und Kinder.«

»Hat der Marcus denn keinen Vater mehr?«

»Da drüben.« Beate deutete mit einer verhaltenen Kopfbewegung in die andere Richtung, drei Reihen vor uns. »Siehst du den grauhaarigen Mann in dem dunkelblauen Wintermantel?« Ich nickte. »Das ist sein Vater. Ich glaube, der will mit dem Rest der Familie nichts zu tun haben. Der kommt seit Jahr und Tag allein zur Messe und geht auch allein heim. Wer weiß.« Beate hüllte sich in Schweigen.

Glöckchenklingeln drang aus einem Nebenraum, von dem sie mir erzählt hatte, es sei die Sakristei. Der Organist zog alle Register. Die Leute standen auf wie auf Kommando, sangen erst zögerlich, dann immer lauter und in den höchsten Tönen, als der Kirchenchor einstimmte: »Lobe den Herren, den mächtigen König der Ehren ...«

Ich verstand kaum ein Wort, hatte nur Augen für Marcus und einen zweiten jungen Mann, beide in einem weißen Gewand mit Spitze über einem schwarzen, das bis auf die Schuhe reichte. Der Priester war noch prächtiger gekleidet, mit Goldstickereien auf der Stola und am Saum seines Kleides. Sie betraten, wie gerade vom Himmel gestiegen, die Kapelle mit andächtigem Blick, ganz in sich versunken. Das Licht der großen Kerzen, wie ich noch nie zuvor eine gesehen hatte, flackerte unruhig.

Ich war fasziniert. Ein unheimlicher Schauer von Glückseligkeit überlief mich, und ich vermochte nicht einmal zu sagen, ob mir kalt oder warm war. Ich wußte nur, daß ich noch nie so gefühlt hatte.

Als die Kirchtür geöffnet wurde, war plötzlich alles wieder ganz weltlich, vorbei alle Heiligkeit, als hörte sie hinter der Kirchtür auf. Alle benahmen sich wie nach einem Kino- oder Theaterbesuch. Ein älterer Mann im Sonntagsanzug, mit Bierbauch und einem roten Kopf, rief durch das Stimmengewirr der dichten Menge einem anderen zu: »Gehst du nachher mit zum Frühschoppen in den ›Bären‹, Peter?«

Die Frauen, alte und junge, schwatzten aufgeregt durcheinander, redeten über das Wetter, über Backrezepte, Krankheiten und Hochzeiten.

Genauso tratschten unsere Nachbarinnen, wenn sie im Konsum nach irgend etwas anstanden. Und mein Vater ging auch zum Frühschoppen am Sonntag. Ich war enttäuscht.

Wir machten uns auf den Heimweg, Beate und ich, da knatterte auf einmal neben uns auf der Straße das Moped von Marcus.

Beate kicherte, sagte: »Wenn er dich heimfahren will, sagst du ja, hörst du, du mußt dich endlich mal trauen.« Von nun an ging ich jeden Sonntag mit der Freundin zur Kirche. Meine Mutter nahm es kommentarlos hin. Und jeden Sonntag fuhr mich Marcus nach dem Gottesdienst auf seinem Moped nach Hause.

»Ich könnte keine zur Freundin haben, die meinen Glauben nicht akzeptiert«, sagte Marcus einmal beim Abschied vor unserer Haustür.

Die Sonntagnachmittage verbrachten wir nun fast immer gemeinsam. Wenn das Wetter schön war, fuhren wir hinaus in die Natur, streiften durch die Wälder.

Manchmal trafen wir uns auch in der Woche, dann in der Stadt, wo wir durch die engen, verwinkelten Gassen der baufälligen Altstadt bummelten.

Meinen ersten Kuß bekam ich an einem warmen, freundlichen Sonntagnachmittag im dichten Tannenwald. Mitten auf den Mund, wie im Film. Der Boden schien mir unter den Füßen wegzurutschen. Auf einmal war alles anders, als wäre die Kindheit von einem Augenblick zum anderen zu Ende gegangen.

»Wo sind wir denn jetzt überhaupt?« fragte ich, mehr als nur ein bißchen verlegen.

Marcus lachte, breitete die Arme weit aus und rief: »Im Land der Azteken sind wir«, nahm mich in den Arm und küßte mich noch einmal.

Auf diesem Waldweg sagte er mir, daß er mich liebte. Schüchtern erwiderte ich: »Ich liebe dich auch«, und schämte mich dabei, war aber das erste Mal in meinem Leben froh, ein Mädchen zu sein. Nun war sie da, die Liebe, die große, wie sie nicht größer sein konnte.

Wann immer wir konnten, selbst im Winter, fuhren wir von nun an ins »Land der Azteken«, in unser Paradies.

Meine Mutter hatte mich belogen. Die Liebe war schön, nein, nicht schön, sie war wunderbar, sie machte alles heil in mir, ich war glücklich. Marcus war zärtlich, und er konnte zuhören, und er wußte soviel, war mit seinen sechzehn Jahren schon erwachsen wie ein richtiger Mann.

Sie mußten es wohl gemerkt haben, seine Mutter und seine Schwester, daß sich Marcus verliebt hatte. Oder man hatte es ihnen zugetragen. Es gefiel ihnen nicht; das wurde mir klar, als wir einer Freundin von Markus' Mutter begegneten und er sagte: »Das wird wieder was geben zu Hause mit der Mutter und meiner Schwester!«

»Was haben die beiden gegen mich?« fragte ich.

Er ließ mich lange auf eine Antwort warten, stammelte schließlich: »Sie sagen, es würde in dir stecken, mit dir würde ich später nicht froh werden, mein blaues Wunder würde ich erleben mit einer wie dir. Deine Mutter sei schon dreimal verheiratet, und dein Vater … Na ja, du weißt schon … Und daß du nicht katholisch bist, nur so tust, um mir zu gefallen, haben sie gesagt, eine Scheinheilige wärst du. Außerdem sind deine Röcke zu kurz, und du schminkst dich schon und hast lackierte Fingernägel. Und solche Mädchen wie du werden später Frauen, die nicht kochen können, nicht in der Lage sind, einen Knopf anzunähen, die keine Kinder haben wollen und es mit jedem treiben.

Sie dürfen uns nicht mehr zusammen sehen, nicht in der Stadt und schon gar nicht in der Kirche.«

Ich konnte nicht glauben, was ich gehört hatte. »Wer gibt ihnen das Recht, einen Menschen zu verurteilen, den sie gar nicht kennen, ihn in den Dreck zu treten, nur weil er anders ist als sie? Wenn sie so etwas sagen, dann ist alles Lüge, was sie jeden Sonntag in der Kirche tun, dann sind sie nicht mehr als gemeine Lügner und Betrüger.«

Marcus schrie mich an. »Sei still, so etwas darfst du nicht sagen! Nicht einmal denken!«

Aber ich ließ mir den Mund nicht verbieten, mein Gesicht glühte vor Zorn. »Und was heißt das, Marcus, sie dürfen uns nicht mehr zusammen sehen? Wissen sie denn nicht, daß wir jeden Sonntag zusammen sind?«

»Nein, natürlich nicht, sonst wäre ich nicht hier, die ahnen nicht mal was vom Land der Azteken. Wenn sie es wüßten, würden sie mich einsperren zu Hause. Ich lüge sie jedesmal an, sage, daß ich mit Freunden unterwegs bin, soweit haben sie mich schon gebracht mit ihrem schwachsinnigen Gehabe. Ich soll warten, bis ein anständiges Mädchen kommt, fromm und zuverlässig, mit einer ordentlichen Familie.«

Mir kamen die Tränen. Da schien nun alles so schön, so gut und einfach. Und wieder nur eine Illusion. Es gab keinen Platz für mich im Leben des geliebten Freundes. Im Land der Azteken – ja, da waren wir unzertrennlich, aber draußen in der Welt niemals. Mit einem Mal wußte ich, daß ich ihn verlieren würde, und konnte nicht mitlachen, als Marcus unvermittelt heiter erzählte: »Mein Schwager hat gesagt, du siehst um die Haare aus wie ein aufgeplatztes schwarzes Sofakissen. Unsere Kinder werden einmal rabenschwarze Haare haben ...« Diese Kinder wird es nie geben, dachte ich hoffnungslos.

Marcus wurde wieder ernst, zornig sogar: »Die sollen mich kennenlernen! Ein gutes Jahr noch, dann bin ich volljährig und kann machen, was ich will. Wir beide gehören zusammen, das lass' ich mir von niemandem verbieten.«

Tage danach überraschte Marcus mich mit dem Angebot, mir Nachhilfeunterricht in Mathematik zu erteilen, und zwar bei ihm zu Hause. Seine Mutter habe es erlaubt, sagte er.

Ich hatte zweimal hintereinander eine Fünf in Mathematik geschrieben, hatte keinen Platz in meinem Kopf für Gleichungen, Marcus hingegen war in diesem Fach überdurchschnittlich gut.

Ich hatte Angst vor Marcus' Mutter, aber ich willigte ein. Dann war es soweit. Ich stand mit Marcus vor seiner Mutter in der großen hellen Küche, die mich an unsere erinnerte, fühlte mein Herz in der Brust rasen. Am liebsten wäre ich umgekehrt. Ich reichte Marcus' Mutter die Hand und sagte: »Guten Tag, danke, daß ich hier sein darf.« Marcus stand dicht hinter mir, als wollte er verhindern, daß ich davonrenne.

»Guten Tag, Fräulein«, erwiderte sie knapp, wandte sich um und führte uns in die gute Stube, ein kleines dunkles Zimmer.

Es war beklemmend in diesem Raum. Marcus' Mutter hatte in einem von zwei gleichen Sesseln Platz genommen, zwischen denen ein großes, hölzernes Kruzifix an der Wand hing. Der kunstvoll geschnitzte Jesus sah von dort aus gequält auf uns herab. Selbst die große Blumenvase mit den frischen grünen Zweigen, ihm zu Ehren auf das Tischchen zwischen die Sessel gestellt, konnte kein Leben in diese Totenstimmung bringen.

Marcus' Mutter ließ uns nicht eine Minute allein. Sie hatte ihr Kopftuch aufbehalten, das im Nacken fest verknotet war wie bei einer bayerischen Bäuerin. Ich spürte, wie mich ihre schmalen, hellen Augen hinter ihrer Brille beobachteten. Ab und zu strich sie sich die Kittelschürze glatt, weil sie mit ihren Händen nicht wußte, wohin. Hin und her gingen ihre Augen, sie machte ihre Lider ganz schmal, wie um alles schärfer sehen zu können.

Marcus saß neben mir, rechnete mir die Mathematikaufgaben vor, fragte mich wie ein Schulmeister: »Das hast du doch begriffen, oder?« – »Ja«, sagte ich, »Ja, ja, ich hab's begriffen«, mußte aber immer wieder zu dieser Frau sehen, deren Augen mir nur zu deutlich sagten, daß sie mich haßte.

»Ich möchte jetzt gehen«, stieß ich hervor und packte eilig meine Sachen zusammen. Nur raus hier, dachte ich, nur weg. Ich empfand eine beklemmende Bedrohung, sie kroch mir unter die Haut.

»Auf Wiedersehen und vielen Dank«, sagte ich, reichte meiner Feindin die Hand zum Abschied. Sie überlegte, maß mich noch einmal mit einem eisigen Blick, rieb die Finger ihrer rechten Hand aneinander, daß man es hörte. Dann gab sie mir die Hand, weich, ohne Druck, unaufrichtig. Als ich unten im Hof hinter Marcus auf das Moped stieg, mich umdrehte und hochblickte zu den Fenstern, sah ich sie hinter der Gardine stehen. Nein, dachte ich, ich werde ihn dir nicht wegnehmen, deinen Jungen. Aber irgendwann wird eine kommen, die mehr Mut hat als ich, die den Kampf aufnimmt mit dir.

Marcus fluchte verhalten vor sich hin. Dann sagte er laut und trotzig: »Jetzt gerade, alle sollen es sehen, daß wir zusammengehören«, und gab kräftig Gas.

Es blieben uns nur noch wenige glückliche Monate. Seine Mutter und Schwester sorgten dafür, daß uns die Zeit knapp wurde.

Je seltener wir uns sahen, um so größer war die Liebe. Im Land der Azteken vergaßen wir die Wirklichkeit.

Jedesmal, wenn Marcus von seiner Mutter und Schwester zu erzählen begann, wäre ich am liebsten taub gewesen.

»Zur Beichte soll ich gehen, hat die Mutter gesagt, weil es Sünde ist, was wir hier tun«, sagte Marcus, und so wie er mich dabei ansah, wußte er wohl nicht recht, ob er über die Worte seiner Mutter lachen oder sie vielleicht doch ernst nehmen sollte.

»Aber wir küssen uns doch nur. Was kann schon dabei sein, wenn man sich gern hat? Ihr redet und singt doch in der Kirche immer nur von Liebe.«

Er zog mich an sich, küßte mir das Haar. »Du machst es dir einfach. Liebe! Ha, Liebe und Liebe ist zweierlei. Für die Kirche gibt es nur die Nächstenliebe und die Liebe in der Familie.«

»Und was ist das, was wir füreinander empfinden, ist das gar nichts wert?«

»Das darf eben nicht sein. Ich darf dich erst richtig lieben, wenn wir verheiratet sind, und du mußt unberührt, als Jungfrau, in die Ehe gehen – wie die Mutter Gottes. Weißt du, was mein Vater sagt? Es gibt zweierlei Frauen, die einen liebt man, die anderen heiratet man.«

Marcus klang traurig. Alles schien ausweglos.

»Ihr habt doch hoffentlich nichts miteinander, oder?« fragte meine Mutter, als ich abends heimkam. »Du siehst so angegriffen aus.« Sie mißtraute mir.

»Nein, Mama, natürlich nicht, was denkst du von uns?« Ich merkte, wie ich mich rechtfertigen wollte, wie mir heiß wurde, wie ich nach Worten suchte und nach Hilfe. Dann wurde ich schnippisch, forderte meine Mutter in einem Anflug von wahnwitzigem Mut auf: »Du kannst doch wieder meine Unterwäsche kontrollieren, machst du doch jedesmal, wenn ich mit Marcus unterwegs war. Und wenn ich meine Tage eine Woche später bekomme, kannst du mir ruhig wieder ein heißes Bad machen und mir Glühwein eintrichtern.«

Sie fühlte sich ertappt, erwiderte gereizt: »Noch frech werden, das ist nun der Dank! Als Mutter ist es mein gutes Recht, deine Wäsche zu kontrollieren. Weiß ich, was ihr für Schweinereien miteinander treibt. Umsonst geht das doch nicht so lange mit euch. Und wenn ich will, gehst du nie wieder mit ihm weg.«

Sie feilte ihre Fingernägel, sagte Minuten später gnädig: »Du hast mich noch nie angelogen, da will ich dir mal glauben, daß du anständig bist. Mußt mich verstehen, versetz dich mal in meine Lage! Ich meine es doch nur gut. Nicht auszudenken, wenn du mit einem Kind nach Hause kämst. Die Leute würden sich die Mäuler zerreißen, die Schande würde ich nicht überleben. Und dann hier in dieser kleinen Wohnung, dein Vater hat sich ja nie um eine größere gekümmert. Wer weiß, wie betrunken er heute wieder heimkommt!« Sie stand auf und schaltete den Fernseher ein, sagte, als sie in die Küche ging: »Außerdem hast du noch dein ganzes Leben vor dir, da wirst du nicht so dumm sein, dir deine Zukunft zu verbauen. Bring du erst mal deine Ausbildung als Krankenschwester hinter dich, da hast du genug zu buckeln. Wenn ich noch mal jung wäre wie du – ha, da würde ich alles anders machen!«

Nachts hörte ich meinen Vater polternd und schimpfend nach Hause kommen. In der letzten Zeit führte er Selbstgespräche, auch auf der Straße.

Ich lag stundenlang wach, rang mit meinem Gewissen, mit der Sünde, der Schweinerei, den Geboten der Kirche und meiner Liebe wie mit einer zentnerschweren Python.

Dora war meine letzte Hoffnung. Ja, sie würde Rat wissen, und daß ich immer zu ihr kommen könnte, hatte sie mir versprochen.

»Na, du hast dich wohl verlaufen!« empfing sie mich, als ich tags darauf gegen Abend vor ihrer Tür stand. Sie wuchtete gerade einen übervollen Wäschekorb durch die Diele. Ihre Kinder, drei inzwischen, kamen angerannt, mit roten Apfelbäckchen vom Baden, schon warm in ihren Schlafanzügen verpackt. Mein Gesicht wurde ganz feucht von ihren vielen Küssen.

»Hast Glück, habe heute Zeit für dich. Klaus macht Überstunden, kommt erst spät«, sagte Dora, als die Kinder endlich Ruhe gegeben hatten und sie sich zu mir auf die Couch im Wohnzimmer setzte. Jetzt war es wieder so wie früher in unserem kleinen Zimmer.

»Na erzähl schon, wo es brennt!« forderte sie mich auf.

So gut kannte sie mich also, daß sie es gemerkt hatte.

Ich erzählte ihr von Marcus, von seiner Mutter, breitete alles vor ihr aus, wie jemand, der einen schweren Rucksack auspackt, den er lange, lange mit sich geschleppt hatte.

»Was soll' ich bloß tun, Dora? Ich liebe ihn doch, ich werde nie wieder für einen Mann so empfinden können.

Ich darf Marcus nicht verlieren. Er ist meine einzige Hoffnung. Wenn sich unsere Eltern streiten, wenn sie mich in der Schule verspotten, weil der Vater wieder volltrunken irgendwo lag, wenn unsere Nachbarn die Köpfe zusammenstecken und über unsere Familie herziehen, wenn unsere Mutter ihre Wut an mir ausläßt, dann habe ich ihn, verstehst du das?«

Dora nickte.

»Mit ihm ist alles gut, da ist mein Leben schön, und es hat einen Sinn.«

»Mach Schluß mit ihm, je früher, um so leichter wird es für dich, für euch beide. Tu du es, bevor er es tut. Kommen wird es, das Ende, wie die Dinge jetzt stehen. Vielleicht findet ihr wieder zusammen, wenn ein paar Jahre vergangen sind.«

So, wie Dora mich ansah, hatte sie mich früher immer angesehen, wenn ich krank im Bett lag und sie mitleidig davorstand.

»Du bist zu romantisch und zu ehrlich«, fuhr sie fort, »das Leben ist nicht so, wie du es dir vorstellst. Und der Pfarrer wird sich hüten, diese Weiber zur Vernunft zu bringen, da verliert er doch seine besten Kunden. Solchen Betschwestern ist zu verdanken, daß Katholiken einen fragwürdigen Ruf haben, als falsch gelten, und das nicht erst seit heute. Ich muß erst an die Menschen glauben können, bevor ich an Gott glauben kann.«

Ich brauchte eine ganze Nacht, um dem Geliebten ein paar Zeilen zu schreiben. Er sollte keinen Haß gegenüber seiner Familie empfinden. Deshalb schob ich andere Gründe vor, weshalb ich mich von ihm trennen wollte.

Marcus stand noch ein paar Mal vor unserer Haustür. Ich war nicht für ihn zu sprechen, verbarg mich hinter der Gardine, sah ihm nach, wenn er wieder wegfuhr, mußte mich zwingen, nicht zu ihm runter auf die Straße zu laufen und ihm zu sagen: »Vergiß den dummen Brief, laß uns ins Land der Azteken fahren.«

Ich konnte weder schlafen noch essen. »Du wirst noch die Schwindsucht bekommen, wenn du so weitermachst«, ermahnte mich meine Mutter. »Was sollen denn die Leute denken, wenn du herumläufst wie ein Gespenst. Bloß gut, daß du bald in die Schwesternschule ziehst, da kommst du wenigstens auf andere Gedanken, und er findet dann bestimmt auch seine Ruhe wieder, wenn du in einer anderen Stadt bist.«

Der Sommer ging zu Ende. Meine Koffer waren gepackt.

Ich verbot mir, an Marcus zu denken.

Der Abschied wurde schwer, ich machte mir Sorgen um den Vater. Er war wieder einmal spät abends nach Hause gekommen und so betrunken, daß er kaum stehen konnte, und er hatte gelallt: »Ich habe Leberkrebs. Das kommt vom Saufen und vom Kummer, hat der Arzt gesagt, jawohl, gesagt hat er das. Der Mann weiß Bescheid, ich gehe bald vor die Hunde, dann habe ich endlich meine Ruhe.« Ich stand da wie aus Stein. Hatte keine Worte, ihn zu trösten, ihm zu sagen, wie leid er mir tat.

Mein Vater hatte Trost bei seiner Schnapsflasche gesucht. Er nahm sie beinahe liebevoll in den Arm und schwankte in sein Bett, das die Mutter ihm wie jeden Abend auf der Couch gerichtet hatte. Sie selbst schlief schon seit Monaten neben mir in Doras Bett.

Jeden Abend, nachdem sich der Vater schlafen gelegt hatte, holte sie den Plastikeimer unter dem Waschbecken hervor, ließ warmes Wasser hineinlaufen und gab jede Menge Desinfektionsmittel dazu. Sie zog sich Gummihandschuhe an und tauchte einen Lappen tief in die Lösung. Damit wischte sie sämtliche Türklinken in unserer Wohnung ab und alles, was der Vater angefaßt hatte. »Wer weiß, wo er sich wieder herumgetrieben hat, er schleppt uns noch sonstwas heim«, schimpfte sie dabei.

Als ich in den Ferien aus dem Internat nach Hause kam, fand ich den Vater ausgezehrt und übersät mit einem Ekzem in der Küche sitzen. Erst bei näherem Hinsehen wurde mir das Ausmaß klar. Markstückgroß waren die Flechten, verteilten sich über den ganzen mageren Körper.

Er hatte die Schnapsflasche in der Hand und nahm einen großen Schluck, stellte die Flasche wieder neben sich und rülpste.

»Schön, daß du wieder da bist..., Dinelein.« Er hatte Mühe, deutlich zu sprechen, sah mich mit roten, verschwommenen Augen an. »Seit du fort warst, habe ich nichts mehr gegessen.« Er klang vorwurfsvoll.

Ich war erschrocken und zugleich wütend auf ihn. »Wie kannst du dich bloß so gehenlassen, hast du überhaupt keine Achtung vor deinem Leben?« Sein Blick strafte mich, das konnte er gut.

Ihm jetzt eine große Mahlzeit zu bereiten wäre sein Tod, wußte ich. Langsam und in kleinen Mengen mußte er wieder essen lernen, soviel hatte ich schon über Krankenpflege gelernt. Teelöffelweise flößte ich ihm Fleischbrühe ein, jeden Tag ein bißchen mehr. Dann kochte ich kleine Portionen Makkaroni, die ich ihm kleingeschnitten fütterte wie einem Kind. Zwei Tage später Makkaroni mit Butter, dann Makkaroni mit Butter und geriebenem Käse und jeden Tag dreimal ein Stärkungsmittel, das es in der Apotheke ohne Rezept gab, wo ich auch die Zinksalbe für seinen Ausschlag holte. Zum Arzt ging mein Vater schon lange nicht mehr. Und jeden Morgen machte ich ihm in einem Emailletöpfchen seinen Schnaps warm, sah zu, wie er ihn in kleinen Schlucken trank und mit kreisenden Handbewegungen um die Magengegend verteilte, bemerkte, wie nach und nach seine Hände ruhiger wurden, nicht mehr zitterten. Ich hielt ihm den Kopf an der Stirn, wenn er sich über das Waschbecken beugte und unter Krämpfen eine braungelbe Flüssigkeit aus sich herauswürgte, und ich gab ihm danach wieder seinen Schnaps, seine Medizin, wie er dazu sagte. Ich begriff meine Hilflosigkeit, litt unter meiner Ohnmacht. Konnte nichts weiter für ihn tun, als ihm immer wieder, Tag für Tag, das heilsame Gift zu reichen, das ihn zerstörte, ihm die Kraft nahm, ihm das Hirn zersetzte und ihn doch am Leben hielt.

Ganz gleich, wie krank er war, jeden Nachmittag schleppte er sich aus der Wohnung, schritt wie ein Schatten seiner selbst den langen Berg hinab, hinunter zur Stadt.

»Was soll aus dem Vater werden, Mama?«

Meine Mutter zuckte mit den Schultern. Sie war müde, wenn sie abends von der Arbeit kam. Abendbrot essen, Fernseher an und Füße hoch, mehr wollte sie nicht. Jedes Gespräch schien ihr lästig.

»Frag mich doch nicht. Wenn ich früh zur Arbeit gehe, liegt er noch im Bett, und wenn er nach Hause kommt, schlafe ich schon. Manchmal entwickelt er noch Fotos, er hat sich dazu ein Zimmer genommen in der Altstadt, weil ich ihm verboten habe, in der Küche zu arbeiten. Ich will meine Ordnung, wenn ich abends nach Hause komme. Das kann ich ja wohl verlangen, oder? Schließlich arbeite ich den ganzen Tag. Mir reicht's schon, daß ich nicht mehr weiß, wo ich mit seinen leeren Schnapsflaschen hin soll.

Die Nachbarn gucken mich schief an, weil die Mülltonnen immer voll sind. Ich soll die Flaschen zerschlagen, dann würden sie nicht soviel Platz wegnehmen. So was muß man sich sagen lassen; weit hat er es gebracht, dein Vater…«

Es war wie immer. Es gab nur einen Täter und ein Opfer, und ich versuchte, in einem Niemandsland zwischen beiden zu leben.

Ich arbeitete als Schwesternschülerin in einer Zahnarztpraxis. Die Gewißheit, daß ich nach drei Wochen wieder zurück ins Internat mußte, schnürte mir die Brust zusammen.

Dann kam der Tag, an dem ich in der Mittagspause für den Doktor bei einem Metzger, der bei ihm Patient war, Fleisch und Wurst abholen sollte. Für diese Gefälligkeit bekam er besonders gute Füllungen in seine Zähne. Das Importpräparat wurde ganz unten im Medikamentenschrank aufbewahrt und auf ein Zeichen hervorgeholt. Sparsam mußten wir Schwestern damit umgehen, denn es sollte auch noch für den Porzellanhändler, den Goldschmied und die Leiterin der Buchhandlung reichen, eben für alle, die man so brauchte.

Als ich mit den schweren Beuteln durch die Straßen lief, bemerkte ich vor mir eine Menschentraube, die immer dichter wurde. Vielleicht ein Unfall, oder jemandem ist schlecht geworden, dachte ich. Meine Schritte wurden schneller, ich hätte ja gebraucht werden können.

Der da lag, mitten im Dreck, war mein Vater. Er phantasierte, seine Hose war vom Urin durchnäßt, er stank nach Erbrochenem und Alkohol, neben ihm seine Tasche, aus der eine Schnapsflasche gerollt war.

Die Leute machten mir Platz, hatten mich erkannt.

Ja, gafft nur, ja, ich bin es, seine Tochter! hätte ich ihnen in ihre spöttischen Gesichter schreien mögen, hinein in ihr selbstgerechtes Grinsen. Aber dazu brauchte man Mut.

Ich versuchte, den Vater wachzuschütteln, rieb ihm Schnee auf die bleiche Stirn. Auf mich gestützt, schleppte er sich nach Hause. Ich spürte die verächtlichen Blicke der Leute im Rücken. Wie ich mich schämte.

Alle in der Klinik wußten längst Bescheid, als ich verheult und abgehetzt in die Praxis kam. Der Tratsch hat schnelle Beine in einer Kleinstadt.

Vor mir wurde nie wieder über diesen Vorfall gesprochen. Wie der Doktor und die Schwestern tatsächlich über die Angelegenheit dachten, äußerten sie hinter verschlossenen Türen.

»Der Mann gehört in eine Anstalt, zum Entzug oder wenigstens auf Nummer Sicher, den kann man doch nicht mehr aus den Augen lassen, wer weiß, was der noch alles verzapft«, ereiferte sich die Oberschwester. Der Doktor fiel ihr ins Wort: »Daß die Mutter dem Mädchen das antut, eine solche Jugend. Dabei macht sie doch einen anständigen Eindruck, die Frau. Sie muß doch merken, wie sensibel ihre Tochter ist und daß ihr das alles schwer auf der Seele liegt. Ob man nicht doch mal mit ihr reden sollte?«

Ich wollte ihr Mitleid nicht, wollte nicht bedauert werden. Ich suchte vergeblich Trost in der Kirche, nichts hielt die mächtige Angstwoge auf. Ich spürte den unaufhaltsamen Sog, der mich mit hinabziehen würde in einen Sumpf, aus dem es kein Entrinnen mehr gab. Ersticken, ja ersticken würde ich, irgendwann. Und sie würden zusehen, die Frömmler von der Kirche wie die Selbstgerechten auf der Straße.

Nach schlaflosen Nächten wußte ich: Ich hatte keine Wahl, ich mußte bei meinem Vater bleiben und ihn pflegen. Es war nur eine Formalität, meinen Ausbildungsvertrag zu lösen. Gemeinsam mit meiner Mutter ging ich zur Krankenhausverwaltung. Wir waren uns einig, daß es das beste für uns alle sei und daß es das wenigste Aufsehen erregen würde, wenn wir als Grund angaben, daß ich kein Blut sehen könnte.

Als meine Mutter die »Schande« hinter sich gebracht hatte und wir auf dem Nachhauseweg waren, sagte sie: »Ich bin richtig erleichtert! Ich habe gleich gewußt, das ist nichts für dich im Krankenhaus, hättest mal gleich auf mich hören sollen. Wo sollen wir denn jetzt eine Arbeit für dich herbekommen?«

»Ach, Mama, bitte, ich möchte jetzt nicht darüber reden, ich habe mich mies gefühlt bei der Lügerei, ich könnte kein Blut sehen.«

»Jetzt bin ich wohl wieder an allem schuld?« brauste sie auf. »Du bist wie dein Vater, ihr wälzt alles auf mich ab, mit mir könnt ihr es ja machen!«

Meine Mutter war müde, das sah ich ihr an, sie war immer müde, besonders im Winter. »Nicht genug, daß die Leute über deinen Vater reden, jetzt werden sie mich auch noch nach dir fragen«, fürchtete sie.

Ich hatte sie wieder einmal zum Weinen gebracht. Also versuchte ich, sie zu beruhigen, hakte sie unter und sagte: »Komm, wir gehen heim, du trinkst deinen Kaffee und legst dich danach ein bißchen hin, und morgen suche ich mir eine Arbeit, du mußt dich nicht um mich sorgen.« Sie war zufrieden. Sie brauchte Trost und Verständnis. Meine Verzweiflung durfte ich mir nicht anmerken lassen. Mir wurde klar, eigentlich war sie das Kind und ich die Mutter.

Ich wurde krank. Der Doktor saß an meinem Bett wie sonst an dem meiner Mutter.

»Du mußt härter werden, sonst gehst du am Leben kaputt«, sagte er, als er mir nach seiner Untersuchung die Bettdecke bis unter das Kinn schob. »Du hast es mit der Schilddrüse, eine Überfunktion, und auch sonst bist du in schlechter Verfassung.«

Ich hörte ihn in der Küche zur Mutter sagen: »Sie braucht Ruhe, Ruhe, Ruhe und nochmals Ruhe und ... Freude. Das Herz macht mir Sorgen und die Lunge, hoffentlich keine Tuberkulose. Das Rezept muß heute noch geholt werden. Eigentlich müßte sie raus hier. Jod braucht sie, Kohlehydrate und Rotwein zur Stärkung.«

Meine Mutter stand fassungslos an meinem Bett, diesen Ausdruck in ihrem Gesicht kannte ich. Ich hatte wieder das schlechte Gewissen, einmal mehr schuld zu sein, schuld, daß sie sich sorgte.

»Jetzt habe ich auch noch mit dir Sorgen«, sagte sie da auch schon. »Was soll ich denn jetzt tun? Hoffentlich hast du es nicht mit dem Herzen, das wäre schrecklich, das wäre eine Belastung, dann würdest du ja immer hier krank liegen, o Gott, ich darf gar nicht daran denken. Aber diese Anfälligkeit hast du von deinem Vater... Als wir damals im Dritten Reich den Stammbaum nachweisen mußten, gab es in unserer Familie keine Erbkrankheiten. Bevor man heiratet und Kinder in die Welt setzt, sollte man sich eben doch die Familie der anderen Seite genau ansehen.«

Abends stritten sich die Eltern. Durch das Beruhigungsmittel, das der Doktor mir gespritzt hatte, hörte ich das Geschrei, das sich jeden Abend, immer und immer wieder, in mein Hirn bohrte wie ein böser Wurm, nur wie aus weiter Ferne.

Ich schlief fast zwei Tage lang.

Mein Vater zog wie einst, als ich als Kind todkrank war, mit seiner großen Tasche los zum Organisieren. Er schleppte ungarischen Rotwein an und zahllose Döschen Seehasenrogen.

»Iß und trink, ist gut für dich«, sagte er, wenn er sich an den Rand meines Bettes setzte, mir mit seinen zitternden Händen ein Glas mit Wein füllte, Traubenzucker dazugab und umrührte. Er blieb neben mir sitzen und wartete, bis ich ausgetrunken und die Dose mit den Fischeiern bis auf das kleinste Kügelchen ausgelöffelt hatte.

Der Doktor machte, als ich nach Wochen in seine Praxis kam, in seinem Behandlungszimmer eine eigenartige Vorführung für mich.

»Setz dich hin und sieh genau zu«, hatte er gesagt, mir den Stuhl, auf dem er sonst saß, zurechtgerückt und sich neben mich auf einen Hocker gesetzt. Er hatte eine große, leere Wasserkaraffe aus Glas in der Hand.

»So mußt du dir die Seele vorstellen, zerbrechlich und empfindlich, mit einem begrenzten Fassungsvermögen.«

Er ging mit dem Gefäß zum Waschbecken und ließ ein wenig Wasser hineintropfen.

»Das sind die ersten Schmerzen im Leben, das erste aufgeschlagene Knie, die erste Fünf in der Schule. Die eine oder andere Tracht Prügel von den Eltern.« Dann drehte er den Hahn kurz, aber weit auf. »Und das ist der erste Liebeskummer, die erste Enttäuschung, das Erwachsenwerden.« Die Karaffe war nicht einmal zu einem Achtel voll. »Jetzt zeige ich dir, wie es in deiner Seele aussieht.« Er ließ das Wasser mit scharfem Strahl in die Karaffe laufen, es quoll oben heraus, lief über, bis die Kanne das Gleichgewicht verlor und umfiel, zerborsten war in Sekundenschnelle. »Siehst du, das passiert, wenn du nicht auf dich aufpaßt, dabei muß noch das ganze Leben hinein in deine Seele!

Mädchen, du fühlst zuviel und du denkst zuviel! Du mußt die Wehre schließen, dich abschotten, und nur das in dich hineinlassen, was das Maß nicht überschreitet, sonst zerbrichst du, und dann kann dir niemand mehr helfen. Nimm dir das Schöne vom Leben, sei ruhig mal egoistisch, deine Jugend gibt dir das Recht dazu.«

Ich war lange krank. Manchmal fuhr ich mit dem Rad allein ins Land der Azteken, legte mich an den Wiesenrand und träumte mir Marcus an meine Seite, wünschte, nie wieder aufzuwachen.

Mein Vater kaufte mir Künstlerölfarben und Pinsel. Ich malte in jeder freien Minute. Ich wollte, nein ich mußte Abstand gewinnen zu allem, was mich quälte.

Mein Vater schleppte meine Bilder mit sich, hatte sie neben den Schnapsflaschen lose in seiner Reisetasche. Er zeigte sie überall herum, manchmal verkaufte er sogar eins am Kneipentisch.

Jemand vom Kulturbund wurde aufmerksam auf mich, und ich wurde dort als kulturpolitisch-künstlerische Mitarbeiterin eingestellt.

Ich dachte, aufatmen zu können, doch mehr als je zuvor wurde vor mir ein Berg von Vorurteilen aufgeschüttet. Ich war das Kind meiner Eltern, da wusch mich nichts sauber. Ich malte zwar, aber das zählte nicht, schließlich hatte ich nichts gelernt.

»Wir müssen erst in der täglichen Zusammenarbeit prüfen, wie wir Sie ideologisch einordnen können«, hatte mich die ältliche Leiterin des Kabinetts an meinem ersten Arbeitstag wissen lassen. »Denn – Kulturarbeit ist Parteiarbeit, aber Sie werden sich gewiß bewähren!«

Ich war nicht in der SED, auch nicht in einer Blockpartei. Sonst hätte sie vielleicht Nachsicht geübt, als eine andere Mitarbeiterin sie informierte, daß sie mich am Sonntagmorgen vor der katholischen Kirche gesehen hatte.

»Wir sind enttäuscht von Ihnen. Wir haben unser Büro schließlich im Haus des Rats des Kreises, das ist eine große Auszeichnung, ja Verpflichtung für uns … Und überhaupt, jemanden wie Sie haben wir noch nie hier gehabt. Es gibt immer nur eins im Leben, entweder gesellschaftlich-verantwortliche Arbeit oder Kirche – auf zwei Hochzeiten können Sie nicht tanzen.

Und wir wüßten endlich gern, woran wir sind. Das müssen Sie verstehen.«

Von nun an archivierte ich tagaus, tagein alte, verstaubte Kulturzeitschriften und sortierte mit quälendem Desinteresse Glasperlen für die Handarbeitszirkel des DFD, das Lieblingskind der Leiterin des Kulturkabinetts. Nachts las ich medizinische Fachbücher, die ich mir von meinem Verdienst gekauft hatte.

Der Tod meines Vaters traf mich unerwartet, obwohl ich wußte, daß er nicht mehr lange zu leben hatte.

Er kam spät heim, später noch als sonst. »Wo er heute bloß bleibt?« hatte die Mutter gesagt. Er schwankte in die Küche, fiel fast vornüber. Er blutete. Ich hielt ihn mit der Mutter, und da sahen wir eine Platzwunde an seinem Hinterkopf. Meine Mutter rannte los, um einen Arzt zu holen. Vergeblich.

»Der Kopf hat viel Blut, er soll morgen früh kommen, wenn wieder Sprechstunde ist«, hatte man ihr in der Poliklinik gesagt.

Wer hilft schon einem stadtbekannten Säufer.

Sie weinte, als sie wieder heimkam.

Wir wuschen ihn, versorgten die Wunde, legten ihn ins Bett. Ich wartete, bis er eingeschlafen war.

»Dinelein, mit mir geht's zu Ende«, hatte er gefaselt. Auf meine Frage, was passiert sei, wer ihn so zugerichtet habe, erhielt ich keine Antwort.

Aus seiner Reisetasche, die neben dem Herd lag, sickerte Feuchtigkeit, die Flaschen darin waren zerbrochen. Am nächsten Morgen stand er auf wie immer, schleppte sich aus dem Haus, kam kurz darauf wieder, todkrank. Der Arzt, den ich am Abend gegen den Willen des Vaters gerufen hatte, schrieb eine Überweisung ins Krankenhaus. Mein Vater lehnte es ab, sich auf die Trage zu legen, obwohl er sich kaum auf den Beinen halten konnte. Ich begleitete ihn bis vor die Haustür, wo der Krankenwagen wartete.

Da stand er nun – elend, kraftlos und müde. Seine nackten, knochigen Füße steckten in Hausschuhen, die ihm längst viel zu groß waren, wie sein gestreifter Schlafanzug und sein Mantel.

Unsere ängstlichen Blicke begegneten sich. Kein Wort, keine Geste, nur ein stummes Lebewohl.

Der Abschnittsbevollmächtigte unseres Wohnbezirks erschien am Vormittag des nächsten Tages. Meine Mutter saß am Küchentisch, ich stand daneben. Er hatte seine Mütze von seinen kurzgeschnittenen rotblonden Haaren genommen, war unsicher. »Ich muß Ihnen mitteilen ..., daß Ihr Mann, Ihr Vater, heute morgen ... verstorben ist ... Mein Beileid. Bitte halten Sie sich für Ermittlungen zur Verfügung.«

Ich durfte nicht weinen, dann wäre die Mutter enttäuscht von mir gewesen, dann hätte ich meine Gefühle für den Vater gezeigt, die ich nicht haben durfte, das hätte Verrat an ihr bedeutet.

Sie weinte, wegen der Schande, wie sie sagte, und weil der Vater eigentlich kein schlechter Mensch war.

Keine Stunde später standen zwei Beamte der Kriminalpolizei vor unserer Tür und zwei andere Männer, die sich nicht auswiesen. Sie hatten uns keine Zeit zur Trauer gelassen, uns voneinander getrennt und in ihre Autos gestopft.

Stundenlange Verhöre.

»Mit wem hatte Ihr Vater Umgang? Waren auch Ausländer dabei?

Wer kam in die Wohnung zu Ihrem Vater? Waren Sie Zeugin politischer Gespräche?«

Ich konnte nur sagen: »Ich weiß nicht, mein Vater kam nur noch zum Schlafen und Essen nach Hause, seine Geschäftspartner kenne ich nicht ...«

Der Spuk dauerte Tage, immer wieder dieselben Fragen.

Dann standen sie mit einem Haussuchungsbefehl vor der Tür, die von der Kripo und zwei, die nuschelten: »Staatssicherheit.«

Das Unterste wurde zuoberst gekehrt.

Sie nahmen Filme meines Vaters mit und seine Notizbücher. Sämtliche Nachbarn wurden befragt.

Meine Seele ging auf Krücken.

Meine Mutter war gefaßt. Ganz in Schwarz, darauf legte sie Wert, so mußte es sein, so erwartete man es von ihr.

»Er ist an Herzversagen gestorben«, teilte uns ein Kripobeamter sachlich und eilig mit. »Die Obduktion hat ergeben, daß er an Sklerokardie litt, auch ohne die Verletzung am Kopf wäre er in spätestens vierzehn Tagen gestorben.«

»Und wer hat ihn niedergeschlagen?« Ich konnte mich nicht zufriedengeben mit dieser Antwort.

Der Beamte legte sein hageres Gesicht in Falten und strich sich verlegen über seine Haare. »Wir haben folgendes rekonstruiert: Ihr Vater war betrunken, als er auf seinem Heimweg gestürzt und auf seine Tasche gefallen ist, dabei sind die Flaschen zerbrochen. Das hat er bemerkt und wollte den Inhalt der Tasche in eine Mülltonne schütten. Dabei ist ihm der Deckel der Mülltonne auf den Kopf geschlagen.«

»Und deshalb haben Sie uns tagelang verhört, uns nicht zur Ruhe kommen lassen? Und außerdem glaube ich Ihnen nicht!«

»Undine, sei still, was denkst du dir, die Männer tun doch nur ihre Pflicht!« Am liebsten hätte mich meine

Mutter aus dem Zimmer geschickt, sie entschuldigte sich gefügig.

Noch am selben Tag ging ich hinunter auf den Hof zu unseren Mülltonnen, ließ mir einen Deckel auf die Hand fallen und blieb bis auf einen kleinen blauen Fleck unverletzt. Außerdem hätte der Deckel eher den Nacken treffen müssen, die Verletzung des Vaters lag weiter oben.

Alles Lüge.

Der Staatsanwalt hatte eine Erdbestattung angeordnet. Es war ein sonniger Augusttag, viel zu schön für eine Beerdigung. Meine Mutter versteckte sich hinter ihrer dunklen Sonnenbrille. Ich lief neben ihr wie eine Schlafwandlerin. Vor uns der Sarg und der Redner, der seine Sache gut gemacht hatte. Man muß nur tot sein, dann ist man mit einem Mal in aller Herzen. Hinter uns Dora und Klaus und ein paar Nachbarn. Meine Mutter und Dora weinten, laut und hemmungslos. Ich konnte nicht. Ich hörte später die Nachbarn sagen: »Sie hat dagesessen, als gehörte sie nicht dazu. Nicht eine Träne!«

Ich hatte Schüttelfrost bei dreißig Grad im Schatten.

Der Vater war tot. Wahnsinn.

Meine Mutter verschenkte die noch brauchbaren Kleidungsstücke des Vaters an die Nachbarschaft, die anderen verbrannte sie im Küchenherd. Dann machte sie gründlich sauber. »Wir wollen alles wegschaffen«, hatte sie gesagt, »damit uns nichts mehr erinnert, damit wir Ruhe finden.« Jeden Tag zählte sie die Beileidskarten. »Daß wir so viele bekommen, hätte ich nie gedacht!« sagte sie nicht ohne Genugtuung.

Ich sah jeden Tag die Post durch, in der Hoffnung, eine Karte von Marcus zu finden.

»Du wartest auf ihn, nicht wahr?« Wie aus dem Nichts gestampft stand meine Mutter hinter mir und riß mich aus meinen Träumen, als ich wieder einmal am Bodenfenster stand und zu seinem Elternhaus hinübersah.

»Er wird kommen Mama, bestimmt, ganz bestimmt! Er wird mich jetzt nicht allein lassen!«

»Woher willst du das wissen? Ihr habt schon lange nichts mehr voneinander gehört.«

»Ich habe seinen Schwur, Mama. Wir haben es uns gegenseitig geschworen, im Land der Azteken ...«

»Red kein dummes Zeug, Kind, der hat dich längst vergessen. Werde endlich erwachsen! Das beste für dich wäre, wenn du bald heiraten würdest, dann wärst du wenigstens versorgt, und mir wäre ein großes Problem abgenommen. Immerhin siehst du gut aus; wenn ich mit dir durch die Stadt gehe, sehe ich doch, wie dir die Männer nachgucken, Stielaugen kriegen sie, wie früher bei mir. Ein Witwer wäre gut oder ein Geschiedener, da ist wenigstens schon was da, und die sind dankbar. Und du stehst ja auch nicht ohne was da. Immerhin hat dir dein Vater seine Fotoausrüstung hinterlassen, dann hast du noch dein Gespartes und deine Wäscheaussteuer, die ich für dich angeschafft habe. Und das Kaffee- und Eßservice.« Es war ihr Ernst damit. Ich wagte, wie so oft, keinen Widerspruch.

Ich kündigte im Kulturkabinett, wollte nur raus aus dem Mief dort, aus der verlogenen Atmosphäre.

Dann erhielt die Mutter den Witwenrentenbescheid. Sie las ihn, nickte zustimmend, und ein zufriedenes Lächeln glitt über ihr Gesicht.

»Dreihundert Mark bekomme ich jetzt jeden Monat. Naja, das ist nur recht und billig, hab' schließlich genug ertragen müssen die ganzen Jahre. Hätte ich mich von deinem Vater scheiden lassen, würde ich heute keinen Pfennig bekommen. Es hat eben alles sein Gutes im Leben.«

»Hat es das, Mama, bist du davon wirklich überzeugt? Kann man mit Geld alles aufwiegen? Kommen dir keine anderen Gedanken dabei?«

Sie verstaute die Unterlagen hastig, wie Diebesgut, in ihrer Handtasche und fuhr mich ärgerlich an: »Daß du dich nicht schämst, so mit deiner Mutter zu reden, wo ich immer alles für dich getan habe! Du bist ...«

Ich fiel ihr ins Wort. »... ungezogen, das wolltest du doch sagen. Ja, Mama, ich bin ein ungezogenes Kind. Und weißt du, daß ich stolz darauf bin? Du tust, als sei immer alles gut gewesen zwischen dir und meinem Vater! Nichts war gut, nichts. Du glaubst, das Leben hat dir recht gegeben, du denkst, die Bestätigung bekommen zu haben, daß es das beste war auszuhalten. Das wäre nur dann wahr, wenn nicht andere, wenn nicht ich die Zeche hätte zahlen müssen.« Jetzt war es heraus, endlich. »Ich brauche ein anderes Leben, Mama, es muß etwas geschehen, und das bald, ich komme sonst um!«

»Wie du nur geworden bist, du bist wie dein Vater«, sagte sie kopfschüttelnd, aber erstaunlich gelassen, als ob sie sich schon längst damit abgefunden hätte.

Ich war auf der Suche nach einer neuen Arbeit. Einmal verpaßte ich den Bus nach Hause und wollte mich gerade zu Fuß auf den langen Weg machen, als ein Taxi neben mir auf der Straße hielt.

Der Fahrer kurbelte das Fenster herunter und fragte:

»Bus verpaßt, was? Soll ich Sie mitnehmen?« Ich zögerte, sagte dann aber doch: »Danke, Sie schickt der Himmel!«

Der junge Mann lachte. »Nein, nein, nicht der Himmel, der VEB Kraftverkehr.«

Seine Fröhlichkeit war ansteckend, wir unterhielten uns während der Fahrt, ich konnte wieder lachen. »Was bin ich Ihnen schuldig?« fragte ich, als er mich zu Hause absetzte.

»Nichts, ... außer daß ich gelegentlich auf ein Schwätzchen vorbeikommen darf. Und wenn Sie wieder ein Taxi brauchen, rufen Sie unsere Zentrale an und fragen Sie nach Kurt Schmidt.«

Eigentlich gefiel er mir gar nicht. Er war fast zwei Meter groß, hatte schon eine Stirnglatze und nur noch wenige blonde Haare und einen Schnauzbart. Sein Oberhemd war geschmacklos, weiß mit grasgrünen Pferdchen. Aber er hatte gepflegte Hände und schöne weiße Zähne, und er hatte mich zum Lachen gebracht.

Kurt Schmidt stand von nun an mit seinem Taxi oft vor unserem Haus. Ich hatte nichts dagegen, ging sogar gern runter zu ihm, nur um zu reden.

Kurt Schmidt konnte gut erzählen. Schon bei seinem zweiten Besuch hatte ich viel über ihn erfahren: Geschieden war er, sei an die Falsche geraten, sagte er, an eine aus demselben Dorf, wo er lebte. Wenn das Kind nicht unterwegs gewesen wäre, hätte er sie nicht geheiratet. Nach der Hochzeit wohnten sie mit seinen Eltern und Brüdern in seinem Elternhaus. Seine Eltern hätten ihr Leben lang gearbeitet, um es zu etwas zu bringen, früher eine gutgehende Dorfkneipe besessen. Seine Geschiedene hätte keine Lust zum Arbeiten gehabt, den Haushalt, sich selbst und dann auch noch das Kind vernachlässigt und das Geld, das er sauer verdient hatte, durchgebracht. Er mußte nach Feierabend den Haushalt in Ordnung bringen und das Kind versorgen, derweil sie ein paar Häuser weiter bei ihren Eltern war oder sich herumtrieb.

»Und dann hat sie den Jungen einfach mit sich genommen, als ich die Scheidung eingereicht habe. Den darf ich nun nicht mehr sehen. Seitdem wünsche ich mir nichts mehr, als wieder eine Familie zu haben.« Ihm standen Tränen in den Augen.

Armer Kerl, dachte ich, der verdient es, eine gute Frau zu bekommen.

»Der sieht gar nicht aus, als ob er Kummer hätte«, meinte meine Mutter, »der tut doch nur so, um sich interessant zu machen. Denk dran! Kraftfahrerblut ist keine Buttermilch, und Benzin macht schlecht. Na ja, vielleicht heiratet er dich, Taxifahrer verdienen bestimmt schönes Geld. Was Besseres könnte dir jetzt gar nicht passieren, nach allem, was wir durchgemacht haben. Und beruflich hängst du ja auch in der Luft, hältst es nirgends aus, bist eben wie dein Vater. – Lad ihn doch mal ein, zum Abendbrot oder am Wochenende.«

Kurt Schmidt ging bei uns bald aus und ein.

Ich fühlte nichts, wenn er mich küßte. Das war keine Liebe. Das war vielleicht Freundschaft.

Kurt Schmidt war der erste Mann, mit dem ich schlief. Mit achtzehn, sagte meine Mutter, sei es an der Zeit, und ich hatte es satt, daß sie mich alte Jungfer nannte, und ich war neugierig.

Ich dachte an Marcus, betete, daß es schnell vorbei ging, wendete mich ab, wollte von diesem starken, gierig schnaufenden Mann nicht geküßt werden.

Kurt Schmidt rauchte danach eine Zigarette und ließ sich Badewasser einlaufen. Er lachte überlegen: »Dir werd' ich's schon noch beibringen!« Er verschluckte sich vor Lachen am Zigarettenrauch. »Eine entjungfert hab' ich noch nie. Daß es sowas noch gibt heutzutage, mit achtzehn noch ein Jüngferle! Bei uns auf dem Dorf fallen die Früchte schon mit sechzehn, spätestens…, meistens bei der Kirmes. Wenn ich das meinen Kollegen erzähle, das glaubt mir keiner!«

Ich verachtete mich, fühlte mich dreckig.

»Sieh zu, daß er dich heiratet!« Meine Mutter war erbost. »Als ob wir nicht schon genug Sorgen haben, läßt du dir auch noch ein Kind ansetzen.«

»Ich habe nicht gewußt, daß es beim ersten Mal passieren kann, und er hat gesagt, er würde achtgeben …«

»Das sieht dir ähnlich, glaubst den Kerlen jedes Wort. Die erzählen viel, wenn der Tag lang ist. Wenn du kein Kind willst, mußt du schon selbst dafür sorgen. Ich habe es dir gesagt, wie die Männer sind. – Mußt es doch nicht bekommen, dieses Kind.«

»Ich bekomme dieses Kind, Mama, das steht fest, egal wie. Und ich bin glücklich, Mama, freue mich auf mein Kind, das ist doch ein Wunder, etwas Unglaubliches, das darf man nicht wegmachen, nicht töten, niemals. So groß kann die Not nicht sein. Ich wollte kein Kind, kein Kind von Kurt Schmidt, von Marcus ja, von ihm würde ich ein halbes Dutzend haben wollen und mehr. Doch jetzt ist es in mir, lebt, wächst. Soll ich dieses unschuldige Wesen für meinen Leichtsinn bezahlen lassen, ihm das Leben nehmen? Nein, Mama, das Kind bekomme ich, aber ich werde Kurt Schmidt nicht heiraten.« Endlich hatte ich es ihr zu sagen gewagt.

»Das kannst du nicht machen!« schrie meine Mutter entsetzt. »Wer soll dich ernähren? Wie stellst du dir das vor?«

»Eine Arbeit findet sich schon für mich, wenn nicht jetzt, wo ich schwanger bin, dann nach der Geburt. Du hast selbst erzählt, mit wie wenig die Frauen nach dem

Krieg ausgekommen sind und ihre Kinder großgezogen haben. Das schaffe ich auch. Ich kann keinen Mann heiraten, den ich nicht liebe.«

Sie lief aufgebracht in der Küche umher. »Hier kannst du jedenfalls nicht bleiben, nicht mit einem unehelichen Kind. Da mußt du sehen, wo du unterkommst. Entweder du heiratest, oder du ziehst aus. Die Leute würden sich das Maul zerfetzen. Ein uneheliches Kind – sowas hat es in unserer Familie noch nie gegeben.«

Die Maus war gefangen, der Käfig eng, sie scharrte und kratzte, es gab kein Entkommen.

Meine Mutter war erleichtert, als Kurt Schmidt bei ihr um meine Hand anhielt.

Die Verlobung wurde in seinem Dorf gefeiert.

Seine Eltern hatten alles aufgeboten, was es Mitte der siebziger Jahre in der DDR an Gutem zu essen und zu trinken gab: Kasselerbraten und Champignons, sowjetischen Sekt mit Ananasstücken beispielsweise.

Kurts Mutter lief ein paarmal am Abend in den Keller, schleppte Eimer mit Kohlen hoch und legte sie aufs Feuer. Vier kräftige Männer saßen bei Bier und Kartenspiel, und niemand nahm ihr die Eimer ab.

»Warum hilft ihr denn keiner?« hatte ich gefragt.

Da stemmte sich Kurts Vater von seinem Sessel hoch und brüllte: »Hier wird gearbeitet, Faulenzer gibt es hier nicht, hier müssen die Weiber ran, damit was wird, hier wird sich nicht geziert.« Er griff mit seiner großen Hand über den Tisch mir in die Haare und sagte, mit einem Mal ganz leise: »Das wirst du auch noch lernen, Feinheiten zählen hier nicht, hier wird pariert, bei uns bestimmt der Mann, was zu tun und zu lassen ist, und die Weiber halten den Mund.« Er drehte sich um zur Tür und rief in die Küche: »Stimmt's Ursula?«

»Sei nicht dumm, hier hast du dein Auskommen, wer unter Wölfen ist, muß mit ihnen heulen, das war schon immer so«, empfahl mir meine Mutter später. Und Kurts Mutter: »Darfst nichts drauf geben, was der Vater schwatzt, der hört sich gern reden. Wenn er zuviel getrunken hat, ist es am schlimmsten.« Sie umarmte mich kurz und fügte hinzu: »Hoffentlich geht's gut, diesmal, mit dem Kurt.«

Auf ihrem Küchenbüfett hatte sie eingerahmte Fotos von ihren vier Söhnen stehen. Hochzeitsfotos von ihrem Ältesten, der mit seiner Frau im Haus wohnte, und vom Enkel. Von Kurts Hochzeitsfoto mit seiner ersten Frau war die Braut abgeschnitten, auch auf dem Foto des Kindes hatte man sie abgeschnitten, lediglich ihre Hand, die das Baby hielt, war übriggeblieben. »Mein Kurt hat noch kein Glück gehabt in seinem Leben«, sagte sie und wischte sich mit der langen Schürze die Tränen. Sie schien diesen Sohn besonders zu lieben.

Die Hochzeit fand einen Monat später statt. Mitten im Dezember. Es mußte alles schnell gehen, schließlich war ich schwanger, und meine Mutter drängte. Sie hatte mir ein langes, weißes Brautkleid schneidern lassen, streng bis oben geschlossen, und einen rauschenden Schleier. Vor der Trauung wurde in unserer Wohnung das erste Mal auf das Brautpaar angestoßen. Ich stahl mich unbemerkt davon, raffte mein Kleid zusammen und den Schleier, lief hinauf auf den Trokkenboden, um ein letztes Mal zu den Fenstern zu schauen, hinter denen womöglich Marcus war, um endgültig Abschied zu nehmen von einem unerfüllbaren Traum.

Gefeiert wurde wieder in Kurts Elternhaus.

Das Haus schien kopfzustehen, glich einer Gastwirtschaft: überall Tische und Stühle, gedeckte Tafeln, ein langes kaltes Büfett und Menschen über Menschen, von denen ich die wenigsten kannte.

»Was meinen Eltern nur einfällt, so viele Leute einzuladen«, schimpfte Kurt

»Vielleicht wollten sie dir eine Freude machen!« Ich legte meine Hand auf seine Schulter, er stieß sie weg.

»Das wäre das erste Mal.« Er kippte drei Schnäpse, dann mischte er sich unter die Gäste.

Am Abend kamen Kurts Kollegen. Die Stimmung erreichte ihren Höhepunkt, der Alkohol floß in Strömen, die laute Tonbandmusik lud zur Polonäse ein. An die vierzig Menschen schunkelten, tanzten, sangen laut mit.

Mir war übel, ich hatte schon seit Tagen nichts mehr bei mir behalten, mich wieder und wieder übergeben müssen, selbst wenn nichts mehr im Magen war. Zum Arzt durfte ich erst nach der Hochzeit. Als unverheiratete schwangere Frau zum Gynäkologen zu gehen, das wäre eine Schande, hatte meine Mutter gesagt. Es könnte mich jemand im Wartezimmer erkennen, und ich würde ins Gerede kommen. Ich brauchte frische Luft, riß die Badfenster weit auf und atmete tief durch. Unten in der Küche nahm ich mir Milch aus dem Kühlschrank. Ich hörte, wie hinter mir jemand die Tür öffnete. Kurts Großmutter, eine große, hagere, feine alte Dame, war mir nachgekommen. Sie setzte sich neben mich an den großen Küchentisch und streichelte mich.

»Bist nicht glücklich, Kind, gell, hab' dich schon den ganzen Tag beobachtet. Ich hab' selbst vier Töchter großgezogen, weiß, was in den Köpfen von jungen Frauen vorgeht. Ich wollte vorhin schon mit dir reden, aber bei dem Trubel da oben … Und der Kurt hat es auch immer wieder verhindert, mir Sekt eingeschenkt, wo er doch weiß, daß ich Zucker habe. Ich soll den Mund halten, hat er gesagt, mich ganz fest am Arm gepackt. Als ob ich mir von meinem Enkel den Mund verbieten ließe, so alt wie ich bin.«

Ich kannte die Großmutter kaum, aber sie war die, die ich am liebsten hatte von den Neuverwandten.

»Ich muß dir was erzählen«, sagte sie und lehnte sich, wie zu allem entschlossen, auf dem harten Küchenstuhl zurück.

»Daß der Kurt schon einmal verheiratet war, weißt du bestimmt. Aber hat er dir auch gesagt, wie es zu seiner Scheidung gekommen ist?«

»Ja, daß seine Frau ein Dreckstück war und ...« Sie unterbrach mich.

»Das sagt er jedem, der es nicht besser weiß.«

»Was soll das heißen?«

Sie nahm meine Hand. »Der Kurt ist ein armer Kerl. Darfst nicht denken, daß er schlecht ist, das ist er nicht. Den hat sein Vater auf dem Gewissen. Meine Ursula hat die Kinder bekommen wie die Orgelpfeifen.

Sie hat bis heute noch nichts zu lachen bei ihrem Mann, muß arbeiten wie ein Pferd. Ich war dagegen, daß sie ihn heiratet, aber ihr war nicht zu raten und zu helfen. Solange ich den kenne, hat der gesoffen, geprügelt und gehurt, der hat kein Gefühl und keinen Anstand. Den Kurt hat dieser Dreckskerl manches Mal fast umgebracht.

Einmal hat er ihn an den Beinen kopfüber im Hühnerstall aufgehängt und ihn, auch an den Händen gefesselt, mit einem wilden Hahn eingesperrt. Da war der Kurt fünf Jahre alt. Mein Mann hat den Jungen damals befreit, der Hahn hätte dem Kind sonst die Augen ausgehackt. Meine Ursula hat noch heute Angst vor ihrem

Mann, bei dem sitzt jeder Schlag.« Die alte Frau wurde für eine Weile still, schließlich fuhr sie fort: »Dann hat der Kurt die Monika geheiratet. Sie erwartete ein Kind von ihm. Zu Hause war sie in derselben Straße. Sie kannten sich von Kindheit an, wie das eben so ist auf dem Dorf. Nach der Hochzeit zogen sie hier ein. Erst ging alles gut. Der Kurt verdiente damals als Baumaschinist gutes Geld. Monika ging ins Büro arbeiten, und in jeder freien Minute richtete sie die Wohnung ein.

Eine Zeit lang schien alles gutzugehen.

Weil wir hier in Thüringen eins der schönsten Fleckchen Erde haben, kommen zu uns auch immer Urlauber. Die Frauen machten es ihm leicht, dem Kurt, und manche wollte ein schnelles Urlaubsabenteuer. Die Monika war ihm bald egal. Und sie war doppelt gestraft. Ihr Mann kam nicht heim, dafür kratzte ihr Schwiegervater wie ein liebeskranker Kater an der Wohnungstür, die sie aber fest verschlossen hielt. Kurt versackte immer mehr, brachte seinen Verdienst mit anderen Frauen durch. Eines Abends hat ihn Monika wohl zur Rede gestellt, als er wieder so spät nach Hause kam. Er hat sie geprügelt und getreten. Sie war im siebenten Monat schwanger.« Die alte Frau weinte, schnäuzte sich die Nase. »Keiner im Haus will ihre Schreie gehört haben. Es war tiefer Winter. Monika rettete sich ins Freie, rannte runter ins Dorf zu ihren Eltern, aber weil er ihr nachkam, hat sie sich hinter einer Schneewehe versteckt, wo sie zusammenbrach. Nach ein paar Stunden wurde sie gefunden. Das Kind kam viel zu früh zur Welt, kämpfte mit seinem Leben. Sie lag lange krank; als das Kind gesund wurde, erholte auch sie sich.

›Ich will's noch mal mit ihm versuchen‹, hat sie mir damals gesagt. Tapfer war sie und ehrlich. Dann wurde er Taxifahrer – das war der Anfang vom Ende. Wenn er dienstfrei hatte, betrank er sich, sein Lohn und das Trinkgeld gingen drauf. Monika verdiente ein paar Mark mit Heimarbeit. Mit Urlauberinnen hat er sich herumgetrieben, war selten mal zu Hause, das Kind kannte seinen Vater kaum. Es kam zum Streit zwischen den Eheleuten, und Kurt schlug wieder zu.«

Ich saß da wie gelähmt.

»Mein Gott«, sagte ich, »guter Gott, den habe ich geheiratet, den!«

Die Großmutter ließ sich nicht beirren, hielt meine Hand fest und erzählte weiter. »Eine Urlauberin aus Leipzig, eine Blondine mit einem kleinen Sohn, hat er sich genommen, die Scheidung eingereicht. Monika ging mit dem Kind zu ihren Eltern zurück. Am Tag danach zog seine Urlaubsbekanntschaft in die Wohnung ein. Seine Eltern haben das alles mitgemacht, das ist etwas, was ich meiner Tochter nie verzeihe. Die Scheidung war Schimpf und Schande. Was meinst du, was er der Monika alles nachgesagt hat: Eine Hure sei sie, dreckig und faul, würde das Kind verkommen lassen … Als er geschieden war, hat er die Urlauberin an die Luft gesetzt und sich im Wirtshaus großgetan damit: ›Die hab' ich doch nur fürs Gericht gebraucht, eine Frau interessiert mich höchstens drei Wochen lang.‹ Mit jeder hat er es getrieben, sich angesteckt …«

»Hör auf«, unterbrach ich sie. Ich entzog ihr meine Hand. »Ihr habt mich in ein offenes Messer laufen lassen, ja, in ein offenes, scharf geschliffenes Messer. Und die da oben feiern mein Unglück. Alle habt ihr es gewußt, alle!« Sie nahm wieder meine Hand. »Nein, so darfst du nicht urteilen. Wir wollen nur das Gute für Kurt.«

»Und was ist mit mir?«

»Hier bei uns heißt es: nur nicht im Dreck rühren, sonst stinkt's! Mußt uns auch verstehen. Eine, die sich erbarmt, braucht der Kurt, und du bist doch fromm, mußt ihn festhalten, wenn's eine schafft, dann du.«

Mir war elend. Ich zog mich zurück in das Zimmer, das Kurts Mutter für die Hochzeitsnacht hergerichtet hatte. Irgendwann gegen Morgen muß sich Kurt neben mich gelegt haben. Weil es im ganzen Zimmer nach Schnaps roch, wurde ich wach. Ich sah ihn mir an, wie er schlief und schnarchte. Der Ekel und die Angst krochen mir den Rücken hoch. Hätte ich gewußt, wohin, ich wäre davongelaufen.

Nach dem Frühstück ging ich nach oben, durch die Zimmer, die früher Kurts Wohnung waren.

»Wir können hier mietfrei wohnen, nur Strom, Gas und Wasser brauchen wir zu bezahlen, hat der Alte gesagt.« Kurt stand unverhofft in der Tür, halb an den Pfosten gelehnt, endlich nüchtern.

»Nein«, ich schüttelte den Kopf, »ich fahre heute noch nach Hause, hier kann ich nicht leben. Ich frage mich überhaupt, ob das alles richtig war, mit unserer Heirat und dem Kind ...«

Kurt brauste auf, schlug die Tür mit einem Fußtritt zu und rannte zwischen den Zimmern hin und her wie ein unruhiges Tier.

»Da hat doch jemand gequatscht!« Er kam auf mich zu und schob mich an die Wand. »Meine Großmutter war's, stimmts?«

Ich nickte, hatte Angst. In Kurt kochte die Wut. »Die konnte noch nie ihr Maul halten. Was hat sie dir erzählt? Los, spuck's aus!«

Ich nahm allen Mut zusammen. »Von Monika hat sie mir erzählt, wie es damals wirklich war ...«

Er ließ mich nicht ausreden. »Sag kein Wort mehr, den guten Rat gebe ich dir, oder ich schlag' dich tot!«

Ich roch seinen Atem und seine Haut, die Wäsche, die er trug. Er preßte mir seine harte, große Faust unter das Kinn, drückte meinen Kopf nach oben, immer weiter, bis es weh tat und ich kaum noch das Gleichgewicht halten konnte. Zwei eiskalte Augen starrten mich wie irre an, wie blutig zerschnitten von Haß. Wie konnte ein Mensch solche Augen haben!

Die Schwiegermutter rief zum Mittagessen, und wir hörten sie die Treppe heraufkommen, um uns zu holen. Kurts Fratze verwandelte sich in ein liebes Gesicht, kaum daß er ihre Stimme hörte. Hätte ich es nicht gesehen, ich hätte es nicht glauben können.

Er ließ plötzlich von mir ab und tat, als ob er mich die ganze Zeit gestreichelt hätte, lächelte seiner Mutter zu.

Kaum hatte sie die Tür hinter sich geschlossen, versetzte er mir mit der Faust einen dumpfen Schlag auf den Rücken, daß mir schwarz vor Augen wurde. »Kein Wort, sonst lernst du mich kennen«, drohte er.

Kurt Schmidt war ein Teufel. Ich war die Frau eines Teufels geworden – ich bekam das Kind eines Teufels.

Nach dem Essen packte ich unsere Sachen. Ohne ihn, den Ehemann, der mit seinem Namen meine Ehre wiederhergestellt hatte, durfte ich nicht zu meiner Mutter nach Hause kommen, das war ich ihr und den Leuten schuldig.

Sie nahm uns auf, überließ uns das kleine Zimmer. Da, wo ich mich als Kind in eine heile Welt geträumt hatte, da lag ich neben Kurt im Ehebett, neben einem Mann, den ich haßte.

»Am zwölften August kommt Ihr Baby zur Welt«, sagte der Gynäkologe, nachdem er mich untersucht und lange gerechnet hatte.

»Nein«, schrie ich, »nein, nicht an diesem Tag! Es kann nicht sein, es darf nicht sein, daß mein Kind am Todestag meines Vaters zur Welt kommt …! Das ist ein Fluch! Ein Zeichen!«

»Nun beruhigen Sie sich mal«, forderte der Arzt. »Bloß keine mystischen Visionen. So was kommt öfter vor, das ist nun mal die Natur, die kennt keinen Kalender«, sagte er streng. »Was mir Sorgen macht, ist Ihr Gesundheitszustand. Die meisten Frauen erbrechen zwar während der ersten Schwangerschaftsmonate, aber bei Ihnen ist dieser Zustand nicht mehr normal. Haben Sie Kummer?«

»Nein«, log ich. Was hätte es genutzt, ihm die Wahrheit zu sagen?

Mit Pefferminztee, der Brühe von Gewürzgurken aus dem Glas und Orangensaft überstand ich die ersten vier Monate. Dann wurde es allmählich besser. Meine Mutter ging gern mit mir Babywäsche kaufen. Manchen Abend saßen wir lange zusammen, und sie erzählte mir, wie wunderbar es für sie gewesen war, als ich noch ein Baby war. An solchen Abenden machte sie mir auch keine Vorhaltungen, weil sich Kurt nicht um eine eigene Wohnung für uns kümmerte. Statt dessen empfahl sie mir, meinem Mann gelegentlich ein liebes Briefchen auf die Flurgarderobe zu legen und ihm einen Pudding zu kochen, denn Männer mögen Süßes.

Kurt kam selten heim. »Ich muß fahren, wir sind zu wenig Leute, keiner will Schicht arbeiten«, waren seine Begründungen.

Als ich hohes Fieber bekam und eine Nierenentzündung und die Ärzte Schwangerschaftsdiabetes feststellten, ließ er seinem Haß freien Lauf. »Du fällst mir zur Last«, sagte er. »Eine Frau, die immer nur krank ist und empfindlich, welcher Mann will so eine schon. Ißt mein Brot und verdienst selbst keinen Pfennig, ich kann ja mein Leben lang für dich aufkommen, wenn das so weitergeht. Und im Bett bist du auch eine Niete, du bist doch zu nichts zu gebrauchen!« Kurt war nicht zimperlich. Er teilte gern aus und schien es förmlich zu genießen, jemanden zu verletzen, dem anderen das Gefühl zu geben, weit, weit unter ihm zu stehen.

Allen erzählte er, wie sehr er sich auf sein Kind freute. Kam Besuch zu uns, legte er mir fürsorglich ein Kissen in den Rücken und nannte mich »Schatz«, und alle waren beeindruckt. Wenn er nur einmal die Hand auf meinen Bauch gelegt hätte, um zu spüren, wie es sich bewegte, das kleine Wesen – wie sehr ich mir das gewünscht hätte.

Als abends die Wehen einsetzten, brachte mich Kurt ins Krankenhaus. »Es wird nicht leicht werden, Sie haben ein Becken wie eine Vierzehnjährige«, meinte die Hebamme.

Sie schickte Kurt nach Hause, durch die halboffene Tür hörte ich sie zu ihm sagen: »Das wird dauern, fragen Sie am Morgen nach.«

Und es dauerte. Ratlose Ärzte und Schwestern jede Stunde an meinem Bett. So muß sterben sein, dachte ich.

Es war Nachmittag, als mir die Hebamme meine Tochter in den Arm legte. Alles war vergessen. Grenzenloses Glück. In diesem Augenblick versöhnte ich mich mit der ganzen Welt. Selbst an Kurt konnte ich ohne Haß denken, verzieh ihm. Es war in mir ganz warm geworden. Maria war ein sehr kleines, zartes

Kind mit filigranen Händchen und Füßchen. Ich wagte kaum, sie anzufassen, weil sie fast durchsichtig und zerbrechlich schien. Sie war blond, ganz blond, und hatte große blaue Augen, und als ich sie zum ersten Mal an mich drückte, sie auf ihr Mündchen küßte, roch sie nach Aprikosen. Ich erlebte eine nie dagewesene Nähe zwischen Menschen. Nun mußte alles gut werden, gut werden für dieses Kind. Und wenn das Glück nicht von allein kommen wollte, mußte es erzwungen werden. Ich wollte mich anstrengen, Kurt gern zu haben. – Mutter *und* Vater brauchte ein Kind.

Vielleicht war er wirklich nicht so schlecht, wie seine Großmutter gesagt hatte, vielleicht brauchte er tatsächlich nur Erbarmen.

Ich war bereit.

»Wir sind jetzt eine richtige Familie«, sagte ich zu Kurt, als er mich im Krankenhaus besuchte, und wartete auf eine zärtliche Geste, ein Streicheln vielleicht oder eine Umarmung. Er stand vor meinem Bett, ein wenig verlegen, wie es schien, und sah immerfort auf seine Armbanduhr. »Heute abend geh' ich mit meinen Kollegen feiern, das Kind begießen, den Pischliter trinken«, sagte er dann. Er hatte es eilig.

Am nächsten Tag konnte er zum ersten Mal sein Kind in den Arm nehmen. Er legte sich das kleine Päckchen Mensch auf seinen langen Unterarm, hielt das Köpfchen in der Hand und trug seine Tochter zum Fenster, besah sie von allen Seiten.

»Sie ist schön, nicht wahr, alle sagen, daß sie schön ist«, sagte ich mit dem Stolz einer glücklichen Mutter.

»Maria-Donata, so ein blöder Name, den du ihr da gegeben hast – klingt, als ob sie eine Nonne ist oder eine Italienische«, sagte er halb spöttisch, halb zornig. Indes befühlte er ihren Hinterkopf.

»Was machst du da?« fragte ich ihn.

Seine Augen leuchteten freudig, als er mir das Kind wieder ins Bett legte. »Ich hab' mal ein Buch auf dem Speicher gefunden, da stand drin, daß arische Menschen einen Knochenhügel am Hinterkopf haben, da, wo es zum Genick runtergeht. Juden und die Romanischen haben den nicht, daran kann man sie erkennen. Sie hat einen! Sie hat einen!« Erst jetzt, wo er die Qualitätsprobe gemacht hatte, konnte er sich über sein Kind freuen.

Ich begann unwillkürlich an meinem Hinterkopf den Hügel zu suchen. Es war keiner zu finden. Kurt demonstrierte mir an seinem Kopf, an meinem und an dem des Babys unsere Verschiedenheit und gab mir das Gefühl, nichts wert zu sein, weil ich eben den entscheidenden Hügel nicht hatte.

Wer weiß, redete ich mir gut zu, was er für einen Quatsch gelesen hat. Wenn Kurt Schmidt schon ein Buch in die Finger bekam, konnte nicht viel herauskommen. Aber die Erinnerung schlief nicht, holte mich ein, eiligen Schrittes. Zigeuner hatte man mich geschimpft als Kind. Mein Kind würden sie jedenfalls nicht Zigeuner schimpfen und in den Dreck treten, mein Kind war blond, hatte blaue Augen. Ich konnte beruhigt sein.

Kurt hatte über seinen Betrieb eine Wohnung für uns besorgt; im Tiefparterre gelegen, in den Räumen eines ehemaligen Fahrradladens. Ich kannte das Haus von meinem Schulweg. Als Kinder hatten wir uns oft auf die kleine Brücke neben dem Haus gestellt, die über einen Seitenarm des Flusses führte, und voller Ekel und Abscheu die drallen Ratten mit ihren langen, nackten Schwänzen beobachtet, die sich vom

Ufer ungestört in das trübe, stinkende Wasser gleiten ließen.

Als ich mich weigerte, in diese Wohnung einzuziehen, sagte meine Mutter, um mich zu beruhigen:

»Die gehen nicht an Menschen.« Sie konnte es kaum erwarten, mich, Kurt und das schreiende Baby los zu sein. »Jetzt kann ich endlich so leben, wie ich es mir immer erträumt habe, allein in meiner gepflegten Wohnung«, sagte sie aufatmend, als ich packte.

Kurt konnte sich schnell für etwas begeistern. Er tapezierte unsere Wohnung und organisierte den Umzug, viel hatten wir nicht. Kurt hatte nichts als eine Reisetasche voll schäbiger Garderobe mit in die Ehe gebracht. Und die Schulden bei seinem Vater von seiner Scheidung. Ich verkaufte die Fotoapparate meines Vaters. Kurt mußte neu eingekleidet werden.

Stand man vor dem Haus, in dem sich unsere Wohnung befand, konnte man gar nicht glauben, daß da Menschen lebten. Die zwei Steinstufen zur verquollenen Haustür waren ausgetreten, die Glasscheiben blind vor Schmutz. Im Hausflur stank es nach dem Pissoir, einem Raum mit einem Fenster, das schon seit Jahren nicht mehr zu schließen war. Der Fußboden war gelbbraun, weil der Urin nicht mehr ablief, nur noch am Boden abtrocknete. Der Mauerschwamm blühte an den Wänden. Die Toilette teilten wir uns mit den Schlossern der nebenan gelegenen Autowerkstatt, mit deren Privatkunden, mit Bus- und Taxifahrern und dem Mieter, der eine Treppe über uns wohnte.

Unsere einzige Waschgelegenheit war ein Waschbecken in der Küche mit einem Elektroboiler an der Wand. Die Küche war feucht durch das Pissoir nebenan. Der Gestank kroch durch das Gemäuer. Meine Schwiegermutter hatte uns alte Küchenmöbel besorgt.

Mit weißer und blauer Lackfarbe versuchte ich, die abgewohnten Schränke und Stühle wieder herzurichten. Kurt schob den großen Küchenschrank vor die feuchte Wand. Es war unmöglich, Geschirr hineinzustellen, Teller, Töpfe, Besteck und Geschirr verstaute ich im Schlafzimmerschrank. Den hatten wir im Wohnzimmer vor eins der ehemaligen Schaufenster gestellt. Er dämpfte die Kälte und den Lärm von der Ampelkreuzung. Im Schlafzimmer, das nur mit Sperrholzplatten vom Wohnzimmer getrennt war, hängten wir dicke Wolldecken vor das Schaufenster. Der Schlafzimmerschrank hätte nicht hineingepaßt, seine Türen wären nicht mehr zu öffnen gewesen. Ich hatte immer Angst, daß die provisorische Konstruktion eines Tages herunterfallen und die Menschen, die draußen vorbeigingen, uns im Bett liegen sehen würden. Weit größere Angst hatte ich vor den Ratten, die am Hausputz hochkrochen und nachts in das Schlafzimmerfenster, das nur fünfzig Zentimeter über der Erde lag, eindringen konnten.

Maria schlief nebenan. Ihr Zimmer war mit einer halbhohen Wand aus Sperrholzplatten abgeschlagen. Weil das Zimmer kein Fenster hatte, wußte ich sie immer sicher.

Bunte Schmetterlinge und Blumen hatte ich an die Wände gemalt, die sollten sie über die Armseligkeit unserer Behausung hinwegtäuschen. Eine schmale Pendeltür mit abgeblätterter weißer Farbe, auf die immer wieder neue aufgetragen worden war, war unsere Wohnungstür. Selbst wenn man sie zuschloß, bewegte sie sich mit jedem Windstoß oder wenn ein schwerer LKW am Haus vorbeifuhr. Sie klopfte Tag und Nacht gegen den Türrahmen. Nebenan wuschen sich die Schlosser an einem großen Waschbecken, ihre alten

Holzspinde füllten den schlauchförmigen Raum fast ganz aus, der nach Waschpaste, Männerschweiß und Motoröl roch. Dahinter lag ein muffiges Zimmer. »Hier kannst du die Wäsche aufhängen«, meinte Kurt. Das Zimmer war hoch wie alle Räume, mit einem Fenster, das zum Wasser zeigte. Der schmutziggraue Putz bröckelte von der Decke, schlug Blasen an den Wänden. Unsere Vormieter hatten ihre Wäscheleine dagelassen. Hinter einer ebenso schäbigen Tür mit blinden Glasscheiben gab es ein langes Stück Rasen, unmittelbar neben dem Wasser. »Warum kann ich hier nicht meine Wäsche aufhängen?« fragte ich Kurt. »Der Platz scheint sonnig zu sein, und der Wind kommt auch um die Ecke. Na ja, das Wasser stinkt, aber das liegt am Wetter …«

Kurt machte hastig die Tür hinter sich zu und sagte: »Da traut sich niemand raus, wegen der Ratten. Die Schlosser werfen ihre Essensreste aus den Fenstern und beobachten, wie die Biester sich die Happen holen.« Er drehte sich noch einmal zaghaft um.

Hier sollte mein Kind aufwachsen. Ich hatte Angst. Da konnte mich auch nicht trösten, daß Kurt von einer Übergangswohnung sprach und daß alle Mieter des Hauses bald eine Neubauwohnung bekommen würden.

Kurt machte nie viele Worte, Kurt handelte. Im nächsten Augenblick erfuhr ich, daß wir nur einen Mietvertrag für die Wohnung bekämen, wenn ich einen Arbeitsvertrag als Hausmeister unterschreiben würde. Das Rentnerehepaar in der oberen Etage hatte die Arbeit bisher gemacht, aber die schafften es nicht mehr, sagte er.

»Du mußt nur die Zentralheizung bedienen, die Toiletten putzen, den Flur und den Waschraum. Dreihundertdreißig Mark verdienst du im Monat, das Geld können wir gut gebrauchen. Kohlenanzünder und Reinigungsmittel bezahlt der Betrieb, Koks und Kohle wird geliefert, wir müssen nur dafür sorgen, daß die Brennstoffe in den Keller kommen.«

Weil Kurt versprach, mitzuhelfen, willigte ich ein.

In den Keller gelangte man über eine lange, schmale, ausgetretene Steintreppe. Einen halben Meter tiefer gelegen, in einem von Kohlenstaub und Asche finsteren Raum, stand der Heizungskessel, ein stählernes Ungeheuer mit einem ewig hungrigen Maul, das er gefräßig aufriß und das Kohlen und Koks verschlang. Das Werkzeug, Stahlhaken und Schaber, das man brauchte, um ihn zu bändigen, hing an der Wand, so hoch, daß ich es, ohne mich auf die Zehenspitzen zu stellen, nicht erreichen konnte. Die Kohlengabel vermochte ich kaum in den Händen zu halten, so schwer war sie, die Schaufel für den Koks hatte einen dicken Stiel, den ich nur mit beiden Händen umfassen konnte. Ich kam mir vor wie ein Zwerg. Da war dann noch eine alte, ramponierte Zinkbadewanne, wie man sie früher zum Baden von Babys genommen hatte.

»Damit kannst du die Kohlen und den Koks in den Heizungsraum schaffen, aber nur, wenn es nicht regnet, sonst steht das Grundwasser im Heizungskeller, weil er zu tief liegt«, sagte Kurt wie selbstverständlich. »Da holst du dir die Brennstoffe aus den Verschlägen, je mehr du tragen kannst, um so weniger mußt du laufen, ist doch logisch, oder?« Er und ein Betriebshandwerker, der mir die Bedienung der Heizung erklärte, lachten. Dann schloß der Handwerker einen Kellerverschlag auf, in dem die Wasserpumpe stand. »Die Feuerwehr hat keine bessere, die schafft was weg, wenn der Keller hier unter Wasser steht.« Er zeigte mir, wie ich sie handhaben mußte, wobei es mir kaum gelang, sie hochzuheben.

Für die Unterweisung und die Kellerschlüssel mußte ich auf einem Formular unterschreiben. Auch für den Erhalt von Gummistiefeln. Größe vierundvierzig, sie reichten mir bis an die Oberschenkel. Drei Paar Socken bekam ich dazu. »Das ist mir doch alles viel zu groß, ich habe Schuhgröße sechsunddreißig«, wandte ich ein, ebenso hilflos wie erstaunt. Darauf die Antwort: »Ich habe nichts anderes, solche Arbeiten werden sonst nur von Männern gemacht, so ist auch unser Lager ausgestattet, auf Frauengrößen sind wir nicht eingerichtet.«

Unmittelbar unter unserem Küchenfenster befand sich die Kelleröffnung für die Briketts, unter dem Wohnzimmerfenster daneben die für den Koks. Weil die Kellerlöcher nicht verschließbar waren, war unsere Wohnung immer fußkalt, Sommer wie Winter. Wurden Kohle und Koks geliefert, tonnenweise abgekippt, drang der feine, schwarze Staub bis in unsere Wohnung. Feuchte Lappen, in die Fensterritzen gestopft, halfen wenig.

Ich mußte mich eilen, die Kohle in den Keller zu schaffen, weil sonst den Kunden der Schlosserei die Einfahrt in die Werkstatt versperrt gewesen wäre und sie an unsere Wohnungstür mit Fäusten und Füßen getrommelt und sich beschwert hätten. Ich schaufelte sie so dicht wie möglich an die Fenster, rannte dann hinunter in die Verschläge und zog sie mit der Kohlengabel und den Haken runter in die Bunker.

Ich war in der Gosse, das fühlte ich. Und niemand konnte mir das ausreden. Von Maria wollte ich die Bedrängnis, unter der ich jeden Tag verbrachte, fernhalten. Noch war sie ein Baby, das viel schlief, sich an meine Brust schmiegte, die Händchen und Füßchen voller Genuß und Wohlbehagen spreizte, zufrieden, weitab von jeder Sorge und Pflicht einschlief. Irgendwann aber würde sie es auch spüren, die Schäbigkeit unseres Daseins und meine Hilflosigkeit, etwas daran zu ändern. Soweit durfte ich es nicht kommen lassen. Bevor sie zu denken begann, mußte sie hier raus sein. Das schwor ich mir jeden Tag.

Den beißenden Uringestank hatte ich auch durch Scheuern des Pissoirs und der Toilette nicht ganz vertreiben können. Wenn ich nicht mindestens zweimal in der Woche auf Knien die Fußböden geschrubbt hätte, wäre der Gestank nicht auszuhalten gewesen. Manchmal waren meine Hände bis an die Ellenbogen entzündet von der scharfen Seifenlauge. Zum Rasenstück hinter dem Haus, dem Tummelplatz der Ratten, hatte ich mir hinter der Tür Holzdielen genagelt und mutig die Wäscheleine gespannt. Neben die Tür hatte ich eine große, scharfe Axt gestellt, immer griffbereit. Sie war wie eine Versicherung, ohne die ich mir den Zutritt zu diesem Stückchen Erde nie gewagt hätte.

»Gehen Sie nicht dahinunter, junge Frau«, warnte mich der alte Mann, der früher Hausmeister war. Er wohnte wie eh und je in einer kleinen, schäbigen Wohnung über der Autowerkstatt. »Die Ratten fallen Sie von hinten an, so schnell können Sie nicht gucken, die springen bis ins Genick. Mich hat schon mal eine erwischt, hier am Arm.« Er krempelte seinen Hemdsärmel hoch und zeigte mir eine tiefe Narbe.

Ich hatte nie Angst um mich selbst, nur um mein Kind. Von allen Seiten glaubte ich die Bedrohung zu spüren. »Du bist verrückt«, sagte Kurt, wenn ich ihm meine Angst gestand. »Vor uns haben schon Busfahrer mit ihren Familien übergangsweise hier gewohnt, und nie ist was passiert. Wir werden auch nicht ewig hier wohnen müssen«, versuchte er mich zu beruhigen.

Wenn Kurt Frühschicht hatte, ging er morgens um zwei aus dem Haus. Das Kind wurde jedesmal wach und weinte, weil er die Tür so laut schloß. Abends konnten wir schlecht einschlafen. Das Haus war nicht weit vom Hauptbahnhof entfernt, und in unserer Nähe gab es mehrere Gastwirtschaften. Nachts schlugen die Betrunkenen gegen unsere Fensterscheiben. Es verging kein Wochenende, wo nicht Erbrochenes vor unseren Fenstern lag.

Hatte Kurt Nachtdienst, war es am schlimmsten. Ich saß zusammengekauert in meinem Bett, ließ das Licht brennen vor Angst, sah immer wieder nach dem Kind und lief ziellos in der kalten Wohnung umher. Irgendwann war meine Müdigkeit dann doch stärker als die Angst, und ich schlief ein, aber nicht tief, ich konnte überhaupt nicht mehr tief schlafen, ich würde es nie mehr können, davon war ich überzeugt. Gegen Morgen wurde es meistens ruhig. Dann war nur noch das Kratzen der Ratten zu hören, das schlagartig verstummte, sobald sich die ersten Autos an die Ampelkreuzung stellten, hauteng an unserem Haus, daß die Abgase durch die Pappwände zogen, manchmal stundenlang in den Zimmern standen, wie eine Wand. Um diese Zeit kam Kurt heim, fiel wie tot in sein Bett und schlief bis Mittag.

Kurt liebte die Nachtschicht. »Kellner, Köche, Huren sind die besten Droschkenfuhren«, sagte er nicht ohne Vergnügen, wenn ich ihn fragte, warum ausgerechnet er die meisten Nachtschichten machte. Er war für mich nie da. Für niemanden. Er lebte sein Leben auf der Straße, in seinem und mit seinem Taxi. Er war nur dort zu Hause, wo es nach Benzin und Straßenstaub roch und wo das Vergnügen wohnte, in lauten Diskos und Restaurants.

Ich tat so, als machte es mir nichts aus, wenn er seine Schmutzwäsche in die Küche unter das Waschbekken warf, mir zurief, während er sich ein frisches, gebügeltes Hemd aus dem Schrank nahm: »Das gelbe Hemd brauche ich morgen wieder und die Socken dazu und meine schwarze Hose.« Sein gewaschenes schütteres Haar in ein Frotteehandtuch gewickelt, saß er wie ein Inder auf der Couch und feilte seine Fingernägel.

Kurt war eitel, der Duft seines Rasierwassers hing noch Stunden, nachdem er gegangen war, in unserer Behausung. Ich machte mich dann daran, seine Wäsche zu waschen, seine Oberhemden an den Ärmeln auf Bruch zu bügeln und seine Socken nach Farben in den Schrank zu sortieren, wie er es mir aufgetragen hatte. Seine gebrauchten Oberhemden rochen nach Zigarettenrauch und billigem Parfüm. Es war immer derselbe Geruch. Manchmal fand ich an seinen Hemdkragen Spuren von Lippenstift. Ich wollte nicht wissen, was er trieb, nachts in seinem Taxi, eigentlich war es mir egal. Das Kind, allein das Kind, das in seinem Bettchen lag, ahnungslos mit den Beinchen strampelte, mich mit seinen blauen Augen anlachte, nur das zählte. An dem Kind maß ich meine Tage, an ihm maß ich jegliche Zeit, an ihm maß ich das Leben und das Glück.

Von Kurt hatte ich nichts zu erwarten. Ich versuchte, gerecht und nüchtern zu sein. Wie konnte ich von ihm erwarten, daß er mich liebte, wo ich ihn ja auch nicht liebte. Manchmal machte ich mir Vorwürfe deshalb. Vielleicht war er so, weil er es spürte.

Lediglich das Erbarmen bewahrte ich mir für ihn, und dessen konnte er sich immer sicher sein.

Im Winter holte ich mir von meiner Mutter einen kleinen Handwagen. Den hatte sie mir angeboten. »Damit du die Kohlen nicht schleppen mußt«, hatte sie mitleidig gesagt. Wie dankbar ich ihr war. Jetzt konnte ich die Briketts und den Koks in die Korbkiepen, Eimer und Schüsseln schaufeln und auf dem Wagen, dessen vier Metallräder auf dem Kellerbeton laut wie eine Eisenbahn ratterten, vor den Heizungskeller schieben, vorher hatte ich die Kiepen und Schüsseln zwanzig Meter vor mir hergetragen, daß die Muskeln und Adern meiner Arme, Beine und meines Halses anschwollen, bis es weh tat. Nun mußte ich nur noch die schwarze Last die zwei Stufen bis zum Ofen hinunterschleppen. Auch eine alte Plastikschüssel hatte mir meine Mutter mitgegeben. Weil die Griffe bald abgerissen waren, brannte ich mit dem glühenden Schürhaken je zwei Löcher in die Seiten, fädelte derben Strick hindurch und machte mir Griffe daraus. In diesem Gefäß konnte ich die zerbrochenen Kohlen, die ich zum Anbrennen brauchte, transportieren, auf dem Fußboden hinter mir herziehen. Für mich ein Fortschritt und eine Erleichterung. Trotzdem taten mir abends alle Knochen weh. Ich wurde die Schmerzen nicht mehr los.

In einem eingefallenen Schuppen hinter dem Haus hatte ich einen Vorrat Brennholz entdeckt. Es dauerte bis zum Abend, ehe ich alles im Keller verstaut hatte. Meine Axt hatte ich vorsichtshalber an die Schuppenwand gelehnt und kein Auge vom Wasser gelassen. Ich kannte die Gefahr. Als ich den Verschlag schloß, baute sich zu meinen Füßen eine große Ratte auf. Sie brachte einen unheimlichen, zischenden Ton hervor, drohte mir mit ihren Zähnen. Sie schien zu allem bereit. Sie reagierte nicht, als ich sie verscheuchen wollte, mit einer alten Zaunlatte fuchtelte. Sie kam immer näher, zog ihren langen, nackten Schwanz hinter sich her wie eine königliche Schleppe. Sie roch meine Angst.

Ich schlug zu mit der Axt. Einmal, zweimal, dreimal. Die Ratte wand sich im Schmerz, schrie wie ein Kind. Es war nicht auszumachen, wer lauter schrie – sie oder ich. Dann lag sie leblos da, Augen wie schwarzbraune Kugelknöpfe starrten mich an. Sie zuckte noch mit den Pfötchen, die mir in diesem Moment wie Menschenhände schienen. Ich hatte sie in der Mitte ihres Körpers durchtrennt. Ihr Blut sickerte auf die gefrorene Erde. Ich beugte mich über das Wasser und übergab mich, weinte, war fassungslos. Mit meiner Kohlenschaufel, die ich wie in Trance aus dem Keller geholt hatte, warf ich den Kadaver ins Wasser. Mein Kind schlief, als ich mich in unsere Wohnung schleppte. Ich ging mit der Taschenlampe an der Scheuerleiste entlang, leuchtete hinter den Schrank, um sicher zu sein, daß die Ratten keine Löcher genagt hatten, um nachts mein Baby zu überfallen. Wir müssen hier raus, dachte ich, raus, nur raus aus dieser Hölle, kein anderer Gedanke hatte mehr Platz in meinem Kopf.

Ich träumte von einer richtigen Wohnung mit einer eigenen Toilette.

Kurt wollte nichts hören, als er von der Nachtschicht nach Hause kam. Er rauchte noch eine Zigarette und legte sich ins Bett, drehte mir seinen Rücken zu. »Sei still, ich brauch' meine Ruhe, und hab dich nicht so«, sagte er übellaunig und schlief sofort ein. Manchmal griff er auch nach mir, drehte mich derb auf den Rücken. Dann wußte ich, was er wollte, und ich stellte ihm meinen Körper zur Verfügung. »War doch gut, oder?« fragte er, wenn er sich danach erschöpft neben mir ins Bett fallen ließ. »Ja, es war gut«, sagte ich, um endlich Ruhe zu haben, das wollte er hören. Ich hatte mich daran gewöhnt, benutzt zu werden und zu lügen.

Der Arzt verschrieb mir Beruhigungstabletten. Er lächelte, als er, ohne aufzuschauen, sagte: »Das ist meistens so, wenn junge Frauen früh Kinder bekommen, einen Haushalt führen müssen – dann stellen sich Überforderungssymptome ein.« Er fragte mich nicht nach der Ursache, er hatte seine Diagnose parat. Von nun an schluckte ich Tabletten, um über den Tag und über die noch viel schlimmeren Nächte zu kommen, um die Angst erträglich zu machen.

Kurt sah es nicht gern, wenn ich das Grab meines Vaters besuchte. »Gefühlsduselei« nannte er das. Ich konnte nur heimlich zum Friedhof und in die Kirche gehen. Meine Mutter war meine Komplizin, kümmerte sich in der Zeit um Maria.

»Wie geht es Ihnen?« fragte hinter mir eine Männerstimme, als ich am Grab des Vaters stand.

Ich drehte mich um und erkannte den Redner, der bei der Beerdigung meines Vaters gesprochen hatte.

»Gut«, log ich wieder einmal. »Ich bin verheiratet und habe ein Kind.«

»Das freut mich für Sie. Sie haben mir damals sehr leid getan. Ich habe selten solch eine stumme Verzweiflung bei jemandem gesehen.«

Er begleitete mich zum Ausgang des Friedhofs und erzählte mir, daß er bald in eine andere Stadt ziehen würde, bisher aber noch kein Nachfolger für seine ehrenamtliche Arbeit als Bestattungsredner gefunden werden konnte.

»Warum gibt es eigentlich keine Bestattungsrednerinnen?« fragte ich ihn.

Er lachte amüsiert. »Die Frauen haben zu schwache Nerven und sind zu nah am Wasser gebaut. Was meinen Sie, was sich an den Gräbern abspielt! Eine gibt es aber wohl, irgendwo in Sachsen, glaube ich, die ist um die Fünfzig, habe ich gehört. Ich war einmal der jüngste Grabredner der DDR, als ich anfing mit dreißig«, sagte er stolz. »Routine gibt es nicht in diesem Beruf. Manchmal geht einem die Trauer der Angehörigen so unter die Haut, daß man mitweinen möchte. Man muß selbst schon einen Menschen verloren haben, um mitfühlen zu können, um sich einstellen zu können auf den Schmerz.«

Er beeindruckte mich. Menschen zu trösten war für mich so gut wie Menschen zu heilen.

»Ob ich das auch könnte?« fragte ich ihn, verhielt meinen Schritt, befürchtete, von ihm ausgelacht zu werden.

»Warum eigentlich nicht«, sagte er überrascht. »Alle Achtung, Mut haben Sie. Wie alt sind Sie eigentlich?«

»Zweiundzwanzig.« Er schrieb sich meine Adresse auf, versprach, von sich hören zu lassen.

Zu Hause war ich mir sicher, einen Fehler gemacht zu haben. Wie konnte ich mich als Bestattungsrednerin bewerben? Kurt würde mich für verrückt erklären. Und wo sollte ich die Zeit hernehmen? Meine Hausmeisterstelle ließ mir kaum eine Minute zum Luftholen, und das Baby mußte auch versorgt werden. Nein, es wäre nicht zu schaffen. Ich sagte Kurt kein Wort davon.

Ich schaufelte gerade Kohlen in den Ofen, als Wochen später einer der Schlosser die Kellertür aufriß und rief: »Frau Schmidt, da will Sie jemand sprechen!« Meine Friedhofsbekanntschaft stand vor mir. Ich wischte mir Asche und Kohlendreck aus dem Gesicht. Er ließ mich nicht zu Wort kommen, sagte eilig: »Am Mittwoch müssen Sie vorsprechen, vor einer Kommission, in der Feierhalle, fünfzehn Uhr. Ich habe Ihnen ein paar Unterlagen mitgebracht, die können Sie verwenden. Den Ritus lernen Sie am besten auswendig. Schreiben Sie eine fiktive Grabrede, fünfzehn Minuten, nicht länger. Ich werde auch da sein, ich drücke Ihnen die Daumen.«

Kurt tobte, als ich es ihm nachts erzählte. »Ist ja interessant; als dir mein Vater eine Stelle als Tischabräumer in der Grillbar besorgt hatte, da hast du geheult, gesagt, du könntest es nicht schaffen, weil du auf die Heizung aufpassen mußt und das Kind – das Kind könnte nicht allein bleiben. Das Kind ist ja immer dein Alibi. Auf einmal läßt sich alles einrichten. Vierhundert Mark hättest du auf die Hand gehabt und Trinkgeld, um solche Stellen reißen sich andere.«

»Ich bin kein Hilfsschüler, daß ich in Kneipen die Tische abräume, mich anpöbeln und anrülpsen lasse von den Betrunkenen. Ich habe einen Kopf zum Denken!« schrie ich.

Kurt schlug zu, mir links und rechts ins Gesicht. Er schlug nicht mit der flachen Hand, er schlug mit der Faust. »Soll ich dir sagen, was du bist? Ein fauler Zigeuner bist du, läßt dich aushalten von mir.« Er packte mich bei meinen langen Haaren, warf mich zu Boden und zog mich an ihnen von der Küche ins Wohnzimmer. Ein Fußtritt traf mich in den Unterleib, ich wurde bewußtlos, Ohnmacht bewahrte mich vor weiterer Folter.

Kurt war längst weg, als ich wieder zu mir kam.

Was ich immer befürchtet hatte, jetzt war es geschehen.

Kurt hatte mich zusammengeschlagen. Erst jetzt konnte ich mir vorstellen, wie er seine erste Frau mißhandelt hatte.

Ich kehrte die Haare auf dem Fußboden zusammen, sagte dabei laut zu mir selbst, wie irre: »Sei nicht traurig, die wachsen wieder, alles geht vorbei, alles, sie wachsen wieder, wirst sehen.« Wie oft ich mir schon selbst gut zugeredet hatte. Mit laienhafter Geschicklichkeit versuchte ich, mir eine Kurzhaarfrisur zurechtzuschneiden. Allen, die mich nach meinen langen Haaren fragten, gab ich dieselbe Antwort: »Ist mir beim Heizen passiert, eine Stichflamme, da mußte ich den Rest auch abschneiden.« Und ich lachte dabei. Wie konnte ich bloß lachen.

Kurt ließ sich zwei Tage später zum ersten Mal wieder sehen. Er polterte abends in die Küche. Seine einzige Frage war: »Sind meine Hemden gewaschen? Ich habe eine Woche Nachtschicht, ich brauche sieben Stück.«

Ich schluckte Tabletten, immer mehr. Am besten wirkten sie mit Weißwein, hatte ich inzwischen festgestellt.

Nachts schrieb ich am Küchentisch meine erste Grabrede. Ich dachte dabei an meinen Vater. Die Frage, ob ich es schaffen würde, stellte ich mir nicht. Ich mußte immer alles schaffen.

Mein Blut pochte in den Schläfen, als ich den Friedhof betrat und die vielen Menschen vor der Feierhalle sah.

»Kommen Sie, kommen Sie!« rief ein kleines, schwarzhaariges, altes Männchen im schwarzen Anzug, führte mich zu einem Hintereingang und von dort in einen schmalen Raum. Da begrüßte mich ein anderer alter Mann, verbeugte sich und hielt dabei seine Geige wie ein Virtuose in der Hand. Die alte Dame am Harmonium stellte sich mir als die Frau des evangelischen Stadtpfarrers vor. Mein Begleiter war offensichtlich der Chef des Trios, er spielte das Cello.

»Hier bei uns können Sie sich vor den Grabreden entspannen, das machen alle so, auch die Pfarrer. Mitunter werden Sie drei oder auch vier Reden hintereinander haben«, sagte er, wie mir schien, mit Akzent und bot mir einen Stuhl an.

Zwischen dem Zimmer der Musiker und der Feierhalle lag ein schmaler Gang. Die verglaste Tür mußte leise geöffnet werden. Dann hatte ich mich ehrfürchtig vor dem Sarg zu verneigen, schritt zwei Stufen hoch zu meinem Pult. Dahinter verborgen waren zwei Knöpfe. Drückte ich den linken, leuchtete im Zimmer der Musiker eine Lampe auf, und sie begannen zu spielen. Ein Druck auf den rechten Knopf signalisierte den Arbeitern in der Verbrennungsanlage, die Hydraulik in Bewegung zu setzen, um den Sarg nach unten zu holen. Die Knöpfe durfte ich nicht verwechseln, das war in meinen Unterlagen rot unterstrichen.

»Wenn das Herz blutet und die Seele weint, der helle Tag wie dunkle Nacht erscheint, dann ist es schwer, unsagbar schwer ...« Meine Worte klangen groß und gewichtig. Eine Frau im Gremium weinte. Ich dachte an meinen Vater. Nimm dich zusammen, um Gottes willen keine Regung zeigen, keine Schwäche, beschwor ich mich. Du schaffst es, du kannst es!

Als ich bewiesen hatte, auch die Knöpfe richtig bedienen zu können, überreichte mir der Leiter des Bestattungsunternehmens und ein Mitglied des Rates des Kreises in einer roten Mappe die Berufungsurkunde als atheistische Bestattungsrednerin und dazu drei rote Nelken. Er tat feierlich und gemessen. »Kommen Sie am nächsten Dienstag in unsere Dienststelle, es gibt noch einiges zu besprechen, bevor Sie tätig werden können«, sagte ein korrekt gekleideter, grauhaariger Mann mit Parteiabzeichen am Revers zu mir.

Kurt war versöhnt, als er hörte, daß ich für jede Rede vierzig bis fünfzig Mark bekäme. Hinter der Bettwäsche im Schrank verbarg ich eine Blechdose, in der ich mein verdientes Geld sparen wollte, für das Kind und für Möbel.

An dem Dienstag wurde mir ein Schnellhefter mit Gedichten und Formulierungen überreicht, die ich zu den Trauerfeiern zu verwenden hatte. »Keine religiöse Anspielung, das verbietet sich schon von selbst, wie Sie sicher wissen, ansonsten haben Sie freie Entscheidung, was Sie sagen und was nicht. Aber Sie müssen immer damit rechnen, daß wir Sie kontrollieren.« Danach ein ermunternder Händedruck des Genossen. »Es wäre förderlich, wenn Sie in die Partei eintreten würden, denken Sie mal drüber nach.«

Wir hatten ungarische Gastarbeiterinnen in der Stadt, mit einer hatte Kurt ein Verhältnis angefangen. Ich erfuhr es, als die Geliebte mir eines Nachmittags Kurts Schmutzwäsche brachte. Sie hielt mich für eine Art Haushälterin oder ferne Verwandte von ihm. Ich ließ sie in dem Glauben.

Ich hatte oft drei Trauerreden an einem Tag. Der Heizungskeller war überschwemmt, die Pumpe lief Tag und Nacht. Ich brachte in den viel zu großen Männergummistiefeln mehrere Nächte im Keller zu, um ihn trockenzukriegen. Bis zum Winter mußte die Heizung wieder in Gang gebracht sein.

Meine Mutter richtete ihre Arbeitszeit so ein, daß sie auf Maria aufpassen konnte, wenn ich auf dem Friedhof war, und sie war stolz, wenn sie in der Zeitung meinen Namen las. »Wir danken Frau Schmidt für ihre tröstenden Worte …«

»Weißt du, daß ich manchmal auf meinem Nachhauseweg um dich weine, weil du ein so schweres Los hast«, erzählte sie mir. Dafür hatte sie mich ja bestens vorbereitet.

Immer wieder mußte ich abends zu ihr gehen, weil Kurt tagelang nicht aufzufinden war. Sie war die einzige Adresse, wo ich mir Geld borgen konnte und Butter fürs Kind. Sie gab mir von allem, was sie hatte. Jedesmal, wenn sich Kurt auf Tour machte, nahm er alles Geld mit, auch das, was ich vor ihm versteckt hatte. Kam er wieder, hatte er keinen Pfennig mehr. Aber einen Kasten Bier brachte er sich mit, den er mit Wucht auf den Küchenfußboden absetzte. Dann ließ er sich im Wohnzimmer auf die Couch fallen, öffnete eine Flasche Bier, den Kronkorken warf er hinter sich, trank, rülpste, riß eine Stange Zigaretten auf, rauchte eine Zigarette nach der anderen, stäubte die Asche auf den Fußboden neben das Papier und die leeren Flaschen.

»Willst du den Dreck nicht wegmachen?« grölte er in die Küche, »oder bist du dir zu fein dazu, wo du doch jetzt Grabrednerin bist? Vierzig Mark die Viertelstunde, so einfach möchte ich mein Geld auch mal verdienen. Ich muß Tag und Nacht auf dem Bock sitzen.«

War er in solcher Stimmung, hatte ich das Kind ruhigzuhalten. Nicht nur einmal hatte er es, wenn es weinte, in seinem Bettchen geschüttelt, es hochgehoben und zurück auf die Matratze geworfen und geschrien: »Saukegel, verdammter! Ich brauche meine Ruhe!«

Aus Angst, Kurt könnte wieder einen seiner Jähzornsausbrüche bekommen, trug ich Maria nachts in ihrem Zimmer auf dem Arm umher, damit er schlafen konnte.

Ich legte mich erst schlafen, wenn er wieder aus dem Haus war, und ich betete zu meinem Gott, daß er ihn nicht mehr heimkommen lassen sollte.

Kurts Mutter besuchte uns mindestens einmal die Woche, »um nach uns zu sehen«, wie sie sagte. Ihre Frage, wenn sie ihre schweren Taschen, aus denen es nach frischen Lebensmitteln duftete, auf einen Küchenstuhl abstellte, Fleisch und Gemüse aus ihrer Küche auf den Tisch packte, war stets dieselbe: »Wie geht's mit euch?« Meine Antwort war auch stets dieselbe: »Gut.«

Sie seufzte erleichtert, trank ihren Kaffee und schaukelte Maria auf ihren Knien.

Einmal aber wies sie meine stereotype Lüge zurück. »Du sagst mir nicht die Wahrheit«, sagte sie, »schließlich kenne ich meinen Sohn. Ich weiß mehr, als du denkst, liege manche Nacht wach. Für mich ist es auch nicht einfach, solch einen Sohn zu haben. Schämen muß man sich. Vorwürfe mache ich mir, frage mich, was ich falsch gemacht habe.«

Hans, der Parteisekretär aus Kurts Betrieb, zog in das eine halbe Treppe höher liegende Zimmer ein. Ein alter Mann, der penetrant nach Schweiß roch, war mein erster Eindruck. Die Schlosser munkelten: »Der ist bestimmt bei einer seiner Liebsten rausgeflogen…« Es hieß, er hätte in jedem Dörfchen in der Umgebung eine solche Unterkunft, meistens bei Witwen.

Kurts Kaderleiter wohnte mit seiner Familie schon dreißig Jahre in der ebenso schmutzigen wie schäbigen Wohnung in der ersten Etage, wo es aussah, als hätte es vor kurzem gebrannt.

Jetzt kam also noch einer von Kurts Kollegen dazu.

Kurt war begeistert. Ihn und Hans Tischer verband eine Beziehung wie zwischen Vater und Sohn, vielleicht fand er gerade in diesem zwielichtigen Mann den Vater, den er sich immer gewünscht hatte. In seiner geselligen Kritiklosigkeit, die stets auf Familienanschluß aus war, schloß er Kurts Herz auf. Er hatte den Schlüssel, den niemand sonst hatte.

Es dauerte nicht lange, und Hans Tischer hockte an unserem Tisch wie ein Verwandter. Aus Mitleid wusch ich ihm seine Hemden, hängte sie neben die meines Mannes.

»Ich trete in die Partei ein«, sagte Kurt und schwenkte stolz den Antrag, wie ein Kind, das mit seinem ersten guten Zeugnis nach Hause kommt. »Warum denn das?« fragte ich überrascht.

»Damit was aus mir wird«, antwortete er trotzig und ebenso naiv.

»Da bist du doch nicht selbst drauf gekommen?«

Kurt griente. »Der Hans hat mir den Tip gegeben, der kennt sich aus. Und Parteischule mache ich nächstes Jahr, dann kann mir keiner mehr was«, sagte er und ballte seine rechte Hand zur Faust. »Und ein Haus bau' ich, ihr werdet euch alle noch wundern.«

Ich haßte jene Abende, wenn Hans Tischer bei uns saß und auch nach Mitternacht noch nicht gehen wollte. Kurt trank mit ihm. War eine Schnapsflasche leer, wurde eine neue geholt. Hans Tischer erzählte in solchen Nächten Geschichten aus seiner Zeit als Offizier bei der deutschen Wehrmacht, von seiner Zeit in

Frankreich, seinen Kriegsverletzungen und vom Lazarett und den Frauen dortzulande. »Die Französinnen machen es am besten. Und wenn's mit rechten Dingen zugegangen ist, muß ich mindestens ein Dutzend Kinder dortgelassen haben. Für ein Stück Brot haben die es schon gemacht, da hatte unsereiner die Wahl.« Er lachte laut und wiehernd, Kurt stimmte ein.

»Schwarzbraun ist die Haselnuß ...«, johlten die beiden Betrunkenen, marschierten um den großen Küchentisch und sahen dann verstohlen auf die nächtliche, menschenleere Straße, ob sie auch keiner gehört hatte.

Wieder einmal kam Kurt mit einem Formular nach Hause. »Das mußt du ausfüllen und unterschreiben«, forderte er und schob mir das Blatt Papier über den Küchentisch zu. »Du willst ein Haus bauen!« sagte ich ungläubig, nachdem ich mir das Formular angesehen hatte. »Du mußt größenwahnsinnig sein. Wer soll denn das bezahlen? Selbst wenn wir Tag und Nacht arbeiten, soviel Geld bekommen wir nie zusammen.«

»Das laß meine Sorge sein.« Kurt fläzte sich mit überlegener Miene in einen unserer verschlissenen Sessel. »Wirst schon sehen. Und außerdem, wer liegt mir denn jeden Tag in den Ohren, daß das Kind hier raus muß! Wer denn, wer denn? Du doch nur, oder?« Er wurde aggressiv.

Ich füllte das Formular aus und unterschrieb.

Maria machte mir Sorgen. Sie schien mir anders als gleichaltrige Kinder, die wir mit ihren Müttern im Park und beim Spazierengehen trafen.

Äußerlich zart und wie zerbrechlich, tobte in ihr eine beängstigende Energie, wenn ihr etwas mißfiel, wenn es ihr darum ging, ihren Willen durchzusetzen.

Dann schrie sie, lief rot und blau an, schlug um sich, warf sich auf die Erde und strampelte mit den Beinen. Nicht selten erbrach sie vor Erregung. Je älter sie wurde, desto öfter verhielt sie sich so.

Maria liebte ihren Vater. Wenn er gelegentlich heimkam, überschüttete sie ihn mit einer alles verzeihenden Zärtlichkeit. Er zeigte tatsächlich Liebe. Unglaublich! Kurt hob sein Kind hoch, nannte es »Sternchen«.

Er hatte mir verboten, mit Maria zu beten oder sie gar taufen zu lassen. »Ich schlag' dich tot, wenn du sie zu den Pfaffen bringst«, drohte er. Ich hatte nicht den geringsten Zweifel, daß er seine Drohung auch wahr machen würde. Jedesmal, wenn ich das Kind beten ließ, hatte ich Angst. Wenn er mich dabei ertappte, was dann? Ich sprach bei den Pfarrern unserer Stadt vor, bei dem evangelischen und dem katholischen. Im Kirchenregister der evangelischen Kirche war ich als »ausgetreten« registriert, weil sich meine Mutter, als ich noch ein Kind war, abgemeldet hatte. Die Katholiken konnten das Kind nicht taufen, weil weder ich noch der Kindesvater katholisch waren. Aber Maria sollte nicht ungetauft bleiben, das hatte ich mir vorgenommen.

Ich wußte, wann die Tür zur katholischen Kirche geöffnet wurde und man unbemerkt eintreten konnte. Ich schlich mich hinein, und es gelang mir, Weihwasser in ein Fläschchen zu füllen.

Zu Hause zündete ich, als es dunkel war, eine Kerze an, zog die Vorhänge zu und ließ Maria am Küchentisch Platz nehmen, gab ihr meinen Rosenkranz in die Hand. Mit dem geweihten Wasser zeichnete ich ihr, wie es bei den Evangelisten üblich war, ein Kreuz auf die Stirn, auf das Kinn und auf die Brust. Ich fühlte mich dabei wie eine Ketzerin. Aber weil der Zweck die Mittel heiligt, dachte ich, Gott damit zu zwingen, auch über dieses Kind schützend seine Hand zu halten.

Es war Frühjahr, als Kurt mich aufforderte, mich mit dem Kind in sein Taxi zu setzen, und losfuhr, ohne mir zu sagen, wohin. Vor einem verlassenen Gartengrundstück hielt er an.

»Das ist unser Grundstück«, sagte er stolz, als wir ausgestiegen waren. »Wir haben Grundwasser, wir werden also Dränage legen müssen, aber das ist kein Problem, ich kenne genug Bauarbeiter durch den Berufsverkehr. Es hat eben alles sein Gutes.« Kurt lachte vielversprechend. »Die haben gesagt, daß sie mir helfen. Handlanger für den Bau habe ich schon so viele wie Finger an den Händen.«

Ich stand mit dem Kind an der Hand vor dem Stück Bauland und konnte es noch gar nicht glauben. Ein Haus, ein eigenes Haus, das war bis jetzt ein unerfüllbarer Traum.

Ich schloß die Augen und stellte mir vor, wie es sein würde, wenn ich morgens die Fenster mit den bunten Blumenkästen davor weit öffnen und meinem Kind auf dem Schulweg nachblicken würde. Maria wäre stolz auf ihr Elternhaus. Sie wäre raus aus dem Dreck, hätte es besser, als ich es jemals hatte.

Den heimlichen Gedanken, mich von Kurt scheiden zu lassen, vergrub ich tief in mir.

»Da staunst du, was?« fragte Kurt, der seinen Tatendrang kaum noch zu beherrschen vermochte. »Von denen, die hier ein Reihenhaus bauen, werden wir die ersten sein, die einziehen.« Er begann, das Grundstück mit langen Schritten abzumessen. Es lag am Berg. Auf der Wiese dahinter war ich als Kind im Winter Ski gefahren. Mächtige Tannen rauschten im Wind. Der Blick war frei auf die kleine Stadt, die dennoch weit, weit entfernt schien. Hier wohnen, hier ein Haus haben, etwas Schöneres konnte es nicht geben. Allein die Vorstellung machte mich glücklich.

Der Bauvertrag mit der Bank war schnell unterschrieben. Jetzt würde alles gut, dachte ich. Ich empfand ein Gefühl wie Zärtlichkeit für Kurt, nicht Liebe, nein, Liebe nicht, eher eine warme Dankbarkeit, daß er zu soviel Fürsorge fähig war.

»Jeden Pfennig werden wir jetzt brauchen«, sagte Kurt, wie ein besorgter Familienvater.

Für ein Kunstgewerbegeschäft in der Innenstadt malte ich Ölbilder in kleinen, runden Holzrahmen, die verkauften sich gut. Sechs Mark verdiente ich das Stück. Tagsüber die Heizung und das Putzen, die Grabreden mittags und nachts die Malerei. Wenn Kurt am Morgen von seiner Nachtschicht heimkam, fand er mich manches Mal schlafend am Tisch, den Kopf neben all der Ölfarbe und den Bildern.

Maria war jeden Morgen beizeiten munter, tobte durch alle Zimmer, küßte mich wach und zog mich, die ich noch müde und matt war, aus dem Bett.

Eines Tages fiel der Zentralheizungskessel in sich zusammen.

Bis der Monteur kam, saßen wir tagelang in der Kälte.

»Da ist nichts mehr zu machen«, meinte der Handwerker, als er in das Ungetüm schaute. »Die Heizungsanlage ist hin, die ist ja noch vor dem Krieg gebaut worden, da kann ich nichts mehr reparieren.«

Aber der Winter stand vor der Tür. In Marias Zimmer befand sich ein alter Kachelofen, der hatte Heizklappen an der Seite. Ich besorgte mir ein Ofenrohr, stemmte ein großes Loch in die Pappwand zum Wohnzimmer und preßte das Rohr in eine der Heizklappen und gleichzeitig in das Loch in der Wand. Auf immerhin achtzehn Grad brachte ich es. Wie wir über den Winter kommen sollten, wußte ich nicht. Aber es würde der letzte in der Kellerwohnung sein, das hatte Kurt versprochen.

Ich hatte die Grabrede für eine Selbstmörderin zu sprechen. Eine Frau in den Dreißigern, die einen Mann und ein Kind zurückließ. Ich nahm mir viel Zeit, um mit den Angehörigen die Rede vorzubereiten. »Soll ich die Todesursache verschweigen, oder möchten Sie, daß ich zu den Umständen etwas sage?« fragte ich.

»Sagen Sie ruhig was geschehen ist, es wissen ohnehin schon alle«, erwiderte der Witwer verzweifelt. »Meine Frau ist am Leben gestorben, das werde ich nie verstehen.« Es schien unmöglich, diesen Mann zu trösten.

Nächte hatte ich zugebracht, diese Grabrede zu schreiben. Ich hatte in meinen Büchern gewühlt. Wer konnte Schmerz besser in Worte fassen als Rilke. Ihn, der wie ein Zauberer die Seelen anzurühren vermochte, wollte ich rezitieren. Seine Worte sollten die Todessehnsüchtige auf ihrem letzten Weg begleiten.

Ich sagte, wozu man mich ermächtigt hatte, daß die Tote selbstgewollt aus dem Leben gegangen war, und als der Sarg langsam nach unten glitt:

»Doch dies ist kleinlich,
zu denken, was nicht war. Auch ist ein Schein
von Vorwurf im Vergleich, der dich nicht trifft.
Das, was geschieht, hat einen solchen Vorsprung
vor unserm Meinen, daß wirs niemals einholn
und nie erfahren, wie es wirklich aussah.

Sei nicht beschämt, wenn dich die Toten streifen,
die andern Toten, welche bis ans Ende
aushielten. (Was will Ende sagen?) Tausche
den Blick mit ihnen, ruhig, wie es Brauch ist,
und fürchte nicht, daß unser Trauern dich
seltsam belädt, so daß du ihnen auffällst.
Die großen Worte aus den Zeiten, da
Geschehn noch sichtbar war, sind nicht für uns.
Wer spricht von Siegen? Überstehn ist alles.
Rainer Maria Rilke.«

Zwei Tage später wurde ich zum Rat des Kreises geladen.

Pelzhaus wurde der große Neubau mit den vielen anonymen Fenstern von den Anwohnern genannt. Pelzhaus, weil sie hinter jedem Fenster einen Faulpelz vermuteten. Hier war die Macht zu Hause, hier wurde entschieden, etwas für gut oder schlecht befunden, hier klapperten die Kaffeetassen, hier glänzten die Parteiabzeichen am Revers des Anzuges oder des Kostüms, hier wurde der Sozialismus gemacht. Wer hier arbeitete, konnte sich aalen im stinkenden Planschbecken der Macht über ein paar Tausend Menschen.

An einem langen Tisch saß ich einer Frau gegenüber. Ich erkannte sie, sie war dabeigewesen, als mir die Berufungsurkunde überreicht worden war.

»Sie müssen verrückt geworden sein!« herrschte sie mich an, als ich vor ihrem Schreibtisch Platz genommen hatte. Ich saß versteinert da vor Schreck.

»Rilke, Rilke, wer ist das überhaupt? ... nie was von einem Rilke gehört. Ein schwachsinniges Getue und Gerede.« Sie holte tief Luft. »Wir haben Ihnen doch einen Schnellhefter mit Dichterworten und Formulierungen übergeben, als wir Sie mit der verantwortungsvollen Aufgabe betraut haben, die Angehörigen unserer Toten im sozialistischen Sinn auf dem Weg zu den Gräbern zu begleiten.« Sie geriet außer Atem.

Eine alte Frau, dachte ich, mit blondierten Haaren, einem dicken Hintern, mehr nicht, du mußt keine Angst vor ihr haben.

»Sie hatten unser Vertrauen«, sagte sie etwas gemessener. »Von Eigenmächtigkeiten war keine Rede. Mit Recht sagt einer Ihrer Kollegen, der dieser Trauerfeier beobachtend beiwohnte, von uns geschickt, im Interesse aller, daß Sie der spätbürgerlichen Dekadenz als Begleiterin des modernden Kapitalismus Tür und Tor öffnen. Und das ist gefährlich. Anfällig sind sie, die Menschen, gerade wenn ihre Gefühle in Aufruhr sind, für Gefühlsduselei und Illusionen, die sie vom richtigen Weg abbringen. Atheismus, wissen Sie überhaupt, was das heißt?« Sie ließ mich nicht zu Wort kommen. »Sie haben eine Berufungsurkunde von uns erhalten als atheistische Bestattungsrednerin.« Sie buchstabierte atheistisch. Dann machte sie einen Gedankensprung.

»... selbstgewollt aus dem Leben geschieden! Ein starkes Stück haben Sie sich da geleistet. Bei uns gibt es keine Selbstmorde, wer hätte dazu Grund? Keiner, keiner, für alle ist gesorgt.« Sie schwitzte, das konnte ich riechen.

Maria, die auf meinem Schoß saß, vergrub ihr Gesichtchen ängstlich an meiner Schulter.

»Und ich dachte«, sagte ich, unfähig zu glauben, was ich da hörte, »Sie lassen mich in Ihr Büro kommen, weil Sie für mein Kind einen Platz in einer Kindereinrichtung haben, damit es untergebracht ist für ein paar Stunden, wenn ich nachmittags auf dem Friedhof arbeite.«

»Na, Sie haben Nerven! Den Platz besorgen Sie sich mal von dem Betrieb, wo Sie als Putzfrau arbeiten.«

Ich stand auf, hob mein quengelndes Kind auf den Arm, ging ohne ein weiteres Wort. »Ihre Berufung ist außer Kraft!« rief sie mir nach, »… ab heute.«

Ein paar Wochen später erschien in unserer Kleinstadtzeitung die Danksagung der Familie der Selbstmörderin an mich.

Wenn ich mit Kurt reden wollte, dann nur noch über Baustoffe. Kiesberge türmten sich vor der Baugrube auf, wir stapelten bis in die Dunkelheit Ziegelsteine, schleppten Zementsäcke. Kurt ließ einen heimlichen Wettbewerb aufflackern zwischen sich und den fünf anderen »Bauherren«. »Na, wollen wir wetten, traut ihr euch? Ich werde der erste sein, der Richtfest feiert, der erste, der einzieht.« Die anderen reagierten auf seine Herausforderung nicht, schafften schweigend ihr Baumaterial auf ihre Grundstücke. »Sind alles Arschkriecher, denken, weil sie Ingenieure sind, sind sie was Besseres«, erregte sich Kurt. »Denen werde ich es zeigen, den Schlappschwänzen.«

»Laß die Leute in Ruhe, die wollen nichts anderes als du, ein Haus bauen für ihre Familie, mach sie dir doch nicht zum Feind«, versuchte ich, ihn zu beruhigen.

Er stieß mich von sich, ich rutschte aus und fiel in den Dreck. Er lachte, zündete sich eine Zigarette an. »Du wärst der erste Zigeuner, der seßhaft wird und was versteht von Arbeit. Such dir endlich eine, jetzt, wo du auf dem Friedhof nichts mehr verdienst, Versagerin.« Mir wurde klar, was Kurt wirklich wollte. Ihm ging es nicht darum, unserem Kind ein Zuhause zu geben, er wollte sich und anderen seine Macht, seine Überlegenheit beweisen.

Meine Schwiegermutter brachte mir riesige Thermosgefäße. »Da kannst du bis zu zwanzig Essen unterbringen. Der große Kübel ist für die Kartoffeln, die anderen beiden für Gemüse und Fleisch. Sie halten warm über viele Stunden.«

Sie gab mir Geld und schickte mich los, die größten Töpfe zu kaufen, die zu bekommen waren. »Jetzt wird's gut mit euch, ein Kind und ein Haus, das hält zusammen«, sagte sie glücklich und steckte mir noch einen Fünfzigmarkschein in die Hand: »Kauf dir was dafür, spar's nicht und butter's auch nicht rein, ist für dich. Ich bin froh, daß du keine Leichenreden mehr hältst. Weißt du, das schickt sich nicht für eine richtige Frau, und der Kurt, der braucht doch eine richtige Frau.«

Ich unterließ es zu fragen, wie oder was eine richtige Frau sei.

Vielleicht hatte sie sogar recht, vielleicht war ich wirklich keine richtige Frau und litt womöglich deshalb unter Kurt. Mich beschlich wieder jenes ungute Gefühl, das ich aus meiner Kindheit kannte – nichts wert zu sein.

»Bei mir in der Werkküche kannst du jederzeit anfangen, da verdienst du schönes Geld, und Fleisch und Gemüse kannst du dir auch mitnehmen. Könntest es gut brauchen für die Bauarbeiter. Was meinst du, was die wegessen, die kosten mehr als das Haus«, sagte die Schwiegermutter, als sie sich verabschiedete.

Jedes Wochenende hatte ich für zehn, zwölf Männer zu kochen. Weil die vier Flammen meines alten Gasherds nicht ausreichten, besorgte ich noch zwei elektrische Kochplatten. Ich kaufte kiloweise Fleisch und

Wurst und einen Sack Kartoffeln, stand stundenlang nach Gemüse an.

Das Bier für die Bauarbeiter, drei Kästen und mehr jedesmal, holte ich mit dem Kinderwagen ran, meistens mußte ich zweimal fahren.

Ein Handlanger auf dem Bau kostete damals zehn Mark die Stunde, ein Maurer fünfzehn.

Nacht für Nacht saß ich und malte Bilder für das Kunstgewerbegeschäft. Ich legte jeden Pfennig zurück, sparte an allen Ecken. An Kurts Zigarettengeld, vierhundert Mark im Monat, durfte ich nicht rühren.

Hatte ich eine Laufmasche in der Strumpfhose, warf ich sie nicht etwa weg oder ließ sie reparieren, das hätte auch Geld gekostet, ich schnitt das kaputte Hosenbein ab, und zwar so, daß das Schlüpferteil erhalten blieb, und ersetzte den kaputten Strumpf durch einen von einer anderen ebenso amputierten Strumpfhose.

»Wir müssen die Bauarbeiter bei Laune halten, die arbeiten gut und sind nicht teuer, nach denen leckt sich jeder die Finger«, sagte Kurt.

»Dem Udo, unserem besten Mann, habe ich für nächsten Samstag mit Hackfleisch gefüllte Paprikaschoten versprochen, und Reis dazu«, ließ Kurt mich wissen.

»Wo soll ich denn Paprikaschoten herbekommen?« fragte ich verzweifelt.

Paprikaschoten! Meine Angst vor Kurts Schlägen, wenn ich seine Erwartung nicht erfüllte, steigerte mein Organisationstalent.

Es gab keine Bettwäsche zu kaufen, meine Mutter arbeitete aber im Kaufhaus, wo manchmal welche als Bückware zu haben war. Sie besorgte einer Verkäuferin aus der Obst- und Gemüseabteilung einer Kaufhalle Wäsche, die wiederum verschaffte uns zwanzig Paprikaschoten. Ich war gerettet, für dieses Mal.

Dem städtischen Kreiskrankenhaus würde es an Pflegepersonal fehlen, las ich in einem Artikel der Ortszeitung. Ich bewarb mich als Schwester und wurde angenommen. Für Maria erhielt ich vom Krankenhaus einen Kindergartenplatz am Rande der Stadt. Ich war glücklich. Alles schien wunderbar. Das Krankenhaus lag nur wenige Minuten Fußweg entfernt von unserem neuen Zuhause. Alles würde einfach sein, sobald das Haus fertig war. Da war eine Ahnung von Glück.

Kurt sagte kein Wort, knallte nur die Türen. Erst als ich meinen Namen mit rotem Garn auf meine weißen Schwesternkittel stickte, griff er an. »Möchte mal wissen, wie du dir das vorstellst. Eine Krankenschwester arbeitet Schichten, drei, mindestens zwei. Ich habe mich erkundigt bei denen, die ich nach ihrem Dienstschluß heimfahre. Wenn du denkst, daß ich den Babysitter spiele, hast du dich geschnitten. Und wer soll das Essen für die Bauarbeiter kochen? Du wirst auch am Wochenende Dienst haben. Du hast für das Kind zu sorgen, du und sonst niemand! Bekommst du das rein in dein Hirn?« Jetzt hieß es vorsichtig sein. Ein falsches Wort, und er würde wieder zuschlagen. Er war außer sich vor Wut, da ich aber keinen Angriffspunkt bot, verließ er die Wohnung.

Am Morgen meines ersten Arbeitstages im Krankenhaus brachte ich Maria in den Kindergarten, sie reagierte eher weinerlich auf die neue Situation: »Du kommst doch nachher wieder, Mämschi?« fragte sie ängstlich. Sie tat mir leid. Es war unsere erste Trennung.

Ich sollte in der chirurgischen Abteilung arbeiten.

Leicht würde es nicht werden, wußte ich, aber ich dachte, ich könnte es schaffen, hier das Schwesternexamen nachzuholen. Ein Leben lang würde ich hier arbeiten, da wo das Leid am größten war. Ja, ich hatte es fast geschafft, glaubte ich, mein Traum sollte wahr werden.

Ich fütterte gerade einer alten Frau das Mittagessen, als mich eine Schwester ans Telefon rief. Ich hörte eine besorgt klingende Kindergärtnerin sagen: »Ihre Tochter hat hohes Fieber, bitte kommen Sie sofort und holen Sie das Kind ab.«

Ich saß bis zum späten Nachmittag mit dem fiebernden Kind beim Arzt.

»Das Kind ist zu anfällig, es ist nicht kindergartentauglich«, meinte die Kinderärztin und überreichte mir eine entsprechende Bescheinigung. »Die legen Sie Ihrer Arbeitsstelle vor.« Ich schob das Blatt zurück. »Wir ziehen noch in diesem Jahr um, dann wird das Kind gesund, ganz bestimmt, wenn es rauskommt aus der klammen Kälte.«

Die Ärztin nickte. »Wann soll denn der Umzug sein?« fragte sie anteilnehmend.

»Im Spätsommer.« In jedem meiner Worte steckte eine Bitte. Ich hätte sie auch angefleht, nur damit Maria ihren Platz im Kindergarten behielt.

»Gut, dann schreibe ich das Kind ausnahmsweise weiter krank, aber Sie kommen regelmäßig zur Kontrolle.«

»Wir brauchen jede Hand auf der Station«, sagte die Oberschwester, als ich den Krankenschein abgab. »Da muß Ihr Mann eben mal die Pflege des Kindes übernehmen, machen andere Väter auch!«

»Er hat keine Zeit, sein Fahrplan ist voll«, stotterte ich.

»Wissen Sie, Schwester, ich will Ihnen ja nicht zu nahe treten …, und eigentlich geht es mich auch nichts an, aber eine merkwürdige Ehe ist das schon, die Sie führen. Ihr Mann wartet stundenlang auf eine unserer Schwesternschülerinnen vor dem Krankenhaustor und fährt sie dann mit dem Taxi, was weiß ich wohin oder wozu ... Er sei ihr Onkel, hat sie uns geantwortet, als wir sie nach ihm fragten. Eine Achtzehnjährige, und noch dazu eine, die es faustdick hinter den Ohren hat, von der könnte ich Ihnen Sachen erzählen! Wie alt ist Ihr Mann eigentlich?«

»Neunundzwanzig«, sagte ich gedemütigt.

»Ich wollte Sie nicht verletzen, aber Sie müssen mich auch verstehen, ich habe diese Station zu führen ...«

»Ich habe verstanden«, erwiderte ich, nahm mein Kind, versprach, spätestens im September wieder arbeiten zu kommen.

Ich kannte Elke Hoffmann, die genannte Schwesternschülerin, ein unbedarftes blondes Mädchen mit einem ordinären Mundwerk. Sie war der Typ Frau, den Kurt bevorzugte; ob die oder eine andere, was machte das schon.

Kurt schrie mich an, als er hörte, daß Maria kindergartenuntauglich sei. »Und was soll jetzt werden?« Ihm schwollen die Adern am Hals vor Zorn. »Du hast keine Lust zum Arbeiten, das ist alles!« Er stieß mich gegen die Möbel. Ich hatte gelernt, mein Gesicht zu schützen. Ich hockte mich in eine Ecke neben dem Kleiderschrank im Wohnzimmer und ließ die Tritte und Schläge über mich ergehen. Plötzlich stand Maria in ihrem Nachthemdchen in der Tür und fragte: »Was macht ihr denn da?«

Ich erschrak, bis jetzt war es mir immer gelungen, sie da herauszuhalten. »Geh wieder in dein Bettchen, Kind, geh, geh, wir spielen nur!« rief ich ihr zu. Kurt nahm seine Umwelt nicht wahr, ließ nicht von mir ab, zog mich an meinem Pullover hoch und schlug noch einmal zu.

»Bei meiner Mutter zu arbeiten, dazu warst du dir ja zu fein, das kranke Kind hättest du jeden Tag mitnehmen können in die Werkküche.« Als er sich abreagiert hatte, verließ er augenblicklich das Haus, als müßte er vor seiner Schuld fliehen.

Ich nahm alles Bargeld, das im Haus war, den Erlös vom Verkauf meiner Bilder, zog mich und das Kind an, räumte aus den Schränken, was ich greifen konnte, und lief durch dichtes Schneetreiben mit Maria an der Hand zu meiner Mutter.

Wer sollte mir helfen, wenn nicht sie.

Sie kochte mir Tee, nahm Maria auf den Schoß.

Ich wartete darauf, daß sie sagte: Bleibt hier! Ich hatte das Geld auf den Tisch gelegt, gesagt: Das ist für den Anwalt und der Rest fürs erste zum Leben, bis Maria wieder gesund ist und ich arbeiten kann.

Ich zitterte noch immer am ganzen Körper, mußte die Teetasse mit beiden Händen halten, um nichts zu verschütten, nahm zwei von meinen Beruhigungstabletten, die ich kaum aus der Folie zu drücken vermochte. »Ich habe ihm einen Zettel geschrieben, daß ich mich scheiden lasse, ich kann nicht mehr, dieser Mann ist krank, das kann nicht normal sein, wie er sich verhält.«

Meine Mutter war entsetzt.

»Aber hier könnt ihr auch nicht bleiben, in meiner kleinen Wohnung. Und du gehörst zu deinem Mann. Ihr baut gemeinsam ein Haus, alle wissen das. Was meinst du, was die Leute sagen, wenn du dich jetzt scheiden ließest, das könnte keiner verstehen.« Sie begann, um ihr schlechtes Gewissen zu beruhigen, Kurts spärliche Vorzüge aufzuzählen: »Er ist fleißig, schont sich nicht, arbeitet Tag und Nacht. Denk mal dran, was mir dein Vater alles angetan hat. Und was meinst du, wie mein Vater meine Mutter geschlagen hat, da könnte ich dir Sachen erzählen, was ich als Kind alles mit ansehen mußte, Männer sind eben so.«

»Aber zusammengeschlagen hat dich mein Vater nie.«

Ich machte mich mit meinem Kind und unserem Gepäck wieder auf den Weg zurück nach Hause, in die Hölle.

Mir wurde bewußt, daß ich zweimal gefangen war, gefangen in einer kaputten Ehe und eingesperrt in einem Staat, der keinen Platz für mich hatte. »Wo ein Genosse ist, ist die Partei«, und Kurt Schmidt war ein ganz strammer Genosse, ging einmal die Woche zum Parteilehrjahr, war Mitglied der Betriebsparteileitung, war Abgeordneter. So jemand war unantastbar.

Es brannte Licht, als wir nach Hause kamen. Maria rief freudig: »Der Papa ist da, der Papa!« Mir lief ein Schauer über den Rücken. Ich steckte mir schnell nach eine Tablette in den Mund.

Kurt saß am Küchentisch, brannte sich gerade eine Zigarette an, strich die glühende Asche an einer Untertasse ab, die voll war mit zahllosen Kippen.

Er lachte, lachte mir triumphierend ins Gesicht.

»Na, will dich wohl keiner haben mit dem Handgepäck?« Ich schwieg, brachte Maria ins Bett. Dann setzte ich mich erschöpft in unser kaltes Wohnzimmer. Am liebsten wäre ich tot gewesen. Kurt belauerte mich wie ein Raubtier seine hilflose Beute. Er nahm Witterung auf, er war süchtig nach meiner Schwäche.

»Du willst dich also scheiden lassen, habe ich das richtig gelesen?« Er hielt mir den Zettel vors Gesicht.

»Ja.« Mehr wollte und konnte ich nicht sagen.

Kurt sprang auf, tänzelte wie irre um den Sessel.

»Ja?« fragte er noch einmal.

»Ja«, bestätigte ich müde. Sollte er doch wieder zuschlagen, was machte das jetzt noch aus.

»Du wirst dich umgucken, du gehst mit nichts aus dem Gerichtssaal, mit nichts, verstehst du, mit gar nichts!«

»Das ist mir egal, Hauptsache, ich werde dich los, Kurt Schmidt.«

»Ich glaube, du hast mich noch nicht richtig verstanden, du wirst dein Kind verlieren, Maria wird bei mir bleiben, und ich sorge dafür, daß du sie nie wiedersiehst.« Er brannte sich eine Zigarette an, stieß den Rauch genüßlich aus der Nase.

»Kein vernünftiger Mensch würde dir ein Kind anvertrauen, da bin ich mir ganz sicher, damit kannst du mir nicht drohen, du bist total verrückt.«

»Sei vorsichtig!« Er setzte sich wieder in den Sessel und beobachtete mich. Er wiederholte seine Drohung: »Du hast doch bestimmt schon was vom Staatssicherheitsdienst gehört, oder?« Kurt fühlte sich obenauf.

»Ja,« sagte ich, bemüht, meine innere Erregung zu verbergen.

»Stell dir vor, ich bin auch dabei, und ich bin ein guter Mann, sagen sie, komme mit vielen Leuten zusammen, und alle haben sie was zu erzählen.« Seine Augen glänzten, er genoß mein erschrockenes Schweigen. Ich hatte das Gefühl, als ob mir jemand mit einem Strick die Kehle zugeschnürt hätte. »Na, was sagst du nun?«

Ich konnte lediglich den Kopf schütteln.

Kurt holte sich eine Schnapsflasche aus dem Kühlschrank und trank hastig und in großen Zügen, so daß ihm die Hälfte wieder aus den Mundwinkeln herauslief.

In meinem Kopf war Chaos. Ich spürte nur noch die Angst, mein Kind zu verlieren.

Der da vor mir stand machte keine Witze, der würde Ernst machen.

»Von nun an tust du, was ich will. Hoffentlich kapierst du's jetzt«, sagte er eiskalt.

Noch am selben Abend warf er mich auf unser Ehebett, riß mir die Kleider vom Leib und fiel über mich her wie eine Bestie. Das Licht hatte er angeschaltet mit den Worten: »Ich will doch was davon haben.«

Als ich mich wehrte, versuchte, ihn von mir zu stoßen, riß er mir die Beine auseinander, drang brutal in mich ein, schlug blindwütig zu. Ein Fausthieb traf mich im Gesicht, ein Tritt in den Unterleib machte mich wehrlos.

Ich mußte immerzu schlucken, schlucken, ich schluckte mein eigenes Blut, das aus der Nase in den Mund quoll. Ich schloß meine Augen, um seine verzerrte glatzköpfige Fratze nicht mehr sehen zu müssen. Das war nicht das Tier im Menschen, das war der Satan, das war das Grauen. Schreien, nein, schreien durfte ich nicht, das Kind wäre wach geworden. Draußen liefen Leute auf dem Bürgersteig vorbei, man konnte ihre Schritte und Worte hören.

»Das kannst du jeden Tag haben«, sagte Kurt und ließ von mir ab. Er hatte mich lediglich am Leben gelassen. Er ging in den Waschraum der Schlosser, wusch sich dort und verschwand mit allem Bargeld.

Ich kroch auf allen Vieren zum Waschbecken in der Küche, übergab mich.

Bis in die frühen Morgenstunden hatte ich mir immer wieder frisches Wasser in die Babybadewanne eingelassen und mich gründlich gewaschen, ich konnte gar nicht aufhören damit. Schlimmer als der Ekel, der mich unaufhörlich Galle erbrechen ließ, waren die Schmerzen im Unterleib, die bis in die Beine zogen. Am schlimmsten aber war die Angst vor der politischen Macht dieses Mannes, die Angst, dadurch das Kind zu verlieren.

Meine Seele tobte, aber sie war unverletzt geblieben, glaubte ich.

Kurt tauchte, wie immer nach solchen Exzessen, erst Tage später wieder auf, fuhr mit seinem Taxi vor, tat, als sei nichts gewesen, scherzte mit den Schlossern, roch nach billigem Parfüm. Zog sich aus, legte seine durchsichtigen polnischen Manschettenknöpfe mit der roten Rose in der Mitte auf sein Nachttischschränkchen, befahl: »Will jetzt meine Ruhe haben!« und ließ sich nackt aufs Bett fallen.

Die Schlosser amüsierten sich, fragten mich, wo ich mir die Blessuren im Gesicht geholt hätte.

»Ich bin die Kellertreppe hinuntergefallen«, antwortete ich, dieselbe Antwort gab ich auch meiner Mutter, und die glaubte es mir wie jedesmal, wollte es glauben.

Beim Arzt war ich ein einziges Mal. Mir blieb nichts anderes übrig, als auch dort die Geschichte von der Kellertreppe zu erzählen. Kurt hatte mich gegen den Kleiderschrank gestoßen, daß ich dachte, mein rechter Arm sei gebrochen. Der verstauchte Arm wurde geschient und in die Schlaufe gelegt.

Kurt riß mir den Verband ab. »Faules Luder, sieh zu, daß du runter in den Keller kommst, simulierst doch nur, damit ich wieder deine Arbeit mache!«

Ich sagte nichts mehr, ich dachte nichts mehr, ich war eigentlich gar nicht mehr am Leben.

Kamen zwei seriös gekleidete junge Männer zu Kurt in unsere Wohnung, schickte er mich und das Kind in das Kinderzimmer und verschloß die Tür. Daß sie sich duzten, hörte ich, es fielen Namen, immer wieder Kurts Beteuerung: »Könnt euch drauf verlassen, ich bleibe dran ...« Zigarettenqualm und Kaffeegeruch, Männerlachen wie unter alten Freunden. Die waren sich gut.

Ich nahm mein Kind in den Arm, stand da wie aus Beton gegossen.

Fliehen nach Westdeutschland, ja, fliehen wäre das einzige, was jetzt noch retten könnte. Tante Eva hatte mir mal gesagt: »Wenn man wüßte, daß man nicht beobachtet worden ist und nicht kontrolliert wird, dann rein in den Kofferraum und weg.« Ich durfte sie, seit sich Kurt offenbart hatte, nicht mehr sehen, ihr auch nicht mehr schreiben.

Der Hausbau ging zügig voran. Kurt genoß seinen Erfolg, seine Überlegenheit gegenüber den anderen, die, anders als er, um jeden Stein Schlange stehen mußten.

Ich maß die Fenster aus, um Gardinen zu kaufen. Um den Rohbau sauber zu halten, schaffte ich abends Bauschutt und die Reste vom Essen der Bauarbeiter aus den leeren Räumen. Kurt haßte es, wenn ich in Arbeitssachen auf die Straße ging. »Mußt du herumlaufen wie ein Baulude? Kannst dich doch auch hier umziehen. Jeder, der dich so sieht, muß denken, daß ich dich Tag und Nacht schuften lasse.« Er tat sanft und lachte, wollte Zustimmung seiner Untergebenen.

Ich spürte Schmerzen in der Brust, eine unerklärliche Enge, als stünde Kurt mit seiner ganzen körperlichen Wucht auf mir. Möglich, daß es auch nur der Schreck war, mitanzusehen, wie er sich vom Teufel zum Engel wandelte. Der Begriff Metamorphose bekam in meinem Kopf eine neue Bedeutung. Unsere Bauarbeiter schauten gelegentlich von ihrer Arbeit auf und schenkten mir ein mitleidiges Lächeln.

Die Wochenenden waren voller Geschäftigkeit. Ich bestrich Brötchen, kochte um mein Leben.

An einem solchen Wochenende, ich hatte das Küchenfenster zum Lüften geöffnet und wollte gerade die Gardine zuziehen, da sah ich einen roten Westwagen mit einem Brautpaar auf den Rücksitzen an unserer Kreuzung halten, das Auto dahinter erkannte ich sofort, es war der alte Oktavia von Marcus' Schwester. Marcus heiratete. Ich blieb am offenen Fenster stehen. Er sah herüber zu mir, unvergeßlich sein Blick in mein Elend.

»Du arbeitest ab September bei meiner Mutter in der Werkküche, und vorher machst du mit dem Krankenhaus einen Aufhebungsvertrag, damit das klar ist. Du weißt doch, was auf dem Spiel steht!« Kurt wußte, daß er mich in der Hand hatte. Mit seinem rechten Zeigefinger schnipste er mir überlegen unter die Nase. Ich fuhr jedesmal zusammen, wenn er mich berührte.

Außer einem zögerlichen »Ja« hatte ich nichts weiter zu sagen.

Ich zog mit Maria zu meiner Mutter. Kurt war einverstanden, daß wir bis zum Umzug bei ihr wohnten. Er selbst wollte in der alten Wohnung bleiben, kam nur zum Essen zu uns, legte mit einer großzügigen Geste zwanzig Mark auf den Tisch. Meistens sah er müde aus, abgespannt und verschlissen, daß meine Mutter, wenn er gegangen war, sagte: »Möchte nicht wissen, was der nachts treibt, so wie der aussieht. Du hast dasselbe Schicksal wie ich, wir haben eben kein

Glück mit den Männern«, fügte sie, voller Mitleid mit sich, hinzu.

Tagsüber strich ich die rohen Holztüren in unserem Haus mit weißer Lackfarbe, putzte und räumte auf. Ich machte mich morgens auf den Weg und kehrte erst abends zurück. Meine Mutter kümmerte sich um Maria. Ich bekam einen juckenden Hautausschlag. Nach drei Tagen glühte mein Körper. Ich hatte keine heile Stelle mehr auf meiner Haut und ging nach meiner Arbeit am Abend zum Notarzt. Der kam gerade von einem Hausbesuch in die Klinik zurück. Ein eher kleiner, blonder Mann um die Vierzig, sehr männlich, mit harten Gesichtszügen. »Sie sind die nächste«, sagte er im Vorbeigehen.

Ich hatte noch meine zementstaubigen Arbeitssachen an, die Haare mit einem Gummi zusammengebunden, war todmüde, als er mich untersuchte.

Er war behutsam, ging mit mir um wie mit einem rohen Ei. So sanft war noch nie ein Mann zu mir gewesen. Wie gut das tat.

Mir kamen die Tränen, sie tropften auf seinen Schreibtisch. Er nahm meine ungewaschenen, verschlissenen Hände in seine, sagte: »Nun beruhigen Sie sich erst mal. Sie haben eine Allergie. Sind Sie in der letzten Zeit mit Chemikalien in Berührung gekommen?«

»Ja, wir bauen ein Haus, mein Mann und ich, und wir wollen nächstes Wochenende einziehen. Die Türen mußten gestrichen werden. Es eilt, denn die alte Wohnung ist feucht und kalt, noch einen Winter übersteht unser Kind dort nicht.«

Er zog eine Spritze für mich auf und fragte: »Wer baut das Haus eigentlich, Sie oder Ihr Mann?«

»Wir beide«, antwortete ich betroffen.

»Das sieht aber nicht so aus. Sie sind ja total erschöpft, nicht nur Ihr Körper.«

Er reichte mir ein Kärtchen mit seiner Adresse und Telefonnummer.

»Ich sitze hier nur den Notdienst ab, sonst arbeite ich als Neurologe und Psychiater in der Ambulanz.

Wenn Sie einmal mit jemanden über Ihre Probleme reden möchten, kommen Sie, ich nehme Sie auch ohne Überweisung dran.«

»Danke«, sagte ich, unangenehm berührt von der Situation, »es wird wohl nicht nötig sein, wenn wir erst in unserem Haus wohnen, dann klärt sich alles von selbst.«

Ich fühlte, wie er mir nachsah, er hatte mich gleich durchschaut.

Das Möbelauto kam wie bestellt am frühen Morgen.

Eine Arbeitskollegin meiner Mutter hatte mir sämtliche Gardinen genäht. Alles hatte geklappt.

Nur Kurt war wie vom Erdboden verschwunden.

Kisten und Kartons wurden geräumt, Möbel gerückt.

Maria kuschelte sich am Abend das erste Mal in ihr neues Bett, zog immer wieder die neuen roten Vorhänge am Fenster auf und zu, knipste voller Spaß das neue Nachttischlämpchen an und aus.

Kurt kam um Mitternacht. Ich schreckte zusammen, als ich das Taxi vor der Tür hörte, spürte, wie mein Herz schneller und schneller pochte.

Grußlos ging er an mir vorbei, begutachtete alle Zimmer, prüfte mit den Fingern, ob auch alles sauber war.

Er setzte sich nicht, sagte: »Ich habe keine Zeit, ich wollte nur kurz nachsehen ...«

»Maria hat vor dem Einschlafen nach dir gefragt«, sagte ich müde, seine Gleichgültigkeit dem Kind gegenüber tat mir weh.

»Daran wird sie sich gewöhnen müssen«, entgegnete er kalt. Das Grinsen auf seinem Gesicht war mir nur zu gut bekannt.

Er hatte etwas vor, konnte kaum noch an sich halten, um es mir ins Gesicht zu sagen. Es war ihm eine Lust, eine tiefe Genugtuung, als er mit heiserer Stimme zu flüstern begann:

»Morgen früh, na, sagen wir vormittag, schließlich bin ich großzügig, bist du mit dem Kind von hier verschwunden, eure Klamotten kannst du mitnehmen, das ist aber auch alles.« Nachdem er ein paarmal gierig an seiner Zigarette gezogen und den Rauch aus der Nase gestoßen hatte, wurde er laut. »Ihr könnt bleiben, wenn du mich auszahlst, also überlege es dir, aber du kennst mich, ich kann verdammt unangenehm werden.«

»Du weißt ganz genau, daß ich kein Geld habe.« Ich nahm mein Portemonnaie vom Küchenschrank, riß es auf, zählte ihm siebzehn Mark und vierundfünfzig Pfennige unter Tränen vor. »Das ist alles, was ich habe. Und wer sollte mir etwas geben?«

Ich mußte mich setzen, als er gleichmütig sagte: »Dein Pech, ich ziehe mit einer anderen hier ein, wir haben nur den heutigen Tag abgewartet, ... weißt du, sie putzt nicht gern, aber sie kennt sich hier aus. Seitdem Türen und Fenster im Rohbau sind, haben wir manche Nacht hier verbracht. Wir haben dann oben am Waldrand gewartet, bis du endlich nach Hause gegangen bist.« Sein Lachen bohrte sich in meine Ohren wie spitze Nägel.

»Und heute ist die letzte Nacht, wo ich mit ihr in unserer alten Wohnung schlafe.« Er wollte nicht aufhören zu lachen.

Ich saß auf einem Küchenstuhl, fassungslos, wie nicht von dieser Welt. »Und ich dachte, daß wir für unser Kind das alles hier getan haben. Maria ist doch so unbeschreiblich glücklich, du hättest sie heute erleben sollen.«

Er ging, Sekunden später hörte ich den Motor seines Autos aufheulen.

Ich bemühte mich, einen klaren Gedanken zu fassen, aber es wollte mir nicht gelingen.

Jetzt war es also soweit.

Ich löschte das Licht im Haus, schaute im Dunkeln hoch zum Wald, meine Träume, die ich für Maria geträumt hatte, sollten nicht wahr werden. Ich erfüllte mir einen lang gehegten Wunsch: ein Wannenbad mit viel Schaum. Ich ließ mir Wasser ein, lag eine Stunde in der Wanne, starrte an die Decke wie betäubt. Ich nahm Abschied, befühlte den Kristallspiegel und die Wandfliesen mit den braunen Ornamenten, für die ich mich an drei Tagen früh um vier Uhr bei der Baustoffversorgung angestellt hatte.

Die ganze Nacht geisterte ich ruhelos wie ein Gespenst durch die Zimmer.

Marias erste Frage am nächsten Morgen: »Gehen wir nachher in den Wald?«

Wie sollte ich dem Kind nur die Wahrheit beibringen? »Nein, heute noch nicht«, sagte ich. »Wir besuchen die Omi.« Zur Omi ging sie gern.

Ich zitterte am ganzen Körper, eine Beruhigungstablette genügte nicht. Ich nahm noch eine, bevor ich mit Maria an der Hand zu unserer alten Wohnung ging. Ich ließ sie draußen warten, so sollte sie ihren Vater nicht sehen.

Der Schlüssel steckte von innen. Kurt, mit nacktem Oberkörper und in Unterhosen, machte die Tür einen Spalt auf.

»Im Küchenschrank muß noch mein Personalausweis liegen, bitte gib ihn mir, das ist alles, was ich noch von dir will.«

Kurt brannte sich eine Zigarette an, wie er das immer tat, wenn ihn der Schneid verließ, und holte aus der Küche meinen Ausweis. Ich öffnete die Tür zu Marias altem Zimmer. Kurt trat dazwischen, drohte mir mit der Zigarette im Mund: »Nimm die Pfoten weg!«

Die Tür flog auf, und Elke Hoffmann zog sich verschämt die Bettdecke über ihren nackten Körper. Eine leere Schnapsflasche fiel auf einen Suppenteller mit Zigarettenkippen. Eine zweite, kleinere lag unter dem Bett.

Auch auf die Gefahr hin, daß Kurt mich wieder zusammenschlagen würde, sagte ich: »Jetzt weiß ich wenigstens, für wen ich mich kaputtgeschuftet habe.« Und mit einem Blick zu Kurt: »Ihr paßt gut zusammen.«

»Wenn du nicht gleich das Maul hältst, dann ...« Kurt baute sich drohend vor mir auf.

»Du machst mir keine Angst mehr, Kurt. Ich nehme jetzt mein Kind, gehe zu meiner Mutter, und am Montag reiche ich die Scheidung ein. Soll das Gericht entscheiden, wie alles wird.« Ich war mir meiner Sache sicher.

Kurt schlug sich wie ein dummer Junge auf die nackten Oberschenkel, rannte in den leeren Räumen umher und konnte vor Lachen nicht sprechen.

Schlagartig wandelte sich seine unbändige Heiterkeit in bitterbösen Zorn. »Du willst dich also scheiden lassen? Du?« fragte er überlegen. Und noch einmal: »Du?« Daß ein Mensch mit einem haßverzerrten Gesicht so laut lachen kann, hätte ich nie für möglich gehalten, hätte ich diese Seelenlosigkeit nicht mit eigenen Augen gesehen. »Hast du vergessen, was ich dir einmal erzählt habe?« fragte er mich mit plötzlich leiser, fispelnder Stimme. »Wenn du machst, was ich will, kommst du aus der Sache glimpflich raus. Wenn nicht, jage ich dich durch die Hölle, darauf kannst du Gift nehmen. Wäre sowieso das beste für dich.«

Sein Lachen hallte mir noch auf der Straße in den Ohren. Jeden Moment würde mein Kopf platzen, und dann läge meine arme, von Angst und Demütigung gepeinigte Seele im Dreck.

Ich betete, daß meine Mutter mich dieses Mal nicht wieder zurückschicken würde.

»Ich soll eben nicht froh werden«, sagte sie vorwurfsvoll.

»Was soll jetzt werden? Daß Kurt so weit gehen würde, hätte ich nie gedacht. Auf jeden Fall mußt du zu deinem Recht kommen. Bis dahin könnt ihr natürlich bei mir bleiben.« Sie küßte Maria und weinte.

»Ich habe Angst, Mama, er wird das Kind holen. Lange genug hat er mir damit gedroht.«

»Mach dir keine Gedanken, was soll er denn mit dem Kind, bei seinem Lebenswandel«, versuchte sie mich zu trösten. »Vielleicht solltest du den ersten Schritt tun, geh doch einfach mal hin zu ihm, zum Taxistand, und sprich mit ihm, vielleicht reden ihm auch seine Kollegen gut zu, und alles wird gar nicht so schlimm, wie du es dir ausmalst, die hatten doch immer Achtung vor dir. Denk mal darüber nach.«

Am nächsten Morgen ging sie arbeiten wie immer, verließ um halb neun das Haus, sagte, als sie sich verabschiedete: »Wenn er kommt, versuche mit ihm zu sprechen, eine Lösung muß es geben, und wenn du es nur für dein Kind tust, du mußt mit ihm übereinkommen. Was soll sonst werden?«

Wir frühstückten, als es klingelte.

Kurt stand mit seinem Taxi auf der Straße, läutete unten an der verschlossenen Haustür Sturm.

»Was willst du?» rief ich aus dem Fenster. Ich zitterte am ganzen Körper, mein Herz überschlug sich fast.

»Ich will vernünftig mit dir reden.« Er lächelte versöhnlich.

»Worüber?« fragte ich mit tränenerstickter Stimme.

Maria drängelte sich ans Fenster, rief: »Der Papa, der Papa ist da, er ist uns wieder gut ...!«

Er fing das Schlüsselbund auf, das ich ihm zuwarf.

In nächsten Augenblick wußte ich, daß das ein Fehler gewesen war, daß ich völlig allein mit Maria im Haus war. Um diese Uhrzeit waren die Berufstätigen längst unterwegs, die Rentner beim allmorgendlichen Einkauf. Er hatte die Zeit gut abgepaßt.

Kurt schloß die Wohnungstür auf und blitzschnell hinter sich zu, steckte die Schlüssel ein, trat durch den kleinen Korridor in die Küche.

Maria löste sich aus meiner ängstlichen Umklammerung, lief dem Vater entgegen.

»Na, mein Sternchen«, sagte er, spielte den liebenden Vater.

Dann räumte er völlig unvermittelt mit einer kräftigen Handbewegung den Frühstückstisch ab, wie ein Scheibenwischer, der bei Regen an der Heckscheibe eines Autos entlangfährt.

Ich brauchte nur sein Lachen zu hören, und alles war mir klar.

Ich schob Maria in die Ecke zwischen Sofa und Küchenschrank, wo sie sich hinhockte, hängte ihr die

Strickjacke über den Kopf, mit der sie gerade noch Schneewittchen gespielt hatte. »Steck dir die Finger in die Ohren, bis du nichts mehr hörst, tu, was ich dir sage! Und sei still, sei um Gottes willen still!«

Er zog mich mit einer Hand weg von ihr und hielt mir mit der anderen Hand den Mund zu. »Sagst du einen Ton, war es dein letzter. Ich könnte dir auch die unnützen Fingerchen zertreten, dann faßt du nie wieder einen Pinsel an, um deine blöden Bilder zu malen!«

Das Grauen, an das ich inzwischen gewöhnt zu sein glaubte, kroch mir unter die Haut. Alles, was ich denken kannte, war: Der ist krank, der ist krank, das ist ein Wahnsinniger.

Er wußte, wo meine Mutter ihr Briefpapier aufbewahrte, schlug mir die Mappe aus Kunstleder links und rechts ins Gesicht.

»Und jetzt setz dich an den Tisch und schreibe. Gib dir Mühe, sonst erlebst du dein blaues Wunder.

Du schreibst jetzt eine Verzichtserklärung. Du verzichtest auf das Haus und das Kind.« Er lachte. Wie ich dieses Lachen haßte.

»Nein«, sagte ich leise.

»Du machst einen großen Fehler, wenn du jetzt nicht spurst!«

Er hob das lange Brotmesser auf, das neben den Marmeladenbrötchen auf dem Fußboden lag, fuchtelte mit der Klinge vor meinem Gesicht, legte es an meinen Hals und zischte mir zu: »Mach, was ich dir gesagt habe, sonst schreibst du nie wieder was in deinem Leben.« Ich schrieb, schrieb, was er erpreßte: daß ich auf mein Kind verzichte, auf das Haus, daß ich nur die Dinge fordere, die ich in die Ehe eingebracht hatte, daß mein Anteil am Haus mit den Alimenten für Maria verrechnet würde. Als Krönung des Vertrages – meine und seine Unterschrift. Er steckte sich das Original ein, mir überließ er den Durchschlag.

Er riß Maria aus ihrem Versteck, raffte ihre Garderobe und Spielsachen zusammen. Alles passierte in Minutenschnelle.

»Kommst du auch mit, Mämschi?« fragte Maria sichtlich irritiert. Sie war blaß. »Bald«, versprach ich ihr, wußte, daß es eine Lüge war, aber durfte ich einem vierjährigen Kind die Wahrheit zumuten?

Kurt warf mir mein Schlüsselbund vor die Füße, von dem er zuvor die Schlüssel unseres Hauses abgenommen hatte.

»Und keinen Ärger«, warnte er mich, »sonst mach' ich dich fertig. Du kriegst keinen Fuß mehr auf diese Erde, das verspreche ich dir. Die Scheidung reiche ich in den nächsten Tagen ein. Erlaube dir nicht, die Polizei anzurufen, die Polizei bin nämlich bald ich – *ich*, verstehst du! Dort warten sie nur, bis der ganze Zirkus vorbei ist, und dann stellen sie mich ein als Fahrer vom Chef, das wird nicht jeder, ist alles schon klar. Da guckst du, was, du asoziales Luder!« waren die letzten Worte von Kurt Schmidt, bevor er mit dem Kind die Wohnung verließ und es in seinem Taxi verstaute.

Meine Mutter fand mich, als sie am frühen Nachmittag nach Hause kam, mit starrem Blick auf dem Küchensofa sitzend, die Unterwäsche von Maria fest an meine Brust gedrückt. Kurt hatte die getragenen Hemdchen und Schlüpferchen in seiner Eile vergessen.

»Was ist denn los, so sag doch etwas! War er da?« Meine Mutter rannte durch die Wohnung, rief immer wieder: »Maria, die Omi ist da, wo versteckst du dich?« Schließlich begriff sie, ließ sich neben mich auf das Sofa fallen.

Erst als meine Mutter laut und verzweifelt zu weinen begann, konnte auch ich weinen.

Sie wusch mir das Blut aus dem Gesicht, wie einem hilflosen Kind. Seit meiner Kindheit hatte sie mich nicht mehr so zärtlich geküßt.

Am nächsten Tag ging ich zum Kreisgericht.

Dienstags war Behördensprechtag, dienstags durfte man anklopfen an die sonst verschlossenen Türen, hinter denen sich Recht und Ordnung in staubigen Aktenschränken verkrochen hatten. Oder wenigstens davor warten.

Auch ich wartete. Mit meinen Tabletten hatte ich mir vorher die nötige Ruhe verschafft, die ich brauchte, um meine Probleme der Justizbeamtin vorzutragen.

»Nun haben Sie mal keine Angst«, sagte sie und spannte einen neuen Bogen Papier in ihre alte Schreibmaschine ein.

»Erzählen Sie mir mal der Reihe nach, was passiert ist.« Sie lächelte ermunternd, rückte sich ihre gepflegten blonden Dauerwellen zurecht.

Nachdem ich meine Geschichte erzählt und sie getippt hatte, als ginge es um ihr Leben, sagte sie: »Auf den Antrag hin, den Sie gestellt haben, werden Sie Zugang zum Haus bekommen und Ihr Kind wiedersehen, bloß, das muß ich Ihnen sagen, Frau Schmidt, solange die Ehe noch besteht, haben Sie beide das Sorgerecht für das Kind, da können wir nicht eingreifen. Aber Kopf hoch, in ein paar Wochen ist alles ausgestanden, Sie werden sehen. So wie ich die Sache einschätze, wird Richter Küster den Fall bearbeiten, der schenkt niemandem etwas, er macht auch Strafrecht, er ist hart, aber gerecht.«

Für einen Moment setzte mein Herzschlag aus. Ich erinnerte mich an das Urteil, das über meinen Vater verhängt wurde. Es war dieser Richter, der meinen Vater wegen Staatsverleumdung verurteilt hatte, Richter Küster. Sein Name hatte sich in mein Gedächtnis eingeprägt, weil ihn der Vater immer wieder genannt hatte. Meine Hoffnung wich der Angst.

Es war wie eine Flucht ins Ungewisse, als ich zu Doktor Kode ging, dem Arzt, der als Notarzt meine Allergie behandelt hatte.

Das kleine Wartezimmer war leer, der Doktor hatte den letzten Patienten verabschiedet. »Ich wußte, daß Sie kommen würden«, sagte er zu mir, als wir uns an seinem Schreibtisch gegenübersaßen. »Und nun erzählen Sie, was ist geschehen?«

Ich erzählte dieselbe Geschichte wie auf dem Gericht, war müde und verzweifelt.

Er untersuchte mich, schüttelte, als er die Blutergüsse an meinem Körper fand, mitleidig den Kopf, zog mich zärtlich an sich und ließ mich gleich wieder los. Ich war verwirrt.

»Wir brauchen mehr Zeit«, sagte er. »Könnten wir uns nicht heute abend treffen? Oder ist Ihnen das zu viel Nähe?«

Ich war überrascht. Es ging mir alles zu schnell. Ich zögerte und nahm dann doch seinen Vorschlag an. »Ich heiße Norbert, Freunde nennen mich Berti«, sagte er, als wir uns voneinander verabschiedeten.

Er schenkte mir ein gewinnendes Lächeln, streichelte mir mit dem Handrücken vorsichtig die Wange.

Ein paar Minuten Fußweg von der Wohnung meiner Mutter entfernt wartete er auf mich in seinem Auto. Wir fuhren an einen Waldrand hinter einem unscheinbaren Dörfchen, in dessen Häusern ein Licht nach dem anderen abendmüde erlosch.

Ich bewunderte den Doktor. Er war anders als die Männer, die ich bisher kennengelernt hatte. Er sprach mit mir in einer völlig anderen, ganz ungewohnten Art, gab mir das Gefühl, auch jemand zu sein, wenn er mir die Autotür öffnete, mir die Hände küßte. Und er gab mir, was ich am meisten vermißte: ein Gefühl der Geborgenheit. Nie zuvor hatte ich einem Menschen so viel von mir erzählt. Und selten hatte ich jemandem so aufmerksam zugehört wie ihm.

Von seiner Frau erzählte er mir, daß sie zehn Jahre jünger war als er, Medizin studierte, in einer anderen Stadt, nie zu Hause war und kurz vor dem Diplom stand, keine Zeit hatte für die dreijährige Tochter, und die Schwiegermutter den ganzen Haushalt schmeißen mußte. Und da war dann noch der Umbau des alten Einfamilienhauses. Wir ertappten uns, wie wir über Kies, Steine und Zement fachsimpelten wie zwei alte Hasen vom Bau, und lachten über uns. Mit einem Mal schlug seine Stimmung um.

»Sie ist widerlich unterdurchschnittlich«, sagte er mit kaltem Blick und legte wütend eine neue Kassette in den Rekorder.

»Wer?« fragte ich, verblüfft über diesen Wandel.

»Angelika, meine Frau. Manchmal schäme ich mich direkt für sie, wenn mir Kollegen erzählen, wie sie sich wieder angestellt hat im Krankenhaus. Neulich ist sie aus dem OP gerannt und hat den ganzen Flur vollgekotzt, das infantile Frauenzimmer, und aus der soll eine Ärztin werden. Ihren Studienplatz muß sie wohl in der Lotterie gewonnen haben. Und zu Hause steht sie auch nur im Weg rum. Ich hatte schon mal so eine, die bin ich zum Glück losgeworden. Und diese werde ich auch noch los, aber erst mal muß sie ihr Diplom in der Tasche haben, sonst verhungert sie, wenn sie allein für sich sorgen muß, mit ihren zwei linken Händen.«

Ich erschrak. Diese Worte hätten auch von Kurt Schmidt stammen können.

»Ich möchte nach Hause, Norbert, bitte, es ist spät, und mir gefällt nicht, wie du über deine Frau sprichst. Sie tut mir leid.«

»Du kennst sie doch gar nicht.«

»Das spielt keine Rolle, es ist nicht richtig, was wir hier tun. Ich fühle mich schäbig und verkommen.« Dabei war ich wie süchtig nach seiner Nähe.

Norbert lehnte sich in seinem Autositz zurück. »Sei nicht albern«, sagte er trocken. »Als ich dich das erste Mal sah und wir miteinander gesprochen hatten, wußte ich, mit dir könnte es gutgehen. Hab keine Angst«, flüsterte er in die warme Stille, »laß die Zeit für uns arbeiten und vertraue mir.«

Wir flogen durch die Nächte. Wir schrieben uns Buchstaben und Worte auf die nackten Rücken, lasen sie uns gegenseitig vor. Wir sahen den Wolken nach, wie sie bizarr ihre Bilder an den Himmel malten. Er zeigte mir die Liebe, entblößte behutsam meine Seele, machte aus meinem Körper eine einzige empfindsame Stelle, weckte die Sehnsucht und die Frau in mir.

Kurt Schmidt wurde wie ich zum Gericht bestellt.

In einem verwinkelten Zimmerchen, dem Büro des Richters, ließ man uns nebeneinander Platz nehmen.

»Wie geht es Maria? Sag was! Sag was! Wie geht es ihr?« bettelte ich Kurt unbeherrscht an.

»Von mir erfährst du nichts«, sagte er, grinste verkrampft und schnalzte mit der Zunge. Diese Äußerung von Verachtung kannte ich noch nicht, die mußte er neu gelernt haben. Richter Küster tat kameradschaftlich. Ein älterer Herr, dachte ich, einen Richter hatte ich mir immer anders vorgestellt, mit viel mehr Ausstrahlung. Sein Plädoyer für die sozialistische Ehe ging daneben.

Ich sprang auf, trat an das halboffene Fenster, brauchte Luft. Draußen war Spätsommer, und die Sonne meinte es gut. Mein Kind würde vielleicht in diesem Augenblick auch in den Himmel schauen.

»Ich will nichts weiter, als mein Kind wiederhaben und von ihm geschieden werden!« schrie ich.

»Bitte setzen Sie sich wieder, Frau Schmidt, und versuchen Sie Haltung zu bewahren. Bei allem Verständnis für Ihr südländisches Temperament, aber wir sind hier nicht auf Sizilien. Bei uns kommt jeder zu seinem Recht. Aber nicht der, der am lautesten schreien kann,« sagte der Richter, zog an seiner Pfeife und spielte seine Überlegenheit aus. Er wußte, wer ich war. »Die Mitarbeiterin in der Rechtsantragsstelle war in ihrem Vorgehen übereifrig, sie hat sich offensichtlich zu sehr von Gefühlen leiten lassen ...« Er räusperte sich mißbilligend.

Kurt genoß seinen Triumph.

Nach einer Stunde entließ uns der Richter. Kurt wurde verpflichtet, mir in zwei Raten einhundertfünfzig Mark für meinen Lebensunterhalt zu zahlen, bis ich Arbeit gefunden hätte, und mir die Schlüssel für das Haus zurückzugeben.

Ich war erleichtert. Ich würde mein Kind wiedersehen, gleich nachher würde ich hingehen.

»Alles Weitere wird während des Scheidungsverfahrens zu klären sein.« Mit diesen Worten hatte mich der Richter aus der Tür geschoben.

Kurt kam mir eiligen Schrittes hinterher. Er zog ein Schlüsselbund aus seiner Hosentasche und schaukelte es vor meinen Augen hin und her, lachte hämisch.

»Der Richter hat gesagt, ich soll dir die Schlüssel vom Haus zurückgeben. Das habe ich auch getan. Er hat ja nicht gesagt, ob ich dir die alten oder die neuen geben soll – gut, der Gag, oder?« Kurt bog sich vor Lachen. »Und was glaubst du, wer mir den Rat gegeben hat?« Ich starrte ihn an, wußte, es kommt wieder eine Schweinerei. »Der Herr Richter persönlich, da staunst du, was! Ich war nämlich heute nicht das erste Mal bei ihm.«

In mir krampfte sich alles zusammen.

»Ich will dir nur ersparen, daß du umsonst versuchst, die Türen aufzuschließen ... Und noch etwas, deine Tochter legt keinen Wert mehr darauf, dich zu sehen.«

»Aber sie muß doch nach mir fragen, sie sehnt sich bestimmt ebensosehr wie ich. Was sagst du ihr, wenn sie nach ihrer Mama fragt?«

Mir liefen die Tränen über das Gesicht. Kurt Schmidt ließ sich nicht beeindrucken.

»Daß du ein Arztflittchen bist, mußte ich ihr nicht sagen, das haben schon die Nachbarn besorgt. Einen größeren Gefallen konntest du mir gar nicht tun. Jetzt haben alle Verständnis für mich und sehen ein, daß ich mir eine andere Frau nehmen mußte und daß man einer wie dir, die ihren Mann und ihr Kind verläßt, obwohl sie ein schönes Zuhause hat, kein Kind anvertrauen kann. Ihr seid beobachtet worden, drei Zeugen kann ich laden lassen, die das bestätigen, und wer weiß, vielleicht erinnert sich der eine oder andere auch, daß er dich schon vor einem Jahr oder zwei mit dem sauberen Herrn Doktor gesehen hat.«

Er trat auf mich zu, so dicht, daß ich seinen Nikotinatem riechen konnte. »Wenn wir erst geschieden sind, gehen wir noch einmal miteinander ins Bett, das wäre doch was, oder?« Ich rannte weg, lief über die Straße, hörte dumpf das Hupen und Reifenquietschen der Autos, als hätte ich Wasser in den Ohren.

Ich mußte zu Maria, mußte ihr alles erklären, ihr sagen, wie es wirklich war. Mein Gott, dachte ich, was fängt eine Vierjährige mit dem Ausdruck Arztflittchen an?

Ein riesiger Berg Kohlen lag neben dem Haus. Maria hockte davor und schaufelte den schwarzen Staub von einem Sandkastenförmchen in das andere. Weit und breit niemand zu sehen. Mein Herz raste, daß mir schwindlig wurde.

Ich rief sie. Sie ließ alles fallen und kam auf mich zu. Ich nahm sie auf den Arm und rannte mit ihr wie um mein Leben. Nach vielleicht dreißig Metern holte Kurt uns ein. Er tobte: »Bleib stehen, gib das Kind her, sonst passiert ein Unglück!«

Maria klammerte sich an mich, er zerrte an ihr, bis ihre und meine Arme seiner Kraft nachgaben. Mit einem Fußtritt stieß er mich in den Straßendreck.

»Ich erschlag' dich, du Sauluder, wenn du dich noch einmal hierher wagst, oder ich hetze den Hund auf dich.«

Die hastig geöffneten Fenster der Nachbarn wurden ebenso schnell wieder geschlossen. Niemand kam mir zu Hilfe.

Jetzt konnte nur noch das Jugendamt helfen. Nahm ich an. Ich bemerkte nicht, daß ich mit nur einem Schuh, einem blutig aufgeschlagenen Knie und voller Kohlenstaub an meinen Sachen durch die Straßen rannte.

»Was ist Ihnen denn passiert?« fragte der Pförtner des Rates des Kreises, schob seine Brille hoch und sah mir kopfschüttelnd nach, als sich nach einem Knopfdruck eine Art Schranke öffnete und ich, wie von Hunden gehetzt, die Treppe, zwei Stufen auf einmal nehmend, hochlief.

An der Tür stand: Jungendfürsorgerin Frau Kuntze.

Ich klopfte an. Sie öffnete und maß meine Erbärmlichkeit Zentimeter für Zentimeter, ehe sie mich hereinbat.

Sie wies mir einen harten Stuhl gleich neben ihrem Schreibtisch an und ließ mich weinen und erzählen.

»Wissen Sie«, sagte sie im Behördendeutsch, wobei sie begann, ihren Schreibtisch abzuschließen, es ging auf den Feierabend zu, »Sie dürfen mich jetzt nicht falsch verstehen. Nicht, daß ich Ihnen nicht helfen will, aber solange noch keine gerichtliche Aufforderung, die Verhältnisse zu prüfen, an unser Amt ergangen ist, machen wir gar nichts. Ihre Ehe besteht noch, selbst wenn Sie in Scheidung leben. Sie müssen das zwischen sich und Ihrem Mann klären. Warten Sie ab, das ist das beste.«

Ich ging zu Norbert in die Praxis, konnte mich kaum noch auf den Beinen halten.

»Reiß dich zusammen!« Er schüttelte mich an den Schultern, weil ich weinte.

»Oder willst du dich zermahlen lassen?«

Er reichte mir ein Glas Wasser. »Gegen den kommst du nicht an. Hinter dem steht eine Maschinerie der Macht, das kannst du dir gar nicht vorstellen. Du mußt jetzt verdammt aufpassen.«

Er setzte sich zu mir auf die Couch. Wenn er mich festhielt, kam ich zur Ruhe. Nach einer Weile griff er in seine Kitteltasche, holte ein winziges Päckchen mit Haarnadeln heraus, hielt mit einer Hand meine Haare hoch, mit der anderen steckte er sie fest. Einem zweiten Schächtelchen entnahm er ein Paar goldene Ohrringe mit Zuchtperlen, die er mir an die Ohren steckte.

Was sollte das? Ich war doch zu ihm gekommen, um mit ihm über mein Kind zu sprechen!

Er betrachtete mich von allen Seiten, nahm seine brennende Zigarette aus dem Mund und schob sie in eine lange, schwarze Zigarettenspitze, die er, wie er sagte, eigens für mich besorgt hatte, und legte sie mir elegant in die Hand. Er führte mich zum Spiegel. »Na, was sagst du jetzt?«

Ich war unfähig, etwas zu sagen, starrte mein Spiegelbild an. Er hatte eine ganz andere aus mir gemacht.

»Und deine Fingernägel mußt du dir wachsen lassen, wie Krallen, weißt du, und dann dunkelrot lackieren. Und Garderobe brauchst du. Schwarz oder Rot mußt du tragen. Weiß steht dir bestimmt auch.« Er lächelte, war zufrieden mit seinem Werk, sagte, als er mich küßte: »So stelle ich mir meine Frau vor. Wir werden, wenn die Zeit reif ist, gemeinsam in einer anderen Stadt neu anfangen, du und ich, nur wir beide.« Er streichelte mich. Ich war hungrig nach Zärtlichkeit.

»Norbert, bitte, ich bin noch nicht einmal geschieden! Vielleicht will ich das alles gar nicht, was du mit mir vorhast. Mir geht im Moment einfach zuviel durch den Kopf, du weißt doch selbst, was ich hinter mir habe und was mich noch erwartet. Der Streit um das Kind wird fürchterlich.«

Er war beleidigt, sagte gleichmütig: »Wir sehen uns dann heute abend.«

»Fragt dich deine Schwiegermutter eigentlich nie, wo du deine Abende verbringst?«

Norbert, der, was immer er tat oder sagte, auf mich stets den Eindruck machte, über den Dingen zu stehen, antwortete in einem dementsprechend überlegenen Ton: »Langsam wird es zum Problem, den Bereitschaftsdienst kauft sie mir bald nicht mehr ab. Wenn sie mißtrauisch wurde, habe ich ihr immer gesagt, daß ich bei meinem Freund Anthal zum Schachspielen bin. Anthal ist ein unverbesserlicher Junggeselle. Er hat das Gemüt eines Teddybären, sieht auch so aus, nur mit Brille.« Obwohl der Vergleich komisch war, konnte keiner von uns beiden lachen.

»Weiß er Bescheid über uns, dein Freund?«

»Natürlich, was meinst denn du. Sonst würde das Spiel doch gar nicht funktionieren!« Norbert war clever. »Hauptsache, Angelika bekommt keinen Wind davon, die ist so hysterisch, die schmeißt glatt ihr Studium hin.«

»Ich habe über uns nachgedacht«, sagte er, als wir uns abends trafen, mit einem fernen Lächeln auf dem Gesicht. »Du solltest Anthal kennenlernen. Er ist ein Feingeist, auch wenn es auf den ersten Blick nicht so scheint. Er hat studiert, leitet eine Bibliothek. Ich glaube, er hat mit seinen dreißig Jahren bereits alle Bücher der Welt gelesen. Ihr hättet bestimmt für Stunden Gesprächsstoff. Und Ablenkung würde dir guttun, vielleicht hat er auch eine Stelle für dich in seiner Bibliothek.«

»Kurt hat gesagt, daß die ganze Stadt schon über dich und mich redet«, sagte ich in der Hoffnung, Norberts Aufmerksamkeit für meine und seine Probleme zu wecken.

»Ich weiß«, sagte er gereizt. »Es gibt nichts Schlimmeres als Kleinstadtmief. Auf und davon müßte man können, ich täte es lieber heute als morgen.« Norbert wirkte nervös. Von einer Minute auf die andere war seine Stimmung umgeschlagen. Zwischen uns breitete sich Kälte aus.

Tage später tat ich, woran Norbert so sehr gelegen schien: Ich besuchte seinen Freund Anthal unter dem Vorwand, mich für den Kauf von alten Büchern, die seine Bibliothek billig abgab, zu interessieren. Daß ich diejenige war, die mit Norbert ein Verhältnis hatte, sollte er auf keinen Fall erfahren.

Ich ließ mich mit dem schlechten Gewissen einer Lügnerin von Anthal zu einem Glas Grog einladen, den wir, weil er gerade renovierte und es im Umzugschaos keine andere Sitzgelegenheit gab, auf dem Badewannenrand hockend tranken. Nach dem zweiten Glas redeten wir über Gott und die Welt. Wir philosophierten über den Katholizismus und über den Kommunismus, stellten fest, das beides eine gute Sache sei, aber eben nicht funktionierte. Wir hörten ein Auto vor dem Haus halten. Mein Gastgeber rannte ans Fenster und rief: »Berti kommt. Berti ist mein Schachpartner. Er ist Psychiater, ein ganz heller Kopf und ein guter Freund.«

Das war nicht geplant. Ich blieb auf dem Wannenrand sitzen wie angewachsen. Norbert kam nicht allein, er hatte der Geschmacklosigkeit noch eins draufgesetzt und seine Frau mitgebracht und deren Schwester mit ihrem Mann.

Man begrüßte sich stürmisch. In mir stand alles still. Norbert kam auf mich zu, stellte sich als Doktor Kode vor und machte mich mit seiner Frau bekannt, die mir zaghaft die Hand reichte. Sie war tatsächlich unterdurchschnittlich – eine blasse, abgespannte Person mit dunkelblonden ungepflegten Haaren, die bei jedem Satz, den sie schüchtern über ihre Lippen brachte, unsicher zu ihrem Mann aufblickte, um Wohlwollen oder Kritik zu erfahren. Ich glaubte mich im Irrenhaus. Warum tat er das?

»Ist diese charmante Dame deine Freundin, Anthal? Du Schwerenöter, wie lange hast du sie uns schon vorenthalten?« fragte Norbert.

Alle lachten außer mir. Norbert vermied es, mir in die Augen zu sehen. Was ich ihm zu sagen hatte, sparte ich mir für später auf.

Er und seine Begleiter hielten sich nicht lange auf.

»Machen Sie uns jetzt, wo wir wieder allein sind, noch einen Grog?« bat ich meinen geduldigen Gastgeber. Ich hatte mich entschlossen, mutig und ehrlich zu sein. Als der Grog in unseren Gläsern dampfte, Anthal mich mit den Augen eines großen, verliebten Jungen ansah, atmete ich tief durch und sagte: »Ich bin die Geliebte Ihres Freundes, Doktor Kode. Was Sie heute hier erlebt haben, war eine provinzielle Scharade.« Er sah mich erschrocken an, sagte eine ganze Weile nichts, dann enttäuscht: »Sie sind das also. Schade um Sie.«

Kurts Klageschrift war kurz.

Er wollte die Scheidung, das Kind und das Haus.

Ich ging wieder zum Gericht.

»Sie brauchen einen Anwalt«, sagte dieselbe Beamtin zu mir, die mich schon einmal beraten hatte.

Sie vereinbarte telefonisch einen Termin für mich bei einem Rechtsanwalt Heine, der mich am nächsten Tag in seiner Kanzlei in einem perfekt sitzenden hellen Sommeranzug, mit Krawatte und einem goldenen Siegelring an seinem linken Ringfinger empfing.

Er hörte sich meine Geschichte an, lehnte sich in seinem Sessel zurück und schüttelte den Kopf.

»Die Vergewaltigung können Sie gleich vergessen, damit fallen wir hinten runter. Vergewaltigung in der Ehe, die lachen uns ja aus! Es wird schwer werden, ich mache Ihnen wenig Hoffnung, die Sache ist zu festgefahren. Verstehen Sie mich bitte nicht falsch, ich werde Sie vor Gericht vertreten, aber Wunder, Wunder dürfen Sie von mir nicht erwarten. Und gegen einen Genossen mit Hinterland ist kein Kraut gewachsen, da kann sich auch ein Anwalt schnell die Finger verbrennen. Und noch was«, sagte er, als er sich anschickte, mich zu verabschieden. »Sehen Sie zu, daß Sie Arbeit bekommen, egal, was Sie machen, den guten Rat gebe ich Ihnen. Sie müssen arbeiten. Die sind schnell dabei und stempeln jemanden als asozial ab.«

»Ich finde doch nichts, was soll ich denn tun, wenn mich niemand einstellt. Ich habe doch nichts gelernt. Nicht einmal in dem Ramschladen an der Ecke haben die mich genommen, obwohl sie eine Verkäuferin suchen, sogar einen Aushang haben sie an die Ladentür gehängt. Ich weiß nicht, was das alles zu bedeuten hat.« Mein Taschentuch war naßgeweint, hatte kaum noch eine trockene Stelle. »Der alte Mann, der den Laden führt, hat zu mir gesagt, daß er mich gern einstellen würde, es aber nicht darf, die Verwaltung habe es ihm untersagt. Dann hat er mich gebeten, sein Geschäft zu verlassen, weil er keinen Ärger mochte.« Der Anwalt spitzte nachdenklich den Mund.

»Und sonst, haben Sie es noch woanders versucht?«

»Ja, es war überall dasselbe, auch im hiesigen Krankenhaus. Es werden dort nach wie vor Schwestern gebraucht, aber die nehmen mich nicht mehr. In einer Klinik in der Bezirksstadt könnte ich vielleicht Arbeit als Schwester bekommen. Ich bin zu einem Vorstellungsgespräch eingeladen und ...«

Der Anwalt fiel mir ins Wort: »Um Gottes willen, diese Stelle können Sie nicht annehmen. Würden Sie jetzt in eine andere Stadt umziehen, selbst wenn es allein der Arbeit wegen wäre, vor Gericht könnte es als offensichtliches Desinteresse an Ihrem Kind gewertet werden. Es würde aussehen, als wollten Sie hinter sich alle Zelte abbrechen.«

Ich schleppte mich nach Hause. Norberts Praxis lag auf dem Weg. Ich hatte die Türklinke schon in der Hand, entschied mich aber anders.

Bei Dora klingelte ich am nächsten Tag Sturm, setzte mich eine Weile auf die Betonstufen vor ihrer Wohnungstür, wartete vergeblich.

Dann begegnete ich ihr in der Stadt. Sie hatte sich lange nicht mehr bei unserer Mutter sehenlassen. Ich rief sie, sie lief weiter, als würde sie mich nicht kennen. Warum tat sie das? Meine Dora.

Das konnte einfach nicht sein!

Als ich der Mutter davon erzählte, hob sie scheinbar gleichgültig die Schultern und sagte: »Ich wollte es eigentlich für mich behalten, aber jetzt … Dora und Klaus sind oft mit Kurt und seiner Freundin zusammen, besuchen sich gegenseitig, Dora macht Maria Geschenke …«

»Sei still!« schrie ich, »das kann nicht sein …«

»Und an mir geht sie im Kaufhaus vorbei und sieht mich nicht einmal mehr an.« Meine Mutter kämpfte mit ihren Tränen.

Ich unternahm einen letzten Versuch, Arbeit zu finden, und fragte beim Bestattungsinstitut nach, ob sie mich wieder beschäftigen würden. Wie ich das schaffen wollte, selbst zerstört und voll Trauer und Verzweiflung an Gräbern zu sprechen, wußte ich nicht.

»Wir hätten schon Arbeit für Sie, aber das muß der Rat des Kreises entscheiden«, sagte die Angestellte dort und griff augenblicklich nach dem Telefonhörer. Das Telefonat war kurz. Kein Bedarf! lautete die Antwort auf die Nachfrage.

Ich brauchte Trost, ich brauchte Hilfe, und ich sehnte mich nach Zärtlichkeit. Norbert ließ mich warten, bis der letzte Patient und auch seine Sprechstundenhilfe gegangen waren.

»Wieso bist du nicht zu unserer letzten Verabredung gekommen?« verlangte er zu wissen.

»Das ist jetzt unwichtig, Norbert«, erwiderte ich. »Ich bin nur gekommen, weil ich nicht weiter weiß und weil ich dachte, du würdest mir einen Rat geben können.«

Er strich mein Haar zur Seite und küßte meinen Nakken. »Ich hab' auch einen, ich hoffe, er gefällt dir.«

Er zündete sich eine Zigarette an. »Du hast Anthal ganz schön den Kopf verdreht, weißt du das?« Er machte eine Pause, ging zum Fenster, öffnete es. »Ich habe lange nachgedacht, über dich, über mich, über uns ..., schließlich muß man alles bedenken. Die beste Lösung wäre, wenn du Anthal heiratest, sobald du geschieden bist.«

»Was?« Ich schreckte hoch. »Sag das noch mal!«

»Ganz einfach, du heiratest Anthal«, wiederholte er gelassen. »Angelika und ich werden eure besten Freunde sein.

Wir können, wann immer wir wollen, zusammensein, du und ich. Wenn wir schlau sind, merkt niemand etwas, wir werden eine wunderbare Zeit haben, ohne daß sich etwas ändern muß.«

Mein Gesicht glühte wie im Fieber. Mein Kopf war zu klein für all das. Die Stille war beklemmend. Ich schloß meine brennenden Augen. In meinen Gedanken liefen die Ereignisse der letzten Wochen wie ein Film im Zeitraffertempo ab.

Dann schlug ich zu. Ich schlug ihm rechts und links ins Gesicht. Woher ich die Kraft hatte und den Mut, wußte ich nicht.

»Du bist ein Schwein, Norbert, ein gottverdammtes Schwein. Schiebst die Menschen hin und her wie Schachfiguren auf dem Brett. Ohne Rücksicht auf Verluste trampelst du auf Gefühlen herum. Aber merke dir eins: Selbst du bist zu klein, um zwei Leben gleichzeitig zu leben, irgendwann bleibst du auf der Strecke. Ich bin fertig mit dir.«

»Du darfst mich nicht verlassen, das darfst du nicht, ich brauche dich!« jammerte er und stellte sich vor die Tür. »Ich bring' mich um, ich mach' Schluß, und du bist schuld ...«, rief er mir nach, als ich durch eine zweite Tür, die in das Arbeitszimmer der Schwestern führte, nach draußen zu gelangen versuchte.

Der Schlüssel zum Medikamentenschrank steckte. Ich bediente mich, nahm mir drei Packungen Schlaftabletten, barg sie hastig in meiner Tasche. Wer weiß, dachte ich, was noch alles kommt. Die Welt schien aus den Fugen geraten, ich wußte nicht, wie lange ich das alles noch aushalten könnte. Die Tabletten waren meine Versicherung, wenn gar nichts mehr ging. Sie versprachen mir einen sanften, schnellen Tod.

Ich duschte mich, wollte sie abwaschen, die maßlose Enttäuschung, die Einsamkeit, die Verzweiflung. Nur die Wut, die in mir kochte, die wollte ich behalten, die machte mich stark. Nie wieder, das schwor ich mir, nie wieder würde mir ein Mann weh tun, und nie wieder würde ich einen in meine Seele blicken lassen.

Im Postamt, wo ich mit der Klinik wegen einer Arbeitsstelle telefoniert hatte, sprachen mich zwei Studenten an, sie wollten Geld wechseln für ein Telefonat. Wir kamen ins Gespräch. Sie luden mich in die Mensa ihrer Hochschule ein, abends zum Bier. Es sei immer etwas los, und ich würde auf sie den Eindruck machen, als ob mir Abwechslung guttäte.

»Wo gehst du jetzt hin?« fragte meine Mutter, als ich mich zurechtmachte. »Triffst du wieder den Doktor?«

»Nein, Mama, ich werde ihn nicht wiedersehen. Studenten haben mich eingeladen, und zu denen gehe ich jetzt.«

Sie mußte sich setzen, war ganz blaß geworden. »Das kannst du doch nicht machen, jetzt, wo die Scheidung vor der Tür steht. Ich habe jeden Morgen Herzklopfen, wenn ich an unser Postschließfach gehe, aus Angst, daß ein Schreiben vom Gericht drin liegt.«

Ich hätte sie trösten sollen, die Mutter, die nichts besser konnte als leiden – aber ich tat es nicht.

»Weißt du, Mama, was mir aufgefallen ist, als mich die Studenten ansprachen? Sie sind genauso alt oder jung wie ich, wie du willst. Sie sind spontan, haben Freude am Leben. Ich bin mir neben ihnen vorgekommen wie eine alte Frau. Ja, Mama, wie eine müde, alte Frau. Und weil die Sehnsucht nach meinem Kind mörderisch weh tut, daß ich es kaum mehr aushalten kann, gehe ich jetzt los, um die Schmerzen zu betäuben.«

Die Mutter verstand mich nicht. »Du mußt an deinen Ruf denken, Undine, so benimmt sich keine Frau!«

»Ach, Mama. Weißt du, was mir jetzt einfällt? Als ich ein kleines Mädchen war, wünschte ich mir nichts mehr auf der Welt als einen Luftroller. Einen hellblauen mit Handbremse, wie der Nachbarsjunge einen hatte. Du hast damals gesagt: Ein Roller schickt sich nicht für ein Mädchen. Ein Mädchen muß brav sein, hübsch anzusehen. Es muß schon früh lernen, auf sich zu achten. Es spricht nur, wenn es gefragt wird. Und es macht einen artigen Knicks vor jedermann. Wie es für sein Püppchen und die Puppenstube sorgt, daran sehen alle, ob es eine gute Mutter und Hausfrau wird. Ich bekam dann einen elektrischen Puppenherd geschenkt, ein Puppenbügelbrett mit einem winzigen Bügeleisen und ein Waschbrett mit einer Schüssel dazu, drei Meter Wäscheleine und zwanzig rote Wäscheklammern aus Plastik. Hatte ich im Sommer Durst und trank Wasser aus der Wasserleitung, warst du aufgebracht, erzähltest mir, daß eine Nachbarin, die vor kurzem verstorben war, dasselbe getan und dabei eine Kaulquappe verschluckt hätte, die dann in ihrem Bauch zu einem riesigen Frosch heranwuchs und ihr das Herz abdrückte. Jedesmal, wenn es in meinem Bauch kollerte, dachte ich, jetzt ist er da, der Frosch, der Tod. Meine Spielgefährten haben mich für diese Geschichte ausgelacht. Nur gut. Sonst wäre ich vor Angst gestorben. Weißt du eigentlich, daß ich dich dafür gehaßt habe? Und heute, Mama, heute spiele ich einfach nicht mehr mit, nicht nach deinen Regeln. Und ich frage niemanden um Erlaubnis, was ich tun oder lassen soll. Ich erlaube es mir selbst, weil ich fast verhungert bin, mich endlich satt essen will am Glück. Wenn ich es finde.«

Meine Mutter schwieg, sagte dann, als ich mich zum Gehen wandte: »Du bist ein armes Luder, da kann einem ja angst werden.«

In der Bierstube, die im Erdgeschoß der Mensa jeden Abend die Studenten anzog wie ein Magnet, suchte und fand ich meine Postbekanntschaft.

Ich fiel nicht auf im Gedränge, wurde für eine Studentin gehalten. An einem Abend konnte man mühelos dreißig Leute und mehr kennenlernen. Ich fühlte mich jung, spürte, daß ich lebte. Endlich, dachte ich, endlich. Mit vierundzwanzig ging ich das erste Mal richtig tanzen. Phil Collins dröhnte aus der Diskothek: »In the air tonight«.

Ich mußte es schaffen, neben einem Mann einzuschlafen und neben ihm aufzuwachen – ohne Angst, das hatte ich mir vorgenommen. Die Nacht zum Tag machen, jetzt wußte ich, was das heißt. Ich ließ mich gehen, ließ mich fallen. Wachte ich morgens wieder einmal in einem fremden Bett auf, verdrängte ich das Schamgefühl, das schlechte Gewissen. Allein der Spiegel war gnadenlos. Die Nacht schrieb ihre Initialen in mein Gesicht.

»Wenn du so weitermachst, werden die Leute bald sagen, daß du eine Hure bist!« prophezeite mir meine Mutter jeden Morgen.

»Die bin ich doch schon in deren Augen. Aber es ist mir egal, wie sie über mich denken. Ich suche die Liebe, Mama, die Liebe. Ich habe unzählige Wunden in mir, die können nur heilen, wenn ich sie finde, die Liebe.«

»Was soll nur noch werden, wie du mir das antun kannst!« Sie weinte.

Sie legte mir jeden Morgen eine Mark auf den Küchentisch, immer an dieselbe Stelle.

»Damit du über den Tag kommst, bis ich wieder zu Hause bin.«

Was macht man mit einer Mark?

Standen leere Pfandflaschen im Wandschrank, hatte ich Glück, dann brachte ich es auf eine Mark und sechzig oder achtzig Pfennige.

Mit diesem Reichtum ging ich zum Fleischer und kaufte mir eine Bratwurst, ließ die Verkäuferin manchmal drei, vier Stück hintereinander auf die Waage legen, bis sie eine in meiner Preislage gefunden hatte. Eine Flasche Milch im Konsum und zwei Brötchen für zehn Pfennige beim Bäcker und mein Geld war alle. Von Kurts Unterhalt hatte ich mir ein Paar Schuhe gekauft, kaufen müssen, weil ich den einen Schuh verloren hatte, als ich Maria holen wollte.

»Ein Segen«, sagte meine Mutter erleichtert, als wir merkten, daß eine Winterjacke von mir, die ich schon als junges Mädchen getragen hatte, und ein neuerer Wintermantel im Flurschrank hingen. »Zur Reinigung wollte ich sie bringen, hab's damals vergessen; siehst du, alles hat sein Gutes, die Sachen hätte er dir auch weggenommen, das wäre schlimm, jetzt, wo es auf die kalte Jahreszeit zugeht.« Die gute Mama, sie dachte immer nur praktisch, hielt das Wenige zusammen. Aber was nützt der wärmste Mantel, wenn man innerlich erfriert.

Mein Anwalt wollte die Gegenklage mit mir besprechen.

»Zeugen brauchen wir, Zeugen, die für Sie aussagen würden. Daß Sie am Hausbau mitgewirkt haben und daß Sie mißhandelt wurden. Ohne die kommen wir nicht aus. Können Sie mit solchen Zeugen aufwarten?«

Norbert hatte im Notdienst meine Alkydharzallergie behandelt, und er hatte die Blutergüsse an meinem Körper gesehen. Auch wenn wir nicht mehr zusammen waren, er würde bestimmt für mich aussagen, so hoffte ich.

»Ja«, sagte ich bestimmt.

Er blickte skeptisch über seinen Brillenrand. Dann setzte er eine ernste Miene auf.

»Sie dürfen mich jetzt nicht falsch verstehen, Frau Schmidt. Ich gebe nicht viel auf Kleinstadttratsch. Aber man erzählt sich die abenteuerlichsten Dinge über Sie in der Stadt. Und Sie wissen ja, der Pöbel ist nicht kleinlich und äußerst phantasiereich, wenn es um das Erfinden von Gerüchten geht.« Er beobachtete mich abwartend, rückte seine Krawatte zurecht, trank einen Schluck Wasser aus einem Glas mit Goldrand.

»Ich habe nichts gegen emanzipierte Frauen, die sich dasselbe Recht herausnehmen wie Männer, in gewisser Hinsicht, na, Sie wissen schon, wie ich das meine.« Er war sichtlich verlegen.

»Ich kann es mir denken«, antwortete ich, merkte, wie es in mir zu sieden begann.

»Vergessen Sie nicht, Sie sind eine Frau.« Er tupfte sich das Gesicht mit einem frischgebügelten Taschentuch.

»Machen wir es kurz, Herr Rechtsanwalt: Was Ihnen so schwer über die Lippen kommt, ist, wenn ich Sie recht verstehe, folgendes:

Ein Mann darf während der Ehe sexuelle Beziehungen zu anderen Frauen haben.

Ein Mann darf seine Frau schlagen und vergewaltigen.

Ein Mann darf die Arbeitskraft seiner Frau ausbeuten, bis von ihr nur nach ein Wrack übrig ist.

Ein Mann darf seine Frau zusammenschlagen, sie nötigen, einen wahnwitzigen Vertrag zu unterschreiben, weil er das Kind braucht, um ein Haus für sich und seine Freundin zu behalten.

Ein Mann darf sein Kind entführen.

Ein Mann darf seine Frau verleumden.

Ein Mann darf mit einer anderen Frau während der Scheidungszeit eheähnlich zusammenleben, vor aller Augen.

Ein Mann darf seiner Frau mit der Stasi drohen.

Ein Mann darf, ein Mann darf, ein Mann darf alles! Und eine Frau muß, sie muß und muß und muß! Soll ich Ihnen sagen, was eine Frau darf? Den Mund halten, sich verkriechen und dulden, arbeiten, sich anpassen, sein, wie ›Mann‹ sie haben möchte, sonst ist sie asozial, und die Gesellschaft spuckt sie aus. Wenn sie keine Arbeit findet, weil man untereinander zusammenhält, hat man ja einen Grund, über sie herzufallen.

Wollen wir unser Gespräch noch vertiefen?« fragte ich mit der Überlegenheit des Verlierers, der nichts mehr zu verlieren hatte.

Der Anwalt starrte auf das Blatt Papier, das noch unbeschrieben vor ihm lag. Ich konnte nicht an mich halten, mußte meinen Zorn loswerden.

»Sobald ich mich in unserem idyllischen Städtchen sehen lasse, werde ich angepöbelt: ›Die Schlampe da hat ihr Kind verkauft, hat einen Vertrag gemacht mit ihrem Mann‹, das war das Geringste, was ich zu hören bekam in den letzten Tagen. Gestern gesellte sich die Beschimpfung ›Kanakenhure‹ dazu, weil ich mit einem arabischen Studenten in einem Restaurant essen war. Ich wurde danach auf offener Straße angespuckt von zwei keifenden Weibern. Die eine kannte ich vom Sehen, sie ist die Frau eines Kollegen meines Mannes. ›Solches Zigeunerpack müßte man in Arbeitslager stecken‹, hat sie geschrien, ›damit die das Arbeiten lernen, damit denen die Hurerei vergeht.‹«

»Es reicht«, sagte der Anwalt. »Hysterie hilft Ihnen jetzt auch nicht weiter. Ich weiß sehr wohl, was Sie meinen, aber in unserer Gesellschaft ist das doch alles ein bißchen anders. Ihr Mann hat seinesgleichen vielleicht aufgehetzt, nicht nur vielleicht, bestimmt sogar. Das dürfen Sie nicht ernst nehmen. Es gab schon die verrücktesten Sachen in Ehescheidungsverfahren, gerade wenn es um eine Immobilie und um das Sorgerecht für ein Kind ging. Was mich interessiert – ist es etwas Ernstes zwischen Ihnen und dem Araber? Will er Sie heiraten und mitnehmen in den Nahen Osten? Das wäre auch für die Scheidung wichtig. Und zusammenpassen würden Sie ja, wo Sie doch auch nicht ganz deutsch sind.«

Er drückte sich vorsichtig aus.

»Es gibt keine gemeinsame Zukunft für uns. Warum muß jede Liebe mit einer Ehe besiegelt werden? Und im übrigen mache ich erst Zukunftspläne, wenn ich mein Kind wiederhabe.«

Er seufzte. »Daß das vorerst nicht möglich sein wird, wissen Sie so gut wie ich. Ihr Mann streitet energisch ab, laut Schriftsatz, den mir seine Anwältin geschickt hat, daß er Ihnen falsche Schlüssel bei der außergerichtlichen Einigung übergeben hat. Jetzt wäre es an Ihnen, noch einmal hinzugehen, Kontakt mit dem Kind aufzunehmen und vielleicht auch wieder dort in dem ehelichen Einfamilienhaus mit Ihrem Mann und seiner Freundin zu leben. Eine andere Möglichkeit, mit Ihrem Kind zusammenzusein, gibt es im Moment nicht.«

»Das ist ja wohl der Gipfel der Geschmacklosigkeit, was Sie mir hier anbieten«, empörte ich mich.

»Auch wenn Sie es nicht wahrhaben wollen, so stehen die Dinge, und wenn Sie meinem Rat nicht folgen, wird man Ihnen vor Gericht vorhalten, daß Sie nichts getan haben, um in der Nähe Ihres Kindes zu sein. Sie haben doch selbst oft genug erlebt, wie die Menschen auf Ihre Verhaltensweise reagieren.

Ich habe den Eindruck, Sie stellen Ihre persönlichen Ideale, die illusorisch sind, in den Vordergrund, anstatt sich auf die anstehenden Probleme, Scheidung und Sorgerecht, zu konzentrieren. Sie passen in kein Klischee, wenn ich das mal so salopp formulieren darf, mir selbst ist eine Frau wie Sie noch nie untergekommen. Und ich habe weiß Gott schon viele vor Gericht vertreten. Wenn Sie in dieser Weise vor dem Gesetz auftreten, verlieren Sie, und nicht nur den Prozeß.

Verstehen Sie doch, es ist jetzt nicht die Zeit, aufzutrumpfen, die Feministin auszustellen. Wenn Sie geschieden sind und Ihnen das Sorgerecht für Ihr Kind zugesprochen worden ist, können Sie denken und tun, was Sie wollen, jetzt nicht.«

»Ich will mein Kind wiederbekommen, weil ich seine Mutter bin und weil ich es liebe. Ich krieche nicht mehr und mache mich krumm, nur weil man es von mir erwartet. Mein Leben gehört mir. Ganz gleich, wie das Gericht entscheidet, meine Tochter wird auch einmal eine Frau sein und Mutter. Dann soll sie wissen, daß ich aufrecht war. Das bin ich ihr und mir schuldig.«

Der Anwalt schüttelte den Kopf. »Manchmal ist Ehrlichkeit nicht unbedingt die Tochter des Mutes, sondern vielmehr die des Leichtsinns oder gar der Dummheit. Sie wären nicht die erste, die auf diese Weise scheitert.« Was, wenn er recht hätte, dachte ich.

Zwei Tage später klingelte es morgens an der Wohnungstür.

Ich hatte gerade geduscht, stand im Bademantel, die nassen Haare unter einem Handtuch verborgen, einem jungen Mann gegenüber, der mir seinen Klappausweis zeigte und sagte: »Kriminalpolizei. Mitkommen!« Im nächsten Moment war er schon im Flur und schloß die Tür hinter sich.

»Was wollen Sie von mir, was soll das?« Der Schreck war mir in die Glieder gefahren.

»Das werden Sie erfahren, wenn wir auf dem Präsidium sind«, sagte er, und dann: »Na, kommen Sie! Kommen Sie! Zieh'n Sie sich was an, damit wir gehen können.«

Ich war wie betäubt. Was wollten die von mir, was? Mein Kopf schien mit Blei ausgegossen. Als ich die Wohnungstür hinter mir verschlossen hatte, packte er mich unter dem linken Arm und dirigierte mich in sein Auto.

Ich wurde in die oberste Etage des Volkspolizei-Kreisamtes gebracht. Polizisten in Uniform öffneten die schweren Gitter- und Stahltüren, die, wenn man sie passiert hatte, wieder schwer und wie endgültig ins Schloß fielen.

Ich wurde erwartet. Sie waren zu viert. Zwei Kripobeamte und zwei Männer, die sich nicht vorstellten. Da war der, der mich abgeholt hatte, dann ein älterer dikker Mann im Anzug, dessen Jackett über dem Bauch nicht mehr zuging, und ein schlanker um die Dreißig mit Jeans und Windjacke. Gürtel, Schlüsselbund und meine Haarnadel, mit der ich mir schnell mein Haar zusammengesteckt hatte, nahmen sie mir weg.

Ich kannte das Zimmer mit den orangefarbenen Vorhängen, wie ich auch den vierten im Bunde kannte. Er hatte uns damals gesagt, woran der Vater angeblich gestorben war – er war es, der Aalglatte. Nach dem Tod meines Vaters war ich hier in demselben Raum verhört worden. In einem kleinen Zimmer nebenan wartete ein junger Polizist in Zivil. Er führte mich an einen Tisch. Mein Blick fiel auf eine moderne Fotokamera auf einem Stativ, wie sie mein Vater auch gehabt hatte. Dahinter eine weiße Leinwand.

»Es geht ganz schnell«, sagte der Polizist freundlich, rollte jeden meiner Finger einzeln auf einem schwarzen, klebrigen Etwas hin und her und danach auf ein weißes Formular ab. »Sie haben schöne Hände.« Er lächelte mich an. Ich faßte Mut, den könnte ich fragen.

»Würden Sie mir sagen, was das hier alles soll?«

»Das sind erkennungsdienstliche Maßnahmen. Die stehen am Anfang jeder Ermittlung.«

»Welcher Ermittlung?« Er warf einen prüfenden Blick zur Tür, durch die man mich gebracht hatte, sagte leise: »Im Bestattungsinstitut ist eine Geldkassette entwendet worden, heute nacht. Wir rotieren schon den ganzen Morgen. Eigentlich steht der Täter fest – meiner Meinung nach. Warum Sie hier sind? Vielleicht wegen des Verdachtes einer Komplizenschaft. Kann ich mir aber nicht vorstellen. Ist auch nicht meine Sache, ich bin lediglich für die technischen Dinge zuständig.« Seine Offenherzigkeit erstaunte mich.

Aus dem Foto wurde nichts, der Auslöser des Apparates war defekt.

Sie holten mich zurück in das Vernehmungszimmer.

Mir war schlecht. Einer der Beamten kaute an einem Wurstbrötchen, verschlang eins nach dem anderen und goß sich immer wieder Kaffee ein, den er laut schlürfte. Er saß auf einem Schreibtisch, baumelte mit den Beinen und grinste mich an, wenn er wieder einen Bissen hinuntergeschluckt hatte.

»Kann ich ein Glas Wasser bekommen, mir ist nicht gut, ich habe heute noch nichts gegessen. Und meinen Anwalt möchte ich anrufen.«

»Sie brauchen keinen Anwalt.« Der mit der Windjacke riß den Stuhl, auf dem ich saß, von hinten zu sich herum. Ich ruderte mit den Armen in der Luft, um nicht auf den Fußboden zu fallen. »Nein!« schrie er mir ins Ohr.

Ich zuckte zusammen. »Wollen Sie aussagen?« fragte der Aalglatte. Ich nickte.

»Können Sie nicht reden? Na los, wir hören!« schrie der mit der Windjacke mir abermals ins Ohr.

Mein Blick fiel auf seine Hände, die er selbstbewußt in die Hüften gestemmt hatte. Er trug einen Ehering. Sicher hatte er auch Kinder. Abends würde er nach Hause kommen, seiner Frau einen Kuß geben, sich sein Bier aufmachen, den Fernseher einschalten, am Abendbrottisch mit seinen Kindern über die Schule reden und über den Ausflug am nächsten Wochenende. Diese Gedanken ließen mich bis zur Ohnmacht erschrecken.

»Stimmt es, daß Sie sich vor kurzem beim hiesigen Bestattungsinstitut als Grabrednerin beworben haben, obwohl Sie nicht mehr im Besitz einer Berufungsurkunde sind?«

»Ja.«

»Warum?«

»Ich muß Geld verdienen, ich lebe von meinem Mann getrennt, wir lassen uns scheiden. Er lebt schon seit zwei Monaten mit einer anderen Frau zusammen. Er hat mir unser Kind weggenommen. Um es wiederzubekommen, muß ich nachweisen, daß ich es allein ernähren kann.« Ich antwortete wie ein Fernschreiber.

»Haben Sie sich sonst noch um Arbeit bemüht?«

»Ja.«

»Und wo?« Ich zählte auf.

»Können Sie sich unter dem Wort asozial etwas vorstellen?«

»Ja.«

»Sie sind gesehen worden, vergangene Nacht, in der Nähe des Bestattungsinstitutes.«

»Das ist eine Lüge, wer behauptet das?«

»Sie erwarten doch wohl nicht, daß wir unsere Informanten preisgeben?« Der Dicke verschluckte sich fast an seinem vierten Brötchen.

»Wo waren sie gestern abend und die vergangene Nacht?«

»Ich war bei Freunden.«

»Wo?«

»Auf dem Gelände der Hochschule.«

»Wenn Sie uns jetzt noch Namen sagen, sind wir schon einen Schritt weiter.«

Ich schüttelte den Kopf.

»Sie können auch gern über Nacht hierbleiben, wir haben immer noch ein Zimmer frei.« Sein Sarkasmus wurde ihm von seinen Kumpanen mit tosendem Gelächter honoriert.

Der mit der Windjacke: »Beantworten Sie mir eine Frage, die hat etwas mit Heimatkunde zu tun: Was macht man mit streunenden Katzen?« Er fühlte sich stark.

Ich parierte. »Man fängt sie ein«, sagte ich und merkte, daß ich nicht einmal mehr weinen konnte.

Nachdem ich die Namen meiner Freunde genannt hatte, blieb ich allein mit dem jungen Mann, der mich abgeholt hatte. Die anderen verließen eilig das Zimmer, dessen Tür keine Klinke hatte, nur mit einem sogenannten Drücker zu öffnen war. Wir saßen uns gegenüber. Nur er und ich. Ich hatte das Gefühl, daß er sich für das, was hier ablief, schämte.

Es war kurz nach Mittag, als die anderen drei lautstark in das Zimmer zurückkehrten.

»Protokoll!« wies der Aalglatte energisch seinen jungen Kollegen an.

Ich unterschrieb mit zitternder Hand.

»Kann ich gehen?« fragte ich kaum hörbar, nachdem sie mir mein Schlüsselbund, den Gürtel und die Haarnadel ausgehändigt hatten. Meine Demut gefiel ihnen.

»Ja, aber wir fahren Sie natürlich nach Hause, es soll uns keiner nachsagen, daß wir unmenschlich sind.« Der Windjackenträger lachte vergnügt.

»Ich hoffe, ich muß Sie nicht noch einmal holen«, sagte mein Begleiter, als er vor unserer Haustür stoppte. »Und noch etwas ...« Er zögerte.

»Was denn noch?« fragte ich ungehalten.

»Stellen Sie einen Ausreiseantrag. Wie die Dinge stehen, sind Sie schneller raus als Sie denken.«

Ich war wieder hellwach.

»Das raten Sie mir? Sie? Und mein Kind, ich würde es nie wiedersehen, wenn ich das täte.«

»Das kommt alles auf dasselbe raus.«

»Keine Chance für mich?«

Er antwortete schonungslos direkt. »Nein. Was Sie heute erlebt haben, war erst der Anfang, das kann sich jeden Tag wiederholen, nicht in unserem Amt, aber bei den Kollegen der Staatssicherheit, und da geht es härter zu. Sie haben doch den einen Genossen erlebt.«

»Sie meinen den mit der Windjacke?«

Er nickte.

Ich rannte ins Haus, verschloß die Wohnungstür gleich zweimal hinter mir. Meine Mark lag noch immer auf dem Küchentisch.

Der erste Termin vor Gericht.

Kurt Schmidt saß lässig neben seiner Anwältin, die mich keines Blickes würdigte.

Die Richterin lief mit einem Aktenordner unter dem Arm gemessenen Schrittes an uns vorbei, grüßte meinen Anwalt und drehte sich nach den beiden Schöffen um, die ihr folgten. Alle taten wichtig, weil sie es waren.

Eine Frau, dachte ich, Gott sei Dank, die wird mich verstehen.

Fünfzig war sie, schätzte ich, groß und massig. An ihrer dunkelblauen Kostümjacke das obligate SED-Parteiabzeichen. Würde man ihr auf der Straße begegnen, würde sie einem gar nicht auffallen. Hier aber, hier war sie die Königin, die Herrscherin, mit der sich jeder Anwalt gutstellen mußte, wenn er für seinen Mandanten etwas erreichen wollte. Sie war sich ihrer Macht bewußt. Über ihrem Stuhl hingen Hammer, Sichel und Ehrenkranz, einen Meter im Durchmesser, mindestens.

Es war Herbst, ein windiger Tag, und mir ging durch den Kopf, daß ich Maria versprochen hatte, bei solchem Wetter mit ihr einen Drachen steigen zu lassen. Wie enttäuscht mußte das Kind von mir sein, wie mußte es leiden. Was würde es von mir denken?

Kurt lümmelte auf seinem Stuhl, hatte die Beine übereinandergeschlagen, daß jeder die schiefgelaufenen Absätze seiner Schuhe sehen konnte.

»Nur die Ruhe«, mahnte mein Anwalt. Jeder Nerv von mir lag bloß. »Ich habe es Ihnen doch schon ein paarmal gesagt, das ist heute lediglich der Sühnetermin, der dauert nie lange.«

Es ging tatsächlich alles sehr schnell.

Die Richterin gab, nachdem sie Kurt und mich nach dem möglichen Fortbestand unserer Ehe gefragt hatte, zu Protokoll, daß der Sühnetermin gescheitert sei.

Jetzt ist alles vorbei, dachte ich, hoffte auf eine ebenso schnelle Scheidung.

»Eine Frage habe ich noch an Sie, Frau Schmidt.« Die Richterin lächelte. »Stimmt es eigentlich, daß Sie katholisch sind?« Sie klopfte ungeduldig mit ihrem Federhalter auf den Tisch.

Ich erhob mich zögernd, um zu antworten. Mein Anwalt schien von dieser Frage ebenso überrascht wie ich und wurde unruhig.

»Ja und nein«, sagte ich. »Ich glaube an Gott, aber eben auf meine Weise. Ich habe die Hoffnung gehabt, als ich diesen Mann dort geheiratet habe«, ich zeigte auf Kurt, »ihn rüberziehen zu können zu meinem Ufer, ihm eine andere Seite des Lebens zeigen zu können ...«

Sie fiel mir ins Wort. »Meinen Sie nicht, daß es von einem gestandenen Genossen wie Ihrem Mann ein bißchen viel verlangt ist, sich für solchen, na, drücken wir es einfach aus: Firlefanz zu interessieren?«

Das war deutlich.

Kurt meldete sich zu Wort. »Da muß ich Ihnen völlig recht geben, Frau Vorsitzende, das Kind lernt jetzt erst mal im Kindergarten ordentliche Lieder, es kannte ja früher nur Kirchenlieder und die Musik von der Westreklame aus dem Fernsehen oder Radio. Was meinen Sie, wie lange wir gebraucht haben, meine Freundin und ich, bevor wir der Kleinen beigebracht haben, daß sie nicht Maria-Donata, sondern nur Donata heißt, das ist nämlich auch so eine Sache mit dem Namen.« Die Richterin nickte. Kurt lächelte dümmlich-stolz. Er hatte etwas zu sagen gehabt, und die Obrigkeit hatte ihm zugestimmt.

Mein Anwalt verzog keine Miene.

Kaum war die Sitzung geschlossen, ließ er seinen Unmut an mir aus. »Da haben Sie sich einen Bärendienst erwiesen, meine Liebe, nicht wiedergutzumachen diese Schlappe. Sie reden über Ihre Religion, als sei es das Normalste von der Welt. Haben Sie nicht gemerkt, woher hier der Wind weht? Das ist ein Politikum. Ich habe Sie gewarnt. Ihre Ehrlichkeit wird Sie noch um Kopf und Kragen bringen und um Ihr Kind. Was das angeht, haben Sie sowieso kaum noch eine Chance. Wir können nur hoffen, daß die Richterin Ihre Aussage nicht protokolliert hat, aber wie ich die kenne ... Wenigstens ist noch keine vorläufige Entscheidung über das Sorgerecht gefallen.« Er blickte auf seine Armbanduhr, hatte es eilig.

»Wir haben also beide noch das Sorgerecht für Maria – Schmidt und ich?« fragte ich ihn, wobei ich ihm auf der Treppe nachlaufen mußte.

»Ja, natürlich, die alte Geschichte, aber der wird Sie nicht heranlassen an das Kind. Kommen Sie morgen in meine Kanzlei, wir müssen unsere Strategie besprechen.« Er hatte keine Lust mehr, spürte ich. Jetzt war alles nur nach Routine.

Ich mußte das Kind holen, es ging mir nur noch um das Kind. Keinem, weder Kurt und der Richterin noch den Anwälten oder sonstwem, würde der Gedanke kommen, daß ich jetzt, jetzt in dieser Minute, beschlossen hatte, Maria aus dem Kindergarten nach Hause zu holen. Ich plante den kürzesten Weg. In spätestens fünfzehn Minuten könnte ich im Kindergarten sein, wenn ich mich beeilte.

Außer Atem kam ich dort an, stand im Vorraum und suchte unter den vielen spielenden Kindern meine Tochter. Die Erzieherinnen gerieten außer sich, als sie mich erkannten.

»Verlassen Sie sofort unsere Einrichtung!« schrie die eine und beugte sich über die Kinder wie eine aufgescheuchte Glucke.

»Ihr Mann hat gesagt, wir dürfen Sie nicht an das Kind heranlassen. Und seine Freundin sagt uns das auch immer, wenn sie das Kind bringt.«

Maria rief nach mir, ich stürzte auf sie zu, schloß sie in meine Arme.

Die Leiterin des Kindergartens war herbeigeeilt. »Was erlauben Sie sich, hier einzudringen?« Sie war wütend und zugleich erschrocken.

»Ich bin eine Mutter wie jede andere, habe das Recht, mein Kind jederzeit hier abzuholen.« Ich zog Maria an, sie klammerte sich fest an mich. Ich merkte, daß sie stotterte.

»Seit wann stottert das Kind?« fragte ich die Leiterin, die sich mit verschränkten Armen drohend vor mir aufbaute.

»Schon eine ganze Weile, aber das gibt sich wieder, und wenn nicht, sind Sie daran schuld. Ich werde Ihren Mann informieren, daß Sie das Kind widerrechtlich geholt haben.«

»Tun Sie das, am besten gleich, dann habe ich nicht soviel Vorsprung.«

Fluchtartig verließ ich mit Maria an der Hand den Kindergarten. Wir rannten, ein Stück des Weges trug ich sie, dann rannten wir wieder. Der Weg bis zur Wohnung meiner Mutter kam mir unendlich vor. Wenn wir ein Taxi sahen, versteckten wir uns in Einfahrten und Hausfluren. Wir waren keine zehn Minuten zu Hause bei meiner Mutter, da stand Kurt mit dem Taxi vor der Haustür.

Er machte sich nicht die Mühe, auszusteigen und zu klingeln, er hupte, laut und lange, bis alle Fenster in der Nachbarschaft aufgingen.

»Gib das Kind heraus, sonst komme ich mit der Polizei!« brüllte er. Maria stand hinter mir, hielt sich an meinen Beinen fest und zitterte vor Angst.

Er fuhr erfolglos davon.

Eine Stunde später erschien er mit seinem Freund, dem Parteisekretär. Der wedelte mit einem Schriftstück und rief: »Geben Sie das Kind heraus, wir haben eine einstweilige Verfügung vom Gericht, dem Genossen Schmidt ist vorläufig das alleinige Sorgerecht übertragen worden.«

»Nein!« schrie ich. Sie zogen ab.

Sie würden mit der Polizei wiederkommen, fürchtete ich, aber es passierte nichts.

Maria schlief in meinem Arm ein. Ich fand keine Ruhe. Ich strich ihr über das Haar, befühlte ihre Ärmchen und Händchen, die Ohren.

Ich roch an ihr, küßte sie und deckte sie zu. Ich habe nie wieder in meinem Leben einen solchen Schmerz gespürt. Das war der Abschied.

Bei jedem Auto, das am nächsten Tag vor unserer Haustür hielt, schreckte ich zusammen.

Maria wollte keinen Mittagsschlaf halten.

»Der Vati sagt, ich muß mittags nicht mehr schlafen, die Tanten im Kindergarten wissen das auch.«

»Wie kommt er denn darauf, ein Kind braucht ein, zwei Stunden Ruhe nach dem Essen, das ist gut für die Nerven.«

»Wenn ich mittags schlafe, schlafe ich abends spät ein, und der Papa will seine Ruhe haben ...«

Heftiges Läuten unterbrach unsere Unterhaltung. Ich sah aus dem Fenster. Vor der Haustür stand ein älterer Mann im grauen Anzug und mit dunkler Brille, der ein Schreiben in der Hand hielt.

»Was wollen Sie?« fragte ich.

»Sind Sie Frau Schmidt?«

»Ja.«

»Dann öffnen Sie bitte oder kommen Sie nach unten. Ich bin der Leiter des Referates Jugendhilfe.« Er stellte sich als Jugendfürsorger vor und hielt seinen Dienstausweis hoch. In einem am Straßenrand geparkten Wagen saß Hans Tischer auf dem Beifahrersitz.

Sie waren also da.

»Du wartest hier oben, bis ich wiederkomme«, schärfte ich Maria ein. Ich ging nach unten.

»Was wollen Sie?« fragte ich noch einmal, um Zeit zu gewinnen.

»Lesen Sie«, forderte er mich auf und hielt mir das Schreiben hin.

»Einstweilige Verfügung ...« Mir wurde schwindlig, ich mußte mich gegen den Türrahmen lehnen.

Er nahm mir das Blatt Papier wieder aus der Hand.

»Fakt ist«, sagte er ohne ein Zeichen von Mitgefühl, »daß die Familienkammer des Kreisgerichts entschieden hat, daß das Kind wieder seinem Vater zugeführt wird und ihm bis zur endgültigen Entscheidung das alleinige Sorgerecht zugesprochen ist.«

»Nein, das kann nicht sein«, sagte ich, »das darf nicht sein.« Ich war auf diesen Moment vorbereitet gewesen, aber jetzt war alles grausamer, als ich gedacht hatte.

»Keine Tricks, Frau Schmidt. Holen Sie das Kind, ansonsten schalten wir die Polizei ein. Sie wollen doch sicher, daß Ihr Kind keinen Schaden nimmt?« Dieser Mann übertraf Kurt Schmidt noch an Zynismus. Er übergab mir ein Exemplar der einstweiligen Verfügung. Ich ging wortlos zurück in die Wohnung.

»Wer ist denn gekommen?« fragte Maria neugierig.

Ich zog ihr das Mäntelchen an, kämmte sie noch einmal.

»Gehen wir spazieren?« fragte sie.

Ich nahm sie, drückte sie fest an mich. »Du mußt wieder zurück zu deinem Vater, sie holen dich ab.«

Das Kind schaute mich ungläubig an, wollte etwas sagen, begann wieder zu stottern.

»Bitte, bitte, sag nichts, Maria«, ich hielt ihr meine Hand auf den Mund. »Mama hat dich lieb, sehr lieb, hörst du, das darfst du nie vergessen, versprichst du mir das?«

Maria nickte. Sie blickte ängstlich, verstand nicht, was da vor sich ging. Ich trug sie die Treppe hinunter. Als sie die beiden Männer vor der Haustür sah, begann sie zu schreien und klammerte sich mit aller Kraft an mir fest.

»Lassen Sie das Kind los!« befahl der Fürsorger.

Er griff nach den Kinderhändchen, riß sie von meinen Schultern und packte das Kind, das seine Fingerchen nach mir ausstreckte. Ich rannte hinterher, und für den Bruchteil einer Sekunde berührten sich ein letztes Mal unsere Fingerspitzen.

Sie hatten es eilig, die Autotüren knallten, der Motor heulte auf. Ich sah wie versteinert dem Auto hinterher. Kurt Schmidt, der im Schrittempo mit seinem Taxi an mir vorbeifuhr, bemerkte ich erst, als er durch das heruntergekurbelte Fenster rief: »Na, habe ich dir zuviel versprochen? Gib endlich auf!«

Hinter ihm bog ein Polizeiauto um die Ecke. Es war alles perfekt organisiert.

Oben in der Wohnung stand Marias halbleeres Glas Milch auf dem Küchentisch und ein Blatt Papier, auf dem sie mir mit Kritzeln gezeigt hatte, wie schön sie einmal schreiben würde, wenn sie erst zur Schule ginge. Ich wollte schreien oder wenigstens weinen, ich konnte nicht. Der größte Schmerz ist jenseits aller Tränen.

Ich holte Marias Unterwäsche und die Tabletten, die eiserne Ration. Ich klappte die Couch auf und machte mir mein Bett. Ich schrieb der Mutter einen Brief, daß sie Maria geholt hatten, daß ich müde gewesen sei und mich früh schlafen gelegt hätte. Sie würde ihn finden, wenn sie gegen Abend nach Hause kam und mich schlafen lassen. Da, wo jeden Morgen die Mark lag, da legte ich ihn hin.

Ich schüttete die Tabletten in ein Glas Wasser, rührte mit einem Löffel um und stellte das Glas mitten auf den Tisch. Besah ihn mir von allen Seiten, den Tod, den Erlöser.

Wie oft hatte ich gebetet, wie oft umsonst.

Jetzt würde ich mich ein letztes Mal an den gerechten Gott in seinem Irgendnirgendwo wenden. Ich flehte, so es einen Gott geben sollte, möge er es mir leicht machen. Kein zweites Leben oder gar die Ewigkeit nach dem Tod. Ich wollte nur Ruhe.

Ich malte mir aus, wie meine Mutter mich am nächsten Morgen tot finden würde, mit Marias Unterwäsche auf dem Kopfkissen, das starre Gesicht darin vergraben wie in einem Fetisch. Die Nachbarn würde sie herbeirufen, und das Entsetzen wäre groß.

Das Ticken des Weckers, der schon solange ich denken konnte auf dem Küchenschrank stand, auf dem gestärkten blauweißen Deckchen neben den Holzeierbechern, machte mir Angst. Er zählte meine letzten Stunden.

Ich hatte alles vorbereitet.

Ich durfte keinen Fehler machen, niemand sollte mich vor dem Morgen finden.

Die Tablettenröhrchen! Im Abfalleimer neben dem Herd könnte meine Mutter sie finden und Verdacht schöpfen. Ich mußte noch einmal aus dem Haus. In den Mülltonnen an der Hausecke würde ich sie verstecken, sie tief in den Abfällen vergraben.

Ich rannte die Treppe hinunter.

Als ich wieder nach oben kam, war die Wohnungstür ins Schloß gefallen. Sie hatte von außen einen Knauf, keine Klinke, und ich hatte den Schlüssel vergessen, ihn liegenlassen auf dem Tisch neben dem Brief an meine Mutter und neben dem Glas.

Ich trommelte verzweifelt mit den Fäusten gegen die Tür, daß die Leute im Haus zusammenliefen.

Schließlich öffnete mir der Nachbar mit Zange und Schraubenzieher die Tür, so wie er es in meinen Kindertagen viele Male für mich getan hatte. Ein kaum hörbares Danke war alles, was ich zu sagen vermochte.

Ich saß noch Stunden vor dem Wasserglas, bis ich es endlich in den Ausguß schüttete, den Brief an die Mutter verbrannte.

Ich mußte ein paar Tage allein sein, nachdenken. Ich öffnete niemandem. Meinen Anwalt rief ich von einer Nachbarin aus an. Ich wollte hören, was er zu jener »einstweiligen Verfügung« zu sagen hatte. Er gab sich bedeckt, versicherte mir aber, ebenso erschrocken gewesen zu sein wie ich, als man ihm den Schriftsatz ausgehändigt hatte.

Am nächsten Tag entzog ich ihm das Mandat.

Ich rief Norbert an. Wir vereinbarten, uns nach der Sprechstunde in seiner Praxis zu treffen.

Er war wie immer, küßte mich auf die Wangen und den Hals, flüsterte mir ins Ohr: »Na, hast du es dir endlich anders überlegt?« Ich schob ihn weg.

Die Stimmung war bedrückend. Es gibt nichts Kälteres als eine vergangene Liebe.

»Nein, Norbert, machen wir nicht wieder denselben Fehler. Es geht weder um dich noch um mich, es geht um meine Tochter.«

Ich wußte, was ich wollte.

»Sie haben sie mir wieder weggeholt, wie es aussieht, habe ich wenig Chancen, sie zurückzubekommen. Es sei denn, ich bringe glaubhafte Zeugen. Du mußt mir helfen. Du mußt nicht unbedingt vor Gericht erscheinen. Eine schriftliche Aussage genügt fürs erste.«

Ich setzte alles auf eine Karte.

Norbert betrachtete mich lange, stellte seine Schreibtischlampe so ein, daß sie mir genau ins Gesicht leuchtete.

»Du siehst schlecht aus. Müde. Hast du dich mal gewogen in der letzten Zeit?« Er zog an seiner Zigarette. »Ißt du nicht richtig, oder sind die Nächte in den Studentenbetten zu anstrengend für dich?«

»Diese Art von Eifersucht steht dir nicht, Norbert. Sie ist gewöhnlich.« Ich wollte gehen, er packte mich am Arm, hielt mich fest.

»Schlaf mit mir, dann sprechen wir weiter«, sagte er mit unbewegter Miene. »Alles hat seinen Preis.«

Er begann mich auszuziehen.

Ich ließ es über mich ergehen. Ich würde es für das Kind tun, redete ich mir ein. Früher war es das Ehebett, jetzt eben die Liege eines Arztes. Egal, Hauptsache, er würde für mich aussagen vor Gericht oder mir seine schriftliche Zeugenaussage mitgeben. Nur das zählte.

Wieder angezogen, fragte ich: »Was ist nun, hilfst du mir?«

Er sagte lächelnd: »Nein.«

Ich begann zu zittern. Alles umsonst.

Er legte mir einen grauen Schnellhefter vor.

»Was soll ich damit?«

»Das ist deine Krankenakte.«

»Ich war außer wegen meiner Farballergie nie Patientin bei dir!«

»Was meinst du, wie lange ich an dieser Akte gesessen habe? Du bist nach diesen Unterlagen eine Patientin für mich wie jede andere. In deine Scheidung lass' ich mich nicht hineinziehen, jetzt nicht mehr. Wenn du dir die Sache mit Anthal noch einmal überlegen würdest, wäre alles vergessen und verziehen, und diese Krankenakte würde es nie geben.«

»Ach, sie waren also auch bei dir?« Ich wollte Gewißheit.

»Wen meinst du? Die Jugendhilfe oder die Stasi?«

Mir war zum Heulen.

»Beide, meine Schöne, beide.« Norbert badete in meiner Angst.

»Was hast du gesagt?«

»Bis jetzt noch nichts. Unser Chefarzt ist alt, er wird sich bald zur Ruhe setzen. Ich habe eine reelle Chance, seinen Posten zu übernehmen. Da muß man wissen, wo man steht. Kein Platz für Sentimentalität, verstehst du.«

»Und wenn ich deine Patientin gewesen wäre, du hättest nicht das Recht, über mich Auskunft zu geben. Bevor du das tun dürftest, müßte ich dich von deiner ärztlichen Schweigepflicht entbinden. Weißt du das nicht selbst?«

Ich war bis aufs Blut gereizt.

Er lächelte nur amüsiert. »Ärztliche Schweigepflicht, was heißt das schon. Wenn die Stasi mitmischt, treten alle anderen Gesetze außer Kraft. Das müßtest du doch am besten wissen, du hast doch schon Erfahrungen damit.«

»Ich muß tatsächlich verrückt sein«, sagte ich. »Wie konnte ich hierherkommen und dich um Hilfe bitten.«

Ich ging; das beklemmende Gefühl, ausgeliefert zu sein, erstickte mich fast.

Es hatte Stipendien gegeben, und die Freunde luden mich in den Bierkeller ein. Für ein paar Stunden alles vergessen. Ungezwungene Gespräche. Lachen. Wie sehr ich mich danach sehnte.

An diesem Abend lernte ich Andreas näher kennen.

»Geht mal allein, ich habe noch zu arbeiten«, hatte er geantwortet, als er aufgefordert wurde, sich anzuschließen, und geschäftig kleine beschriebene Karteikarten sortiert.

»Er sammelt Sprüche«, flüsterte mir ein Kommilitone von Andreas zu, sichtlich erheitert.

»Willst du nicht doch mitkommen?« fragte ich in der Hoffnung, er würde sich umstimmen lassen.

Ich setzte mich zu ihm. Die anderen winkten uns zu und riefen: »Ihr wißt ja, wo wir sind, wir halten zwei Plätze frei.«

Andreas nahm seine starke Brille ab und rieb sich die Augen.

Seine Zurückhaltung gefiel mir. Ich kannte ihn nur mit zu kurzen, verwaschenen Jeans und zippligen Strickjacken. Er machte wenig von sich her.

»Liest du mir einen deiner Sprüche vor?« bat ich den Unnahbaren zaghaft, wollte ihn aus der Reserve locken.

Er schob mir seine Kartei zu, sagte: »Lies selbst, such dir was aus.«

Es war ihm unangenehm, mit mir allein zu sein, das spürte ich. Ich zog eine Karte und las laut vor: »Gott hat die Frau nicht aus des Mannes Kopf geschaffen, daß er ihr befehle, noch aus seinen Füßen, daß sie seine Sklavin sei, sondern aus seiner Seite, daß sie seinem Herzen nahe sei. Aus dem Jüdischen Talmud.«

Ich war wie verzaubert. Er erinnerte mich an Marcus, ich glaubte, ihn wiedergefunden zu haben.

»Diese Worte sind wunderschön, Andreas.« Ich war beeindruckt und verlegen.

Er lächelte und sagte dann unvermittelt: »Dir geht's dreckig, stimmt's? Tut mir leid. Böse Geschichte, das mit deinem Kind.«

Die Wirklichkeit war wieder da, ich wandte mein Gesicht zum Fenster und starrte hinaus.

»Und wie soll's weitergehen?« fragte er behutsam.

»Weiß ich nicht.«

Wir saßen lange beieinander.

Wenn ich noch einmal einem Mann vertrauen könnte, dann ihm, dachte ich.

Wir erzählten uns unsere Lebensgeschichten, scheuten uns nicht, die heimlichsten Lebenspläne voreinander auszubreiten. Und sie ähnelten sich. Von nun an waren wir unzertrennlich. Wir stapften durch die verschneiten Straßen, kugelten uns im Schnee, balgten uns ausgelassen wie Kinder.

»Ich liebe dich«, sagte Andreas zu mir, umarmte mich, und ich war froh. Er nahm mir eine Maske nach der anderen vom Gesicht, bei ihm konnte ich ich selbst sein und wurde geliebt, nicht besessen. Wir beschlossen, gleich nach der Scheidung zu heiraten.

Andreas' Eltern wollten mich kennenlernen und hatten mich über die Feiertage eingeladen. Ich war glücklich, Andreas hatte recht: Es würde alles gut werden.

Bevor ich verreiste, das erste Mal in meinem Leben, mußte ich Kurt Schmidt sprechen. Am Taxistand würde ich ihn treffen.

Ich wartete Stunden, stellte mich neben die anderen Fahrgäste. Als er endlich mit seinem Taxi einparkte, drängelte ich mich vor.

Er kurbelte das Fenster herunter, griente spöttisch: »Wo soll's denn hingehen?«

»Es ist bald Weihnachten, ich möchte Maria sehen.«

»Das kannst du vergessen.«

Darauf war ich gefaßt.

»Womit kann ich ihr denn eine Freude machen, ich möchte, daß sie weiß, daß ich an sie denke«, bettelte ich.

Kurt kurbelte die Scheibe hoch, brüllte mich an: »Steck dir deinen Kram in den Arsch!«

Das erste Weihnachtsfest ohne mein Kind und ohne meine Mutter. Ich war neugierig auf Andreas' Eltern und auf seinen Heimatort, ein kleines Oderstädtchen. Er führte mich in ein altes, aber sehr gepflegtes Einfamilienhaus mit einer gediegenen Inneneinrichtung. Messingkronleuchter, Ledercouch, Samtkissen, schwere Teppiche. Hier wohnten feine Leute, das sah man sofort.

Andreas' Vater war Fleischermeister von Beruf und stammte auch aus einer renommierten Fleischerfamilie, die nach dem Krieg enteignet worden war.

Fleischer hatte ich mir immer dick, mit feistem Gesicht und grobschlächtig vorgestellt. Er war das ganze Gegenteil. Ein vornehmer älterer Herr mit fast weißen Haaren und freundlicher Ausstrahlung. Er redete nicht viel, war immer mit irgendeiner Arbeit beschäftigt. Am liebsten kochte er. Zur Begrüßung gab es Gänsebraten mit Rotkohl. Wir waren uns auf den ersten Blick sympathisch.

Andreas' wenig ältere Schwester Annedor, Lehrerin in einem anhaltinischen Provinzstädtchen, war zur gleichen Zeit mit ihrem achtjährigen Sohn angekommen. Das strohblonde Kind beherrschte das Feld ebenso wie seine Mutter, die ununterbrochen redete.

»Sie liegt seit kurzem in Scheidung, das verkraftet sie nicht«, sagte Andreas bedauernd.

Dann wurde ich von der Mutter begrüßt, herzlich, wie mir schien. Nach dem Essen reichte der Vater Sekt.

»Jetzt ist plaudern angesagt«, flüsterte Andreas mir ins Ohr. Und da fragte seine Mutter auch schon geradezu: »Sie leben auch in Scheidung, hat Andreas uns erzählt?«

»Ja«, sagte ich beklommen und blickte hilfesuchend Andreas an. Er nahm meine Hand.

»Andreas hat uns erzählt, daß er Sie heiraten will. Deshalb haben wir Sie eingeladen, um Sie kennenzulernen.« Sie ließ, wie ihre Tochter, niemanden zu Wort kommen.

Der Vater hatte inzwischen den Fernseher eingeschaltet und sich auf die Couch gelegt. Es dauerte nicht lange, und er schnarchte.

»Wissen Sie, mein Mann und ich, wir haben viel in unsere Kinder investiert, unser Leben lang für sie gearbeitet, damit etwas aus ihnen wird. Da haben wir ja auch das Recht, mitzureden, wenn es um etwas so Wichtiges wie Heiraten geht. Oder sind Sie schwanger?«

»Nein«, sagte ich, versuchte Haltung zu bewahren. Andreas schenkte mir noch ein Glas ein. Wir tauschten Blicke.

»Wenn Sie mit Ihrem Ehemann ein Haus gebaut haben, steht Ihnen doch die Hälfte zu. Wieviel ist es denn wert? Haben Sie einen Anwalt? Vermögensverhältnisse müssen immer klar sein.«

Ich trank den lauwarmen Sekt und wünschte mir, sie würde endlich schweigen.

Die zukünftige Schwiegermutter mochte mich nicht, das war offensichtlich. Sie ließ nicht nach.

»Was machen Ihre Eltern eigentlich? Sie sind ein sehr dunkler Typ, davon hatte uns Andreas gar nichts erzählt.«

Annedor, die ihren Sohn zu Bett gebracht hatte, setzte sich zu uns und wollte sich an dem Verhör beteiligen. »Ich hab' da auch ein paar Fragen ...«

Ich stand auf, sagte: »Ich bin müde von der langen Bahnfahrt, wir können morgen weiterreden.« Ich wollte keine Rechenschaft ablegen, nicht ihr und schon gar nicht über mein Kind, das wäre die nächste Wunde gewesen, die sie aufgerissen hätte.

Andreas brachte mich in sein Zimmer unterm Dach.

»Was hat deine Mutter gegen mich?« fragte ich enttäuscht.

Andreas seufzte und sagte: »Das hatte ich befürchtet. Ich hätte dich vorwarnen müssen, das wäre fairer gewesen, aber dann wärst du bestimmt nicht mitgekommen. Und meiner Mutter hätte ich mehr Anstand zugetraut.

Seit ein paar Monaten ist sie auf der Suche nach der ›richtigen‹ Frau für mich. Immer wieder fängt sie damit an, auch wenn mein Vater schimpft und sie für verrückt erklärt. Bekannte von uns haben eine Autowerkstatt und eine Tochter. Die ist jetzt neunzehn. Blond und dick, tut, als ob sie nicht bis drei zählen kann, aber es könnte sein, die tut nicht nur so. Vor kurzem hat die Mutter die ganze Familie hierher eingeladen, mir eingeschärft, nett zu dem Mädchen zu sein.

Geld kommt zu Geld, hat sie gesagt, das wären schon immer die glücklichsten Ehen gewesen.«

Jetzt war mir alles klar. Ich hätte nicht eindringen dürfen in diese verstaubte, geldregierte Bürgerlichkeit.

Ich war erleichtert, als ich mich nach den Feiertagen von Andreas' Familie verabschieden konnte. Wieder zu Hause, führte mich mein erster Weg zum Amt für Arbeit, wohin mich Andreas begleitete. Eine Stelle als Sekretärin in einem VEB bot man mir an. Mein Vater hatte mich als junges Mädchen zu einem Schreibmaschinenkursus der Volkshochschule geschickt, damit ich ihm die Geschäftspost tippen konnte, das war jetzt mein einziges Kapital.

Vom Hauptbahnhof fuhr ich morgens um sechs mit dem Bus eine Dreiviertelstunde, der Betrieb befand sich in einem entlegenen Dörfchen. Ich war die Sekretärin des Chefs, eines bulligen, rotbäckigen Mannes um die Fünfzig.

Als ich ihm die ersten drei Briefe an seinen Schreibtisch zum Unterschreiben vorlegte, erzählte er mir, daß er aus Neuenfeld stammte wie Kurt Schmidt und daß er meinen Schwiegervater gut kannte. Er registrierte genau, wie erschrocken ich war. »Ich weiß, daß Sie es jetzt schwer haben, Sie kämpfen um Ihr Kind, um Ihren Anteil am Haus. Sie könnten es viel einfacher haben.« Er griff mit seiner dicken Hand nach meinem Bein. Er schwitzte vor Erregung. »Auf einen mehr oder weniger kommt es doch jetzt bei Ihnen auch nicht mehr an?«

Ich schlug ihm den Ordner ins Gesicht, packte meine Sachen und lief zur nächsten Bushaltestelle.

Danach vermittelte mir das Arbeitsamt keine Stelle mehr.

Die Ehe mit Kurt Schmidt wurde im Februar 1981 geschieden.

Ich wußte, wie es kommen würde, hatte eine Unheilsahnung in mir. Man muß einen Gedanken, der einem angst macht, nur lange genug denken, dann verliert er seine Schrecken. Ich lebte schon zu lange mit dieser Angst, kannte alle ihre Gesichter und war auf alles gefaßt, glaubte ich.

Kurt gab sich vor Gericht gelassen, plauderte und scherzte mit seiner Anwältin. Die Richterin, die schon die erste Verhandlung geleitet und die einstweilige Verfügung über das einstweilige Erziehungsrecht verfaßt hatte, und die beiden Schöffen zu ihrer rechten und linken Seite machten auf mich den Eindruck, als wollten sie sich schnell einer unliebsamen Pflicht entledigen.

Ich saß allein da, hinter mir Andreas. Ich ließ alles über mich ergehen. Kein Aufbäumen hätte jetzt mehr genützt, und wenn doch, ich hätte die Kraft dazu nicht mehr gehabt. »Stehen Sie auf, Verklagte!« herrschte die Richterin mich an, »ich verlese das Urteil.

Im Namen des Volkes:

… die Ehe der Prozeßparteien wird geschieden.

… das Sorgerecht für das Kind Maria-Donata wird dem Kläger übertragen.

… die Verklagte wird verurteilt, ab Rechtskraft der Entscheidung an dem erziehungsberechtigten Kläger für das Kind bis zur Vollendung des zwölften Lebensjahres einen monatlichen Unterhaltsbetrag von achtzig Mark, für die Zeit danach bis zur wirtschaftlichen Selbständigkeit einen solchen von fünfundneunzig Mark jeweils monatlich im voraus zu zahlen.

... die Kosten des Rechtsstreites haben der Kläger zu zwei Dritteln und die Verklagte zu einem Drittel zu tragen.

Begründung:

Dem Antrag beider Parteien, die Ehe zu scheiden, mußte stattgegeben werden. Nachdem die ersten Jahre der Ehe harmonisch verlaufen waren, gab es in zunehmendem Maße Streit, weil die Verklagte keine Arbeit aufnahm. Das machte sich vor allen Dingen zu der Zeit bemerkbar, als die Prozeßparteien den Bau eines Eigenheimes begannen hatten und Geld notwendig gebraucht wurde.

Weiterhin war der Kläger darüber verärgert, daß die Verklagte nicht beim Bau mithalf, obgleich sie von der Zeit her durchaus in der Lage dazu gewesen wäre.

Auch verhielt sich die Verklagte mißtrauisch, weil sie der Meinung war, daß der Kläger während der Ehe des öfteren Beziehungen zu anderen Frauen aufnahm.

Im Sommer 1980 hatte sich die Krise verschärft und konnte nicht mehr überwunden werden, zumal der Kläger zu dieser Zeit ein intimes Verhältnis zu Fräulein Elke Hoffmann aufnahm, mit der er jetzt im neuen Haus wohnt und die er nach erfolgter Ehescheidung heiraten will.

Auch die Verklagte hat seit einigen Wochen anderweitige Partnerbeziehungen, will ihre Heimatstadt verlassen.

Beide Prozeßparteien hatten das Erziehungsrecht für das eheliche Kind für sich beantragt.

In Übereinstimmung mit dem Vorschlag des Referates Jugendhilfe wurde dem Kläger das Erziehungsrecht übertragen.

Seit August 1980 wohnt das Kind beim Vater und wird von dem gut betreut und gepflegt. Es besucht regelmäßig den Kindergarten. Die Verklagte hat sich während dieser ganzen Zeit nur zweimal um das Kind gekümmert.

Nach dem ersten Termin vor Gericht hat sie das Kind geholt, mußte es aber aufgrund der einstweiligen Verfügung wieder zum Vater geben. Vorher hatte sie schon einmal versucht, das Kind zu sich zu holen.

Weder zum Nikolaus noch zu Weihnachten hat sie dem Kind ein Geschenk gemacht.

Eine Bindung mit dem Kind besteht nicht mehr, denn ein vierjähriges Kind vergißt Bezugspersonen, die sich längere Zeit nicht um das Kind bemühen. Außerdem hat die Verklagte keine Arbeit aufgenommen und somit keine Voraussetzung geschaffen, das Kind zu unterhalten. Sie wäre seit August in der Lage gewesen zu arbeiten, denn seit dieser Zeit hat ausschließlich der Kläger das Kind betreut.

Aus allen diesen Gründen sah die Kammer keine Möglichkeit, der Verklagten das Erziehungsrecht zu übertragen.

Die Verklagte hatte mit einem VEB ein Arbeitsrechtsverhältnis begründet. Dort hat sie einen Tag gearbeitet. Das Arbeitsrechtsverhältnis wurde wieder gelöst. Nach der Auskunft des Betriebes hätte die Verklagte ein monatliches Nettoeinkommen in Höhe von fünfhundertundvierunddreißig Mark erzielt. Wenn man davon ausgeht, daß der Betrieb Jahresendprämie zahlt, übersteigt das Einkommen fünfhundertundfünfzig Mark, so daß ein Nettoeinkommen von sechshundert Mark der Unterhaltsfestsetzung zugrunde gelegt wurde.

Es kann nicht zu Lasten des Kindes gehen, wenn die Verklagte nicht arbeitet, obgleich sie arbeitsfähig ist.«

»Und mein Kind, wann kann ich mein Kind wiedersehen?«

»Darüber entscheidet der Erziehungsberechtigte.

Die Verhandlung ist geschlossen.«

Ich saß da wie hypnotisiert, hörte Andreas von ganz weit weg sagen: »Komm, wir müssen hier raus, komm, steh auf«, und fand mich dann wieder auf der Couch im Wohnzimmer meiner Mutter.

Meine Mutter weinte. »Andreas hat dich auf seinen Armen heimgetragen, den ganzen langen Weg. Als er dich brachte, dachte ich, du wärst tot.«

Ich saß tagelang apathisch da, ohne ein Wort zu sagen. Als es mir besser ging, bestand Andreas darauf, mich zu seinen Eltern zu bringen.

Sie nahmen mich auf, nicht herzlich, aber sie gaben mir das Gefühl, ein Zuhause zu haben.

Ich bewarb mich als Schwester im städtischen Krankenhaus, bekam eine Stelle in einer Inneren Abteilung, arbeitete wie besessen, betäubte mich mit Arbeit. Wie hätte ich anders vergessen können?

Eines Tages überraschte Andreas' Vater mich mit der Mitteilung: »Ich habe einen Termin beim Rechtsanwalt für dich.«

Selten hatte es jemand so gut mit mir gemeint.

Er fuhr mich zur Anwaltskanzlei. »Der Köditz ist der Beste und der Teuerste«, sagte er und schickte mich beruhigt in die Ungewißheit.

Der Anwalt, ein älterer Herr im Nadelstreifenanzug, schüttelte, vertieft in die Unterlagen, immer wieder den Kopf. »Daß an unseren Gerichten gemauschelt wird, ist nichts Neues, aber solch eine Schweinerei ist mir noch nicht untergekommen. Kassation ist das einzige, was uns weiterbringt.«

Ich konnte es gar nicht glauben, ich sollte zu meinem Recht kommen.

»Nun weinen Sie mal nicht«, sagte er väterlich, »Sie werden Ihr Kind wiederbekommen, das verspreche ich Ihnen. Übermorgen habe ich den Schriftsatz fertig, dann ziehen wir alle Register, und der Kampf kann beginnen.« Er schenkte mir ein ermunterndes Lächeln.

Draußen fiel ich Andreas' Vater um den Hals. »Ich bekomme mein Kind wieder, hat der Anwalt gesagt!«

Ich brauchte nichts mehr als diese Hoffnung, um glücklich zu sein.

Andreas' Mutter nahm die gute Nachricht mit kühler Gelassenheit auf.

Andreas kam immer erst am Freitag nachmittag nach Hause. Wie sollte ich es aushalten bis dahin? In meiner Phantasie sah ich Maria schon im Garten spielen.

Tags darauf stritten sich Andreas' Eltern, es ging um mich. »Ich hatte andere Pläne mit Andreas«, schimpfte die Mutter. »Und wenn du ehrlich bist, du auch«, fuhr sie ihren Mann an, der erwiderte: »Nun laß es doch mal gut sein, Leni, der Junge hat sich seine Frau selbst ausgesucht ...«

Am Freitagmorgen wieselte Andreas' Mutter hektisch in der Küche herum, als ich mich zum Frühstück an den Tisch setzte, es genoß, Zeit zu haben, weil ich zum Spätdienst eingeteilt war und mich auf das Wochenende mit Andreas freute.

»Wir müssen mit dir reden«, sagte sie unvermittelt. Der Vater hatte sich hinter seiner Zeitung verkrochen. »Wir sind zu dem Entschluß gekommen, daß du nicht zu uns paßt. Wir möchten, daß du gehst, und das noch heute.«

Ich blickte hilfesuchend zu Andreas' Vater, der hinter seiner Zeitung jedoch so tat, als hätte er nichts gehört.

Die Mutter spann ihren Faden weiter. »Die Frau für unseren Sohn haben wir uns ganz anders vorgestellt, auf jeden Fall nicht so wie du, eine Dahergelaufene, die nichts hat außer ihrem flotten Mittelstück und nichts ist. Die uns womöglich noch die ganzen Krankheiten aus dem Krankenhaus nach Hause schleppt und ihr Kind, das uns nichts angeht. Unser Junge hat sich verblenden lassen, jawohl, von einer, die auf Männerfang aus ist, die sich ins gemachte Nest setzen will und ihm sein Leben verbaut.«

Hätte der Vater nicht plötzlich hinter seiner Zeitung geschrien: »Halt endlich dein Maul!«, hätte sie noch weitergeredet.

Ich stand auf, konnte kaum gehen vor Schreck. Ich begann meine Sachen zu packen. Es gab nichts mehr zu sagen.

Andreas holte mich nach Dienstschluß vom Krankenhaus ab.

»Ich schäme mich«, sagte er, »wenn du wüßtest, wie ich mich schäme für meine Eltern.«

»Für deinen Vater mußt du dich nicht schämen, der darf nicht anders.«

»Gerade deshalb schäme ich mich für ihn, weil er ein Waschlappen ist. Wer meine Mutter ist, habe ich schon immer gewußt. Da, wo jedem anderen Menschen das Herz schlägt, hat sie eine Registrierkasse in der Brust.« Andreas war außer sich. »Sie weiß ganz genau, was für dich auf dem Spiel steht, wenn du hier weggehst, jetzt, wo du einen guten Anwalt und eine

Arbeit hast. Ein Eßzimmer will sie sich einrichten, hat sie mir vorhin erzählt. Davon hätte sie schon immer geträumt. Mein Zimmer soll meins bleiben. Das Zimmer daneben soll ihr neues Schlafzimmer werden. Für ein Kind sei kein Platz im Haus, hat sie gesagt.«

Unser Zug ging am nächsten Morgen. Im Krankenhaus sagte ich Bescheid, daß ich nicht mehr kommen könnte, die schriftlichen Formalitäten nachreichen würde. Dem Anwalt hatte ich eine Nachricht in den Briefkasten gesteckt und meiner Mutter ein Telegramm geschickt, um sie auf meine Heimkehr vorzubereiten.

Die letzten Worte von Andreas' Mutter: »Wenn du jetzt mitgehst, Andreas, brauchst du dich hier nicht mehr sehenzulassen! Diese Frau ist eine Schande für unsere kleine, angesehene Familie!« werde ich nicht vergessen können. Eine Mutter gab ihr Kind her, einfach so, eine mir ganz und gar unbegreifliche Entscheidung, die mich schaudern ließ.

Bei meiner Mutter konnte ich wieder unterkriechen. Der Anwalt schrieb mir, daß er mich aufgrund der großen Entfernung nicht mehr vertreten könnte, die Kassation aber bereits eingereicht hätte.

Untergebracht in einem Schwesternwohnheim, arbeitete ich in Erfurt an der größten thüringischen Frauenklinik. Ich pflegte Frauen, die an Unterleibskrebs erkrankt waren.

»Sie können diesen Beruf nicht mehr ausüben«, sagte der Orthopäde, bei dem ich wegen quälender Rückenschmerzen in Behandlung war. »Sehen Sie sich mal die Röntgenaufnahme an! Sie sind nicht mal fünfundzwanzig und haben die Wirbelsäule einer Fünfzigjährigen. Eigentlich müßte man Sie invalidisieren. Haben Sie denn so schwer arbeiten müssen?«

»Ich war Heizer und Hausmeister.« Der Arzt sah mich ungläubig an. Ich erzählte ihm von Maria, von der Kassation des Urteils, auf die ich jeden Tag warte-te. Er schrieb mir ein Attest.

»Das können Sie vorlegen, einen solchen Wirbelsäulenschaden bekommt man nicht vom Nichtstun. Die können auch ein ausführliches Gutachten von mir haben.«

Andreas und ich heirateten im Juni 1981, ohne seine Familie.

Einen Monat später kam die Bestätigung des Antrages meines Anwaltes auf Kassation der Sorgerechtsentscheidung. Andreas mußte sie mir vorlesen, ich war vor Aufregung nicht fähig, auch nur einen Buchstaben zu erkennen.

Das Urteil des Kreisgerichtes wird zu Ziffer zwei bis vier aufgehoben. Andreas erklärte mir, daß dadurch die Scheidung rechtskräftig bliebe, aber die Sorgerechts- und Unterhaltsentscheidung aufgehoben würde.

Er las weiter vor:

Die getroffene Sorgerechtsentscheidung verletzt das Gesetz.

Die Familienkammer hat insbesondere versäumt, die für die Erziehungsrechtsentscheidung erheblichen Tatsachen ausreichend aufzuklären und wahrheitsgemäß festzustellen. Die Verfahrensbearbeitung erfolgte im vorliegenden Falle nicht mit der für Erziehungsrechtsentscheidungen gebotenen Verantwortung …

Aufgrund der ungenügenden Sachverhaltsaufklärung bzw. der unrichtigen rechtlichen Beurteilung war deshalb die genannte Entscheidung gemäß dem Kassationsantrag des Direktors des Bezirksgerichtes in Übereinstimmung mit der Auffassung des Vertreters des Staatsanwaltes des Bezirkes aufzuheben und inso-

weit zur erneuten Verhandlung an das Kreisgericht zurückzuweisen ...

Ich faßte wieder Mut. Als Büroangestellte in einem Großbetrieb, der Labortechnik herstellte, verdiente ich unseren Lebensunterhalt. Wir wohnten noch immer beengt bei meiner Mutter, aber der Kaderleiter des Betriebes versprach mir hoch und heilig eine Neubauwohnung.

Und ich fieberte dem neuen Gerichtstermin entgegen. Andreas begleitete mich zum Referat Jugendhilfe, wo wir vom Leiter des Referates empfangen wurden. Wir erkannten uns sofort wieder. Er war es, der mir das Kind aus den Armen gerissen hatte.

»Worum geht es?« fragte er sachlich. Meine Gegenwart war ihm fraglos unangenehm.

»Die Sorgerechtsentscheidung, die meinem geschiedenen Mann das alleinige Sorgerecht für unsere Tochter Maria-Donata übertragen hat, ist durch eine Kassation aufgehoben worden. Es wird eine Neuverhandlung geben. Bis ein neues Urteil vorliegt, bin ich ebenso wie mein geschiedener Mann erziehungsberechtigt.«

»Davon wissen wir nichts. Und außerdem, was soll das jetzt heißen?«

»Ich will mein Kind wiederhaben, auf jeden Fall will ich es sehen.«

»Damit kommen Sie nicht durch, an der Meinung unseres Referates hat sich nichts geändert. Wir werden jederzeit denselben Vorschlag zur Sorgerechtsentscheidung machen. Überlegen Sie doch mal: Wo kommen Sie überhaupt her, und was haben Sie schon geleistet in Ihrem Leben im Gegensatz zu Ihrem geschiedenen Mann?«

Andreas griff unter dem Tisch nach meiner Hand und drückte sie, was heißen sollte: Bleibe ruhig.

Ein paar Tage später erhielt ich ein Schreiben vom Referat Jugendhilfe: ... *aufgrund Ihrer persönlichen Vorsprache fand mit Herrn Kurt Schmidt ein umfangreiches Gespräch statt, um eine Einigung hinsichtlich des Umgangs mit Ihrem Kind herbeizuführen. Von Herrn Schmidt wurde der Umgang abgelehnt ... Er legte uns das Schreiben einer Psychologin vor, worin bestätigt wird, daß Maria-Donata ein emotional sehr leicht ansprechbares und sensibles Kind ist und es nicht ratsam ist, es erneut in die Zwistigkeiten der Eltern hineinzuziehen, bevor diese nicht zu einer eindeutigen Klärung gelangt sind ... Wir sehen uns außerstande, in der gegenwärtigen Situation auf eine Einigung hinsichtlich des Umgangs Einfluß zu nehmen ...*

Mein neuer Anwalt unterschied sich von den anderen lediglich durch sein relativ jugendliches Alter von Mitte Dreißig.

»Ja, ich bin selbstverständlich bereit, Ihre Vertretung zu übernehmen, aber einfach wird es nicht werden – die Sorgerechtsangelegenheit von der Sache her schon mal nicht –, und in Ihrem Fall kommt noch der politische Aspekt hinzu. Verstehen Sie mich richtig: Kassationen sind immer heiße Eisen, ich will Ihnen keine falschen Hoffnungen machen.

Wenn die Verfahrensbearbeitung an das Kreisgericht zurückverwiesen wird, wird dieselbe Richterin die Neuverhandlung führen. Die wird natürlich alles daransetzen, zu beweisen, daß sie keinen Fehler gemacht hat, und das kommende Urteil wird nicht anders ausfallen als das kassierte. Nicht Sie haben mit der Kassation eine Chance bekommen, sondern die Richterin.«

Der Termin zur Neuverhandlung der Sorgerechtsentscheidung stand fest, dieselbe Richterin hatte den Vorsitz.

Ich konnte keinen klaren Gedanken mehr fassen, seit das Telegramm meines Anwaltes eingetroffen war. Er sei an diesem Tag außerhalb, das Gericht habe ihm zu spät den Termin mitgeteilt, so daß er seine anderen Verpflichtungen nicht rechtzeitig darauf habe abstimmen können. Aber seine Urlaubsvertretung würde meine Interessen wahrnehmen, teilte er mir mit.

Der Gerichtstermin. Zeugen, die ich angegeben hatte, die Zeugnis ablegen wollten, daß ich mein Kind liebevoll erzogen und Tag und Nacht gearbeitet hatte, waren nicht geladen worden. Einige hatten mir ihre schriftlichen Aussagen mitgegeben.

Kurt Schmidt führte sein Gefolge vor: die Psychologin und die Logopädin, bei denen mein Kind in Behandlung war, Kurts Freundin und sein Parteisekretär natürlich, ein Kollege von Kurt, der vor Jahren einen Ausreiseantrag in die BRD gestellt hatte und der sich nun, vermutete ich, gegen mich benutzen lassen würde, nur um endlich rauszukommen. Ich erkannte die Nachbarin, deren Häuschen gegenüber von unserem lag, und den Fahrer, der mir immer Koks und Kohle für die Heizung geliefert hatte. Da waren sein Vater und, ich glaubte meinen Augen nicht zu trauen, der Betriebsleiter, dessen Sekretärin ich einen Tag lang war. Die würden mir nichts schenken, das war mir klar, denen war nichts zu schäbig.

Ich saß mit Andreas und meiner Mutter verloren auf den Klappstühlen am anderen Ende des Ganges.

Die Gesellschaft war vollzählig bis auf die Urlaubsvertretung meines Anwalts. Aber die kam und kam nicht.

Die Richterin drängte: »Wir müssen jetzt mit der Verhandlung beginnen, sonst geraten wir in Zeitverzug, die Zeugen fallen schließlich aus dem Arbeitsprozeß aus, fehlen in ihrem Kollektiv.«

Die Verhandlung wurde eröffnet.

Ich legte dem Gericht mehrere schriftliche Zeugenaussagen vor.

... Hiermit bezeuge ich, daß Frau Schmidt stets ihren mütterlichen Pflichten nachkam ...

... Das Kind machte auf mich stets einen gepflegten und ordentlichen Eindruck ...

... Ich habe gesehen, wie Frau Schmidt die Heizungsanlage bediente, ich sah sie auch Wasser mit Eimern aus dem überschwemmten Keller schöpfen ...

... Ich kenne das Kind Maria-Donata von Geburt an. Als es seine Großmutter während des Eigenheimbaues der Familie des öfteren betreute, da seine Mutter auf der Baustelle arbeitete und mit der Versorgung der Bauarbeiter mit Essen beschäftigt war, habe ich es näher kennengelernt ...

Mein Abteilungsleiter hatte mir eine Beurteilung geschrieben, wie sie nicht besser hätte sein können. Auch die legte ich vor, aber ich wußte, daß ich bereits verloren hatte.

Drei Stunden dauerte das Spektakel.

Kurts Vater sagte aus, er und seine Frau Ursula hätten jedes Wochenende das Essen für die Handwerker gekocht. Wenn sie selbst einmal verhindert waren, habe die Versorgung eine Gaststätte übernommen, der Objektleiter und der Koch würden das bezeugen.

Die Nachbarin von gegenüber gab zu Protokoll, daß sie mich nie auf der Baustelle gesehen hätte.

Die Mitarbeiterin der Jugendhilfe meinte geringschätzig:

»Daß diese Frau in einer anderen Welt lebt, habe ich gleich bei unserem ersten Gespräch gemerkt, sie ist keine sozialistische Persönlichkeit. Außerdem spricht das Kind, wenn es seine Mutter meint, nur von einer

Undine, hingegen nennt das Kind die Freundin des Vaters Mutti.«

Kurts Parteisekretär behauptete, daß Maria schon immer ein engeres Verhältnis zu ihrem Vater, dem Genossen Schmidt, hatte, er müsse das schließlich wissen, er sei bei uns aus und ein gegangen. Die Hausmeisterstelle habe der Genosse Schmidt ausgefüllt, und das neben seiner Arbeit als Taxifahrer. Mein Name habe lediglich auf dem Arbeitsvertrag gestanden.

Die Logopädin sagte aus, daß Maria ein eingeschüchtertes Wesen sei, daß sich bei jeder Behandlung ängstlich hinter Stühlen oder dem Vater verkriechen würde.

Von da an hörte ich nicht mehr hin. Ich wünschte nur noch, daß es bald vorbei sein würde.

Sie rissen mir das Herz aus der Brust, sie zogen mir die Haut ab bei lebendigem Leib.

Das Urteil, das erneut dem Vater das Sorgerecht zusprach, war vorhersehbar. Und dennoch, ich war zu Tode erschrocken.

»Wollen Sie gegen das Urteil Berufung einlegen?« fragte die Richterin gleichmütig.

»Ja«, sagte ich, selbst erstaunt, daß ich überhaupt noch handlungsfähig war. Sie lächelte daraufhin mitleidig.

Ich schrieb an Kurts erste Frau. Bat sie um Hilfe. Sie bot mir an, mir ihre Scheidungsakten zur Verfügung zu stellen.

Es dauerte wiederum Monate, bis die Verhandlung vor dem Bezirksgericht stattfand, dieses Mal begleitete mich mein Anwalt.

Es ging mir nicht gut, die Ärzte hatten Bronchialasthma festgestellt. Die Erstickungsanfälle machten mir zu schaffen. Vor dem Bezirksgericht lief alles ab wie vordem. Es wurden nur Kurt Schmidts Zeugen gehört.

Kurt Schmidt wurde auch in der zweiten Instanz das Sorgerecht zugesprochen.

»Du wirst das Kind nie wiedersehen, dafür sorge ich!« rief er mir, in Begleitung seiner Anwältin, beim Verlassen des Gerichtsgebäudes triumphierend zu.

Das Oberste Gericht der DDR schrieb mir auf meine Beschwerde zur Erziehungsrechtsregelung: *... für die Beurteilung der erzieherischen Fähigkeit der Eltern ist deren Vorbildwirkung ein wichtiger Umstand ... deren Verhalten in der Gesellschaft.*

Ausgehend davon, ergaben sich in Ihrer Ehesache eine Reihe von Umständen, die für die Übertragung des Erziehungsrechtes auf Sie, aber auch eine Reihe von wichtigen Faktoren, die für die Übertragung des Erziehungsrechtes auf den Kläger sprachen.

Wenn das Kreis- und das Bezirksgericht in Übereinstimmung mit den mehrmaligen Vorschlägen des Referates Jugendhilfe nach umfangreicher gründlicher Beweisaufnahme letztlich den für den Kläger entsprechenden Umständen die entscheidendere Bedeutung zugemessen haben, kann darin keine Verletzung des Rechts gesehen werden.

Der Kläger, der im Schichtbetrieb und als Abgeordneter, als Mitglied der Parteileitung seines Betriebes und als Gewerkschaftsfunktionär in der Gesellschaft eine gute und anerkennenswerte Arbeit leistet und damit ein vorbildliches Verhalten zeigt, hat seit nunmehr August 1980 bewiesen, daß er sehr gut in der Lage ist, das gemeinsame Kind verantwortungsbewußt und ordnungsgemäß zu erziehen ...

Ich verlor durch eine Fehlgeburt mein zweites Kind.

Der Arzt meinte lakonisch: »Sowas kann vorkommen. Ansonsten ist bei Ihnen alles in bester Ordnung. Gut, Ihr Becken ist sehr schmal, aber Sie können noch zwölf Kinder haben, wenn Sie wollen.«

Ich verlor mein drittes.

»Da wird gesoffen und gehurt«, wollten die Leute gesehen haben und meinten Kurt Schmidts Haus. Meine Mutter kam jeden Abend mit Neuigkeiten aus dem Kaufhaus nach Hause. »Und wenn das Kind nicht spurt, bekommt es eine Tracht Prügel, erzählt man sich.«

Ich schrieb wieder eine Eingabe an das Referat Jugendhilfe, bekam zur Anwort: ... *Im Ergebnis der eingeleiteten Untersuchungen können wir Ihnen jetzt mitteilen, daß wir die Ihnen zugegangenen Informationen in keiner Weise bestätigt fanden. Es gab keine Anzeichen dafür, daß Donata zu Hause lieblos behandelt wurde. Auch zwischen der Sprachstörung des Kindes und dem familiären Klima ist keinerlei Zusammenhang festzustellen.*

Kurt Schmidt heiratete Elke Hoffmann.

Maria wurde in ein Heim für sprachgestörte Kinder aufgenommen, das erfuhr ich von den Nachbarn. Weder Kurt noch das Jugendamt hatten mich informiert.

Die Mitarbeiter des Referates Jugendhilfe verweigerten mir eine Auskunft. Wenn ich anrief, legte man sofort auf, erschien ich zur Sprechzeit, wurde ich nicht vorgelassen. Durch den Pförtner ließ man mir ausrichten: Der Fall sei erledigt, es gäbe nichts mehr zu besprechen.

Kurt hatte vor Gericht versprochen, mir zwei goldene Ringe, der eine mit einer Koralle, der andere mit einem Karneol, Geschenke meines Vaters zu Geburtstagen, zurückzugeben – was er nicht tat. Von einer Bekannten war mir ein Anwalt empfohlen worden, ein Fuchs in Vermögensfragen, wie sie sagte.

Ich suchte ihn auf, wir waren uns von Anfang an sympathisch.

»Dem leuchten wir heim«, sagte er, »Ihrem Geschiedenen, der wird sich umgucken!« Ich hatte den Eindruck, er war zu allem entschlossen. Und er hatte Spaß daran.

»Ihr kleines Mädchen sehen Sie nicht wieder, da mache ich Ihnen keine Hoffnung, so bitter das auch für Sie sein mag. Eine Effi Briest haben die aus Ihnen gemacht. Kennen Sie das Buch von Fontane?«

»Ja«, sagte ich, »eines unterscheidet mich immerhin von seiner Heldin: Ich werde nicht an Schwindsucht zugrunde gehen.« Ich wollte ihm Stärke zeigen, die ich nicht hatte.

Er las weiter in meinen Akten. »Aber wie es aussieht, werde ich dafür sorgen können, daß Sie wenigstens einen Anteil von dem zurückbekommen, was Sie erarbeitet haben. Das ist alles, was ich für Sie tun kann. Meine Herrn Kollegen haben sich nicht gerade ein Bein ausgerissen. Die Sache war denen wohl zu heiß. Na ja, was soll's, wollen alle noch Karriere machen, muß man auch verstehen. Und heutzutage muß man noch vorsichtiger sein als Anwalt als im Dritten Reich. Mein Vater war auch Anwalt, erinnere mich daran, wie er mittags vom Gericht kam und bei Tisch erzählte, wie er sich hatte winden müssen, um für seine Mandantin ein Minimum an Recht herauszuschinden. Mein Vater hatte damals eine Jüdin vertreten – in ähnlicher Sache, verheiratet war sie mit einem Arier, einem Volksgenossen, ... heute nennen sie sich ja nur noch Genossen. Na ja, wir wollen die Toten ruhen lassen. Und nun«, sagte er, nachdem er sich einige Notizen gemacht hatte, »nun erkläre ich Ihnen meine Strategie.« Kurt Schmidt war nicht bereit, auch nur ein Stück unseres gemeinsamen Haushaltes an mich herauszugeben. Er habe nichts, auch meinen Schmuck nicht, den habe er mir längst gegeben, und außerdem habe er das Kind, da gehöre ihm sowieso alles. Das ließ er durch seine Anwältin mitteilen, die offenbar nicht müde wurde, weiter für ihn zu arbeiten.

Vom Gericht, vertreten durch dieselbe Richterin, die mir das Sorgerecht abgesprochen hatte, wurde mir aufgetragen, jeden Gegenstand, der sich zum Zeitpunkt der Trennung im ehelichen Haushalt befunden hatte, unter laufender Nummer schriftlich aufzulisten.

Ich saß Tage und Nächte.

Der Krieg hatte wieder begonnen, die Schützengräben wurden neu ausgehoben. Ich wollte eigentlich nur meine beiden Ringe, wegen der Erinnerung. Mein Anwalt wollte mehr. Er sagte: »Dem schenken wir nichts, wer die Musik bestellt, soll sie auch bezahlen.«

Dasselbe Gericht, dieselbe Richterin – der Alptraum begann von neuem. Kurt Schmidt hatte Narrenfreiheit. Kurt Schmidt war Polizist.

Er beschwerte sich vor Gericht: Es sei ein Skandal, daß ich von ihm Haushaltsgegenstände verlangte, die würden schließlich in erster Linie dem Kind im Alltag fehlen. Und er behauptete, ich hätte das Geld während der Ehe mit vollen Händen aus dem Fenster geworfen.

»Das Geld will ich zurück!« brüllte er.

Mein Anwalt schlug nach mehr als zehn Verhandlungen eine Summe von dreitausend Mark für mich heraus, von Kurt Schmidt in zehn Monatsraten an mich zu zahlen, so hatte es das Gericht beschlossen, damit ihm die Zahlungen nicht allzu schwerfielen.

Kurt behielt das Haus. Nach insgesamt dreißig Gerichtsterminen war der Spuk vorbei.

Andreas schrieb seine Diplomarbeit. Eine Absolventenstelle als Ingenieur in Berlin war ihm sicher. Wir würden also nach Berlin ziehen. Berlin war für mich gleichbedeutend mit dem anderen Ende der Welt. Und mich quälten die Gedanken an Maria.

Bei einem letzten Treffen mit meinem Anwalt sagte der verschwörerisch: »Hören Sie gut zu: Sie treten in die LDPD ein, tun so, als ob Sie von irgend jemandem geworben worden sind; die lassen sich leicht finden, die Mitläufer, die zu feige sind, zur SED nein zu sagen, und berechnend genug, um in einer Blockpartei mitzumachen. Diese Mitgliedschaft schützt Sie, man wird zu einer Art Exot, man ist gleichermaßen dagegen und dafür. Da kann einem nichts passieren. Und was das Wichtigste ist: Die LDPD ist die Partei der Juristen, der Justizminister der DDR ist LDPD-Mitglied. Wenn Sie es schaffen, in diese Chargen einzudringen, könnten Sie Ihr Kind vielleicht wiedersehen, vielleicht, das ist Ihre letzte Chance.«

Andreas sagte: »Du mußt wissen, was du tust, was du willst. Verdenken kann man es dir nicht.«

Ich wollte mein Kind wiederhaben, wenigstens wiedersehen, einmal nur, es streicheln, es an mich drücken, ihm einen Kuß schenken und einen zurückbekommen, vielleicht. Ich wurde Mitglied der LDPD.

In Berlin erwartete uns eine verwohnte Neubauwohnung im siebenten Stockwerk eines Hochhauses. Zwei Zimmer ohne Balkon, Küche und Bad ohne

Fenster. Dafür sahen wir direkt auf den Fernsehturm, der Straßenverkehr vor dem Haus ließ uns nachts nicht schlafen.

Berlin und ich, so kam es mir vor, waren Schwestern. Beide zerrissen. Trotzdem nicht unterzukriegen, und für die, die uns schwärmerisch betrachteten, waren wir sogar schön. Wir renovierten selbst, mußten Geld sparen. Andreas kam an einem Nachmittag merkwürdig still und nachdenklich in unsere Wohnung zurück, nachdem er die alten Tapeten in den Müllcontainer gebracht hatte.

»Was ist?« fragte ich besorgt.

Er hatte sich auf einen unserer Umzugskartons gesetzt, die Brille abgenommen und sich die Augen gerieben, als sei er müde.

»Ich bin eben mit einer Hausbewohnerin, einer älteren Frau, im Fahrstuhl gefahren. Sie war sehr aufgeschlossen. Weißt du, was sie mir erzählt hat? Richtig an sich herangezogen hat sie mich und mir ins Ohr geflüstert: ›Ihr Nachbar zur Linken ist persönlicher Referent eines Politbüromitglieds. Die Frau über Ihnen, die den ganzen Tag dilettantisch Klavier spielt, ist Sängerin in einem Musikensemble der Staatssicherheit. Und die, die das Hausbuch verwalten, da ist er Offizier bei der Staatssicherheit, und sie arbeitet dort in der Verwaltung. Im sechsten Stock, direkt unter Ihnen, wohnt ein Polizist, seine Frau ist den ganzen Tag zu Hause, die beobachtet uns alle. Und dann ist da noch der von der Versicherung, der alle vier Wochen kassieren kommt, da müssen Sie aufpassen, was Sie sagen.‹«

Die Angst hatte mich wieder. Das war kein Neuanfang, lediglich der Schauplatz hatte gewechselt. Es sollte alles weitergehen: das Mißtrauen, die Angst, die Angst, die erstickende Angst.

»Ich habe sie gefragt, warum sie so offen darüber redet«, fuhr Andreas fort. »Sie sagte, sie würde im nächsten Monat zu ihrer Tochter in die Bundesrepublik ausreisen, es stünde schon alles fest.«

Die alte Dame zog ein paar Wochen später tatsächlich weg. Wir mußten bleiben. Wenigstens hatte sie uns ihre Warnung hinterlassen.

Aber was nützt dem Ertrinkenden die Warnung vor dem tiefen Wasser, was dem Verdurstenden der Hinweis, daß die Wüste trocken ist.

Ich schlief schlecht. Manchmal mußte mich Andreas nachts wachrütteln, das Licht anmachen. Ich hatte im Schlaf geschrien, war schweißnaß. Ich träumte immer wieder diesen Traum, erst jetzt, wo ich weg war von zu Hause. Ich träumte, wie sie mir das Kind fortgeholt hatten, träumte es wieder, immer wieder.

Ich wurde zu einem Gespräch ins Stadtbezirkssekretariat der LDPD eingeladen. Als ich anklingen ließ, daß ich Arbeit suchte, verwies man mich an den Bezirksvorstand.

»Sie können sofort bei uns arbeiten«, sagte der Personalchef, »wir suchen händeringend eine zweite Sekretärin für den Bezirksvorsitzenden. Bewerberinnen hatten wir schon mehrere, aber für uns kommt nur eine Parteifreundin in Frage.« Ich bat mir Bedenkzeit aus.

Andreas war skeptisch, sagte: »Hoffentlich machst du keinen Fehler.«

Die Charité hatte mir auf meine Bewerbung hin eine Stelle als Hilfsschwester im OP-Trakt angeboten und mir ein Schwesternexamen in Aussicht gestellt.

Ich war unschlüssig, welches der beiden Angebote ich annehmen sollte.

Mir kamen die Worte meines Anwaltes in den Sinn, was er mir über die Blockpartei, die »Partei der Juristen«, gesagt hatte.

Ich hielt unerschütterlich an der Hoffnung fest, mein Kind wiederzusehen. Ja, ich würde Maria wiedersehen, eines Tages, bestimmt.

Ich unterschrieb den Arbeitsvertrag als Sekretärin.

Eineinhalb Stunden war ich morgens und abends mit der Straßenbahn und der U-Bahn unterwegs. Eine Arbeit, die man nicht liebt, hinter der man nicht steht, zermürbt auf die Dauer. Aber warum beklagte ich mich eigentlich? Ich war doch dort, wo ich hinwollte. Ich verdiente gut, gehörte, wie ein Kollege, der als »politischer Mitarbeiter« seinen Tag mit Zeitunglesen verbrachte, am Kantinentisch gern zum besten gab, zu einer elitären Gruppe.

Daß wir so elitär denn doch nicht waren, wurde selbst ihm bewußt, wenn der Parteivorsitzende mit seinem Hofstaat die Kantine betrat, immer zur gleichen Zeit, worauf das Fußvolk den Raum diskret zu verlassen hatte. Das war ein ungeschriebenes Gesetz.

Ich lernte den persönlichen Referenten des Ministers für Justiz kennen, einen jungenhaft wirkenden Mann mit feinem Benehmen. Er war der Studienfreund meines bei den anderen Sekretärinnen unbeliebten Chefs. Er sei hölzern, ein nüchterner Karrierist, meinten sie. Mir war das gleich. Er hatte Verbindungen zum Justizministerium, das war alles, was für mich zählte. Als er mich wieder einmal fragte, ob ich mich eingelebt hätte, faßte ich Mut. Es war ein riskantes Unterfangen; es gab zwei Möglichkeiten: Entweder die Stasi würde mich nach diesem Gespräch abholen, oder ich würde jemanden aus dem Justizministerium meine Geschichte vortragen können.

Er machte für mich ein paar Tage später einen Termin bei seinem Freund. Ich glaubte mich am Ziel.

Nachdem ich dem Referenten meine Akten übergeben und ein kurzes Gespräch mit ihm hatte, wartete ich drei Tage auf Antwort von ihm. Er ließ mich ein zweites Mal in sein Büro kommen. Er wirkte unsicher, verlegen.

»Raffiniert gemacht, die ganze Geschichte«, sagte er. »Ihr geschiedener Mann ist von allen Seiten hochgehalten worden... Rechtlich sehe ich keine Chance für Sie. Ihr Kind bekommen Sie nicht wieder.« Er reichte mir meine Akten zurück und drückte mir mit beiden Händen die Hand.

»Fühlen Sie sich nicht minderwertig, auch wenn man Ihnen das Gefühl gegeben hat. Sie sind keine schlechte Mutter gewesen, das dürfen Sie sich nicht einreden. Sie sind über ein Politikum gestolpert, das hätte jedem passieren können. Versuchen Sie einen neuen Anfang. Ich wünsche Ihnen alles Gute. Geben Sie den Kampf um das Kind auf!

Aufgeben ist heutzutage eher ein Zeichen von Stärke als von Schwäche.«

Am Abend mußte Andreas den Notarzt rufen. Ich war zusammengebrochen.

Ich kündigte und trat aus der Partei aus.

Die Stelle in der Charité war längst vergeben. In einem anderen großen Berliner Krankenhaus wurde mir Arbeit als Sekretärin bei einem Hals-Nasen-Ohrenarzt angeboten.

»Wir nehmen Sie«, sagte die Kaderleiterin, eine alte Dame, spontan zu mir. Sie musterte mich ebenso mitleidig wie feindselig, ehe sie fragte: »Haben Sie einen Ausreiseantrag gestellt?«

»Nein«, sagte ich, suchte mich zu beherrschen, das Herz pochte laut in meinen Ohren.

»Wieso fragen Sie das?« Ich tat mutig.

»Nun«, sagte sie, »solche wie Sie haben erfahrungsgemäß immer einen Antrag gestellt.«

»Was heißt das – solche wie ich, was ist mit mir?« Ich tat ahnungslos, wollte es von ihr hören.

Sie antwortete mit einer Gegenfrage: »Was ist mit Ihrem Kind?«

Sie wußte also alles. Jetzt mußte ich vorsichtig sein.

»Woher wissen Sie das mit meinem Kind?« fragte ich, ohne an Konsequenzen zu denken.

Sie lächelte. »In einer Kaderakte steht alles über einen Menschen. Kaderakten sind der Spiegel der Persönlichkeit. Allein anhand dieser Unterlagen können wir feststellen, wer für uns geeignet ist und wer nicht. Die politische Situation gebietet es, auch auf Kleinigkeiten im Verhalten der Persönlichkeit einzugehen. Gerade hier in Berlin, wo der Klassenfeind direkt vor der Tür sitzt. Da muß man schon aufpassen. Aber die sozialistische Gesellschaft ist großzügig. Wir geben jedem Halt, wenn er nur will. Auch Sie bekommen von uns eine Chance, sich zu bewähren. Es ist nie zu spät, Lebensfehler zu korrigieren. Irren ist schließlich menschlich.« Sie setzte ein gewinnendes Lächeln auf.

Ich sagte: »Nein danke.«

Ich blieb arbeitslos.

Ich ging jeden Sonntag zur Messe in die katholische Kirche, Andreas begleitete mich. Die Kirche war für mich eine Zuflucht. Dort fühlte ich mich gut aufgehoben, nicht mehr bedroht. Da holte ich mir die Hoffnung, die vage, infantile – daß alles gut wird, wenn nicht in diesem Leben, dann anderswo. Wie leicht man sich zum Narren macht! Aber es tat gut.

Im Kirchenvorraum hingen an einer großen Wandtafel meist handschriftliche Inserate der Gemeindemitglieder: Wohnungsgesuche, Zimmerangebote, Todesanzeigen, Adressen von kranken alten Menschen, die niemanden mehr hatten auf dieser Welt, die auf einen Besuch warteten, im Krankenhaus oder zu Hause.

Dazwischen fand ich eine Anzeige des Caritas-Verbandes. Eine Klinik für Neurologie und Psychiatrie der Katholischen Kirche in Berlin suchte Pflegepersonal.

Ich bewarb mich.

Andreas sagte: »Weißt du eigentlich, worauf du dich da einläßt?«

»Ja«, erwiderte ich, »jeder Mensch braucht einen guten Schatten, gerade psychisch Kranke.« Ich ließ seine Zweifel nicht zu. Ich wollte ein anderes Leben für mich, andere Werte, andere Blickwinkel.

»Warum suchst du dir immer das Schwerste aus? Ich versteh' dich nicht«, hatte Andreas morgens gesagt, als ich mich für das Einstellungsgespräch vorbereitete, mir die Haare hochsteckte und mein schwarzes Kostüm aus dem Schrank holte.

»Weil ich mit dem Leichten nicht zufrieden bin«, gab ich ihm zur Antwort, worauf er seine Tasche nahm und zur Arbeit hetzte.

Ich mußte ein paar Stationen mit der Straßenbahn fahren. Das Krankenhaus, ein roter, mehrgeschossiger Backsteinbau, lag versteckt neben einem Friedhof in einer Straßennische.

Es war Spätsommer. Die Patienten machten ihren Spaziergang im Garten, der wie ein Park angelegt war, vorbei an den Rosenbeeten und den weißgestrichenen Parkbänken. Dazwischen sah man gelegentlich einen Pfleger oder eine Schwester im weißen Kittel. Es herrschte Ruhe, eine ausgeglichene Besinnlichkeit und Harmonie, nichts deutete auf Wahnsinn hin.

Die Oberin, eine Nonne, erwartete mich bereits. Sie war herzlich. Ihr schwarzes Nonnengewand umrahmte ein volles, mädchenhaftes Gesicht, auf dem die vierzig Jahre ihres Lebens kaum Spuren hinterlassen hatten.

»Sie haben sich entschieden, bei uns zu arbeiten?«

»Ja«, sagte ich überzeugt.

Sie nickte. »Wir freuen uns, wenn junge Christen zu uns kommen. Sie wissen hoffentlich, was Sie erwartet? Um hier bei uns zu arbeiten, bedarf es Kraft und Liebe zu den Menschen.«

Sie beobachtete mich, wartete auf meine Antwort.

»Ich habe beides«, sagte ich.

»Gut.« Sie lächelte, wie eine Nonne eben lächelt. Mild und barmherzig. »Sie werden auf unserer neurologischen Station arbeiten, vorerst im Früh- und Spätdienst. Ich beabsichtige allerdings, Sie auf einer psychiatrischen Station einzusetzen. Dann auch im Nachtdienst. Wir werden sehen, ich muß erst wissen, wie Sie mit den Belastungen fertig werden.«

Ich bekam meine Schwesternuniform: weiße Hose mit weißem, hochgeschlossenem Kittel.

»Größe?« fragte mich die Leiterin der Wäschekammer herrisch, eine alte, verbiesterte Frau mit einem Zentimetermaß um den Hals und einem Nadelkissen am Handgelenk.

»Achtunddreißig bis vierzig«, antwortete ich ebenso schroff.

»Na«, sagte sie, während sie mich prüfend ansah, »eine halbe Person wie Sie wird es schwer haben. Ich gebe Ihnen die Kittel lieber eine Nummer größer. Was meinen Sie, wenn Sie mit den Irren raufen müssen, da brauchen Sie Bewegungsfreiheit.« Sie lachte.

»Und hier«, sie zeigte auf einen ausgebreiteten Kittel, »hier oben, da wo das Herz ist, sticken Sie mit rotem Baumwollfaden Ihren Vornamen. Wie heißen Sie eigentlich?«

»Undine.«

»Schöner Name. Eine Deutsche sind Sie aber nicht?«

Ich dachte nach, dachte an meinen Vater. Merkwürdig, wie man in solchen Situationen eingeholt wird von der Vergangenheit und den eigenen Gefühlen. Er hatte einmal zu mir gesagt, als es darum ging, ob er oder ich deutsch seien oder nicht: Ein Pferd, das in einem Kuhstall geboren wird, ist noch lange keine Kuh.

»Nein«, sagte ich, spürte eine gewisse Erleichterung. Es war das erste Mal, daß ich mich zu mir selbst bekannt hatte. Ich hatte das Gefühl, es hier zu dürfen.

Aus Briefen an meine Mutter:

Meine liebe Mama, Du kannst Dir nicht vorstellen, wie glücklich ich bin!

Ein katholisches Krankenhaus hat mich als Schwester eingestellt. Von nun an werde ich Menschen pflegen, die von Hirntumoren, Multipler Sklerose oder Geisteskrankheiten geplagt sind.

Es wird schwer werden, aber ich will es wagen.

Meine Kolleginnen sind nett, Mama.

Schwester Lisa gefällt mir am besten von allen. Wir haben uns neulich lange über Literatur unterhalten. Sie war früher Kinderkrankenschwester und weiß viel über Krankenpflege. Wenn ich mit ihr Dienst habe, erklärt sie mir alles, zeigt mir, wie man spritzt. Nicht alle sind wie Lisa. Wir sind zwölf Schwestern und ein Pfleger auf der Station. Ich bin die Jüngste. Du darfst dir jetzt kein falsches Bild machen. Nicht eine Nonne arbeitet als Krankenschwester. Wenn auch die Röntgenabteilung und die Physiotherapie oder die Wäscherei von Nonnen geleitet werden – die Arbeit bleibt uns weltlichen Schwestern vorbehalten. »Freie Schwestern« werden wir hier genannt …

Fünfundvierzig Patienten haben wir auf unserer Station. Fünfundvierzig Schicksale. Im Spätdienst sind wir nur zu zweit. Wenn Infusionen laufen oder ein Tumorpatient nach seiner Morphiumspritze schreit, ist es kaum zu schaffen. Und dann immer noch ein gutes Wort haben, das ist schwer. Noch schwerer fällt es, die Fassung zu behalten, wenn ein Patient stirbt. Mama, ich sterbe jedesmal mit … Danach verkrieche ich mich auf der Toilette und weine oder gehe runter in die Kapelle und bete.

Weinen möchte ich jeden Tag. Mama. Diese Menschen erleiden Unmenschliches unter ihrer Krankheit. Trotz allem fühlen sie sich geborgen, das merkt man ihnen an. Sie legen ihre Hände vertrauensvoll in die der Schwestern, und Patienten, die nie gläubig waren, haben hier angefangen zu beten.

Unser Krankenhaus ist eine Insel der Barmherzigkeit, und ich darf hier arbeiten. Wie stolz ich bin, kannst du dir denken, Mama – und wie erschüttert! …

Lisa hat mir gezeigt, wie man manuell ausräumt. Das klingt nach Handwerk, nicht wahr?

Wir haben einen Patienten, der an Multipler Sklerose leidet und außer seinem Kopf nichts mehr bewegen kann. Er hat einen Dauerkatheder, weil er selbst seinen Harnfluß nicht mehr beeinflussen kann. Genauso ist es mit seinem Stuhlgang. Jeden Abend, wenn wir die Patienten für die Nacht vorbereiten, sie waschen, spritzen und betten, ziehe ich mir einen hauchdünnen Gummihandschuh über die rechte Hand, wie ihn Chirurgen bei ihrer Arbeit benutzen, reibe die Hand dünn mit Öl ein.

Ich drehe den Körper des Kranken zur rechten Seite, fahre vorsichtig mit Zeigefinger und Mittelfinger in den After und hole den Kot heraus.

Wenn es vorbei ist, atmet er erleichtert tief durch.

Neulich hat er mich angelächelt, und ich streichelte ihn im Gesicht mit meiner linken, sauberen Hand. Mir und ihm kamen zur gleichen Zeit die Tränen. Ich glaube Gott nie wieder so nah sein zu können wie in diesem Moment. Ich fühlte ihn neben mir stehen. Es war wunderbar.

Ich werde zum katholischen Glauben konvertieren, Mama. Du wirst es mir bestimmt übelnehmen, weil Du die Katholiken nicht magst. Aber ich liebe meinen Gott auf ihre Weise, ich bin eine Katholikin. Du wirst mich nicht verstehen, mir vielleicht sogar böse sein, wenn ich Dir jetzt schreibe, daß ich meinen Vornamen ändern werde. Ich habe lange nachgedacht. Viel gelesen über die Heiligen, deren Namen man annehmen könnte. Ich wollte einen Namen mit religiöser und weltlicher Bedeutung. Ich habe mich für Scholastika entschieden. Sie war die Schwester des heiligen Benedikt. Und Scholastika heißt aus dem Lateinischen übersetzt: die Schülerin. Dieser Name paßt wie kein anderer zu mir, wo mir das Leben soviel beigebracht hat und vielleicht noch beibringen wird.

Hast du mein Kind gesehen? Schreibe mir bald …

… Wenn ich doch nur vergessen könnte, Mama, wenn ich sie nur aus meinem Kopf bekäme, die Erinnerung an Maria. Verstehst Du, daß ich mich mit Arbeit betäube? Ich hatte siebzehn Spätdienste hintereinander, die Alpträume kamen wieder und das Asthma.

Schreib mir bald, kauf mir eine Ansichtskarte von unserem Städtchen, damit ich mich hinträumen kann, wohin ich mich sehne …

… schön, daß Du zum Jahreswechsel und zu meinem Geburtstag kommst.

Wenn ich Dich nur schon hier hätte!

Weihnachten wird dieses Jahr ein trauriges Fest werden.

Ich habe mich über alle Tage für den Spätdienst eintragen lassen. Wir haben einen Patienten, der keine Angehörigen hat. Mit ihm werde ich Weihnachten verbringen. Er ist genauso alt wie ich. Siebenundzwanzig. Eingewiesen wurde er mit einem akuten Ischias. Es hat sich herausgestellt, daß er Lungenkrebs hat, Metastasen in den Nieren, im Rückenmark und im Hirn. Ich muß bei ihm sein, will bei ihm sein, bei seinem letzten Weihnachten. Ich habe eine Kerze gekauft und Kalbsbrühe gekocht, mit Eierstich und Gemüse, das hat er sich gewünscht.

Neulich hat er mich nach Gott gefragt. Er könnte ihn nicht finden, auch wenn über jeder Tür der Krankenzimmer ein Kruzifix hängt, als Beweis dafür, daß er allgegenwärtig sei. Ich habe ihm gesagt: »Man kann Gott nur in sich selbst finden.« Da lächelte er mich an und sagte: »Wenn ich mehr Zeit hätte, würde ich mich auf die Suche nach ihm machen.« …

… Ostern ist er eingeschlafen, der Patient, mit dem ich Weihnachten verbracht habe. Gott war nicht gnädig, er hat ihn einen schweren Tod sterben lassen.

Andreas Eltern hatten uns zu Ostern eingeladen. Andreas war dort, ich mußte ihm lange gut zureden. Ich mag sie noch nicht sehen, vielleicht wird es irgendwann, aber ich glaube nicht, Du weißt, ich bin nachtragend.

Geld haben sie dem Sohn mitgegeben, wir sollen uns etwas kaufen. Andreas sagte: »Es war wie immer. Ich bekam Geld statt Liebe.«

Was machen die Menschen eigentlich aus ihrem Leben? Da haben Eltern einen gesunden, gut geratenen Sohn und können nichts mit ihm anfangen …

… Psychiatrie ist ein hartes Brot.

Dienstag und Donnerstag wird bei uns »geschockt«. Bevor die Behandlung beginnt, bekommen die Patienten Atropin gespritzt. Auf einer Trage bringen wir sie in einen separaten Raum. Sie schlafen nach einer weiteren Spritze schnell ein. Dann werden ihnen von Schläfe zu Schläfe Stromstöße versetzt. Ihre Körper krampfen sich zusammen, so daß man sie festhalten muß, alle Muskeln zucken. Das nennen die Psychiater Elektroheilkrampf, es soll das wirkungsvollste Mittel gegen Psychosen wie Schizophrenie sein.

Wenn die Patienten nach einer Weile aufwachen, sind sie merkwürdig heiter und gelöst. Ich bin es nicht. Aber weißt Du, manchmal denke ich, daß ich gerade an diese Stelle gestellt bin, hat seinen Sinn. Wenn man das ganz große Elend sieht, erscheint einem das eigene viel kleiner, und man faßt wieder Mut, das habe ich in diesem Krankenhaus gelernt …

Deine Undine

Einmal in der Woche hatte ich einen Brief von der Mutter im Briefkasten. In der Entfernung war sie mir näher als jemals früher. Sie fand in ihren Briefen zärtliche Worte, die sie sonst nie zu mir gesagt hätte, wie: »… ich habe Sehnsucht nach Dir …« oder »… ich habe zu spät bemerkt, daß Du ein besonderes Kind bist. Es tut mir leid …«

»Die Oberin möchte dich sofort sprechen«, sagte Schwester Lisa, als ich nach zwei freien Tagen wieder auf die Station kam.

»Wieso denn das, habe ich einen Fehler gemacht?« fragte ich beunruhigt.

Lisa dämpfte ihre Stimme: »Es geht um Pfleger Martin. Du sollst gesagt haben, daß er schwul ist.«

Das Büro der Oberin lag im Parterre. Sie erwartete mich schon, bot mir mit ernster Miene Platz auf der Couch ihr gegenüber an. Auf dem Tisch stand eine betende Madonna aus Holz, an den Wänden hingen Heiligenbilder und Kruzifixe, dazwischen eine gerahmte Fotografie des Papstes.

»Schwester Undine, ich habe mich auf ein langes Gespräch mit Ihnen vorbereitet«, sagte sie streng. »Es ist viel angefallen, wir hätten vielleicht schon früher miteinander sprechen sollen.«

Ich wartete ab, sagte nichts, zerfusselte statt dessen vor Aufregung das Zellstofftaschentuch in der Tasche meines Kittels.

Die Oberin stand auf, ging zum Fenster. Ihre Gewänder raschelten.

»Also, Schwester Undine, fachlich sind wir außerordentlich zufrieden mit Ihnen. Sie hätten das Zeug, einmal eine Station in unserem Haus zu leiten, wenn Sie Ihre Ausbildung abgeschlossen haben. Aber in anderen Dingen muß ich Sie korrigieren und strengstens verwarnen.«

Sie nahm von ihrem Schreibtisch ein beschriebenes Blatt Papier, setzte sich wieder zu mir und begann vorzulesen. Mein Sündenregister war lang.

»Sie haben intensive Kontakte mit Pflegern von anderen Stationen, zum Beispiel mit Pfleger Martin, hat mir Schwester Marie berichtet. Stimmt das?«

»Ja.«

»Sie wissen doch hoffentlich, daß er im nächsten Jahr ein Theologiestudium beginnt?«

»Ja.«

»Und wie kommen Sie dann dazu, einer Schwesternschülerin zu erzählen, Pfleger Martin sei homosexuell?« Die Oberin war aufgebracht. Das Blut war ihr ins Gesicht geschossen. Sie ließ mich nicht zu Wort kommen. »Homosexualität ist eine krankhafte Entartung und bedarf einer Behandlung. Ein Homosexueller hat in einem heiligen Amt, wie es die Berufung des Pfarrers ist, nichts zu suchen!«

Ich beobachtete die Nonne, wie sie sich ereiferte, wie sie nichts gelten ließ als allein ihre moralisch perfekte Wunschvorstellung von einem asexuellen Geistlichen. Einen Moment lang war ich sogar geneigt zu lächeln. Was ich ihr zu sagen hatte sollte keine Rechtfertigung sein. Ich wollte sie zum Nachdenken bringen.

»Darf ich jetzt auch etwas sagen?« fragte ich.

Sie nickte, steckte ihre Hände in die weiten Ärmel ihres schwarzen Gewandes, halbherzig bereit, mir zuzuhören.

»Ich hatte viele Gespräche mit Pfleger Martin. Er kämpft mit sich. Er will Pfarrer werden, leidet unter dem Konflikt, daß es womöglich nicht geht. Weil er homosexuell ist, weil die Kirche Homosexuelle ablehnt. Ich habe ihm bei einem Therapeuten einen Termin besorgt, selbst hatte er nicht den Mut dazu. Vielleicht lernt er dort, mit seinen Problemen umzugehen. Er war schon dreimal dort. Jedesmal danach sagte er mir, daß er sich immer sicherer fühle. Was stört Sie eigentlich an einem homosexuellen Pfarrer? Das ist kein Thema für mich. Wichtig ist für mich, wie ein Seelsorger auf mich eingeht, wie er mich versteht und wie nahe er bei Gott ist. Da frage ich doch nicht, ob er hetero- oder homosexuell ist. Das ist mir völlig egal. Und was die Schwesternschülerin angeht: Sie kam zu mir, weil sie sich mit ihren Problemen zu niemanden sonst gewagt hätte in diesem christlichen Haus. Sie hat sich in einen der Ordensbrüder verliebt. Ich habe ihr lediglich gesagt, daß es auch Beziehungen zwischen Mann und Frau ohne sexuelle Kontakte geben kann. Als Beispiel nannte ich meine Beziehung zu einem Homosexuellen. Was der Tratsch daraus gemacht hat, kann ich nur ahnen.«

Ich fühlte mich im Recht und überlegen.

»Glauben Sie, daß Sie über den Dingen stehen, Schwester Undine? Wollen Sie absichtlich unsere Ordnung durcheinanderbringen? Mit Ihrer Einstellung zum Katholizismus sollten Sie besser nicht konvertieren. Ich habe Pfleger Martin gefragt, ob es stimmt, was Sie über ihn verbreitet haben. Er hat alles bestritten, die Vorwürfe entschieden von sich gewiesen.«

Feigling, verdammter Feigling, dachte ich. Mich läßt du über die Klinge springen und machst die klerikale Verteufelung der Homosexuellen mit. Wenn du dich bekannt hättest, wärst du zwar deinen Studienplatz los, aber wenigstens wärst du dir treu geblieben. Ich stand auf, wollte gehen. War ernüchtert.

»Das war noch nicht alles, Schwester, was ich mit Ihnen besprechen wollte. Setzen Sie sich ruhig wieder. Schwester Bettina kam kürzlich sehr beunruhigt zu mir. Sie macht sich Sorgen um Sie.« Die Nonne schenkte mir ein mildes, gewinnendes Lächeln.

»Wieso denn das?« fragte ich erstaunt.

»Bruder Ludger würde Sie, wenn Sie Spätdienst haben, häufig auf der Station besuchen. Sie würden sich dann ausgiebig miteinander unterhalten. Sie hat auch beobachtet, wie er seine Hand auf die Ihre legte.«

»Ist das denn verboten?« Ich tat ahnungslos. Ich wußte, daß die jungen Mönche, die im Postulat lebten, kurz vor ihrem ersten Gelübde keinen solchen Kontakt haben durften. Aber es hatte mich immer wieder wahnsinnig gereizt, mit diesem Mann zu sprechen. Er war früher Ballettänzer, schwebte noch heute in seiner Mönchskutte über die Gänge wie nicht von dieser Welt. Mit niemandem konnte ich mich so wunderbar über Kunst austauschen wie mit ihm. Manchmal schloß er abends die große Tür auf der Station auf, die zur Orgel führte. Dann spielte er mir die Toccata von Bach, und ich öffnete die Türen zu den Zimmern der Patienten.

»Mit Pfleger Michael sind Sie in einem Restaurant gesehen worden.«

Ich nickte gelangweilt, sagte: »Wie Sie bestimmt wissen, hat Michael einen Ausreiseantrag gestellt. Im Dienst wollten wir uns darüber nicht unterhalten. Einer der Pfleger hat mich gewarnt: Auf jeder Station sei mindestens einer von der Stasi, es gäbe Hinweise dafür, daß sogar angebliche Patienten eingeschleust würden. Also treffen wir uns außerhalb und reden.

Ist noch etwas? Ich möchte auf meine Station gehen, dort werde ich bestimmt gebraucht.«

»Sie gehen, wenn ich es Ihnen erlaube«, sagte die Oberin schroff.

»Seit ein paar Wochen kümmern Sie sich sehr intensiv um einen jungen Patienten mit einem ungeklärten Anfallsleiden?«

»Ja und?«

Die Oberin schaute mich feindselig an.

»Schwester Vera behauptet, Sie hätten eine … na ja, eine intime Beziehung miteinander.« Es war ihr sichtlich peinlich, darüber zu sprechen. Aber sie faßte sich gleich wieder: »Schämen Sie sich denn gar nicht? Der Junge ist erst siebzehn! Zehn Jahre jünger als Sie. Und Sie sind verheiratet. Dann werden laufend die Klagen Ihrer Kolleginnen an mich herangetragen, daß Sie Geschenke bekommen von den Patienten oder den Angehörigen, manchmal sogar Geld. Neulich soll für Sie auf der Station ein prächtiger Blumenstrauß von einem ehemaligen Patienten abgegeben worden sein.«

Sie beobachtete mich. Wollte sehen, wie ihre Vorwürfe auf mich wirkten. Was sie in mir angerichtet hatten. Sie erwartete bereuende Demut und war sichtlich erschrocken, als ich mit der Hand auf den Tisch schlug.

»Der Siebzehnjährige schreibt Gedichte, weil es die einzige Möglichkeit für ihn ist, seine Konflikte auszudrücken. Ich lese sie, und ich spreche mit ihm. Er darf sich, wann immer er will, an mich anlehnen. Geschenke, die ich bekomme, teile ich mit den anderen Schwestern. Geld stecke ich beim Gottesdienst in den Klingelbeutel. Mit den besagten Blumen habe ich den improvisierten Altar auf der Station für die Krankenkommunion eines Sterbenden geschmückt. Haben Sie sonst noch Fragen an mich, Schwester Oberin?«

»Nein, Sie können zu Ihrer Arbeit.« Sie war plötzlich unsicher, beschämt sogar. »Noch was.« Sie kam mir nach, tat mit einem Mal besorgt, legte ihre Hand auf meine Schulter, die mit dem Ehering, der sie auf ewig mit dem Herrgott verband.

»Sie müssen verstehen, man wird Sie immer anders bewerten als andere Frauen. Sie sehen anders aus, Sie denken anders und – man hat Ihnen das Erziehungsrecht für Ihr Kind entzogen. Sie und ich, wir wissen, warum. Aber die anderen... Irgend etwas sickert immer durch. Durch eine Mitarbeiterin der Lohnbuchhaltung ist etwas über die Existenz Ihrer Tochter auf die Station gekommen. Sie müssen vorsichtig sein. Deshalb muß ich Sie zur Disziplin zwingen. Ich will Ihnen nichts Böses. Nein, im Gegenteil, ich will Sie doch nur schützen. Denken Sie über meine Worte nach. Kurz vor Weihnachten zahlt das Haus fünfzehn Mark für jedes Kind der Angestellten. Sie werden das Geld auch bekommen. Ihre Tochter wird auf der Liste stehen, und Sie werden dafür unterschreiben. Alle im Haus werden denken, daß alles seine Ordnung hat und das Kind wieder bei Ihnen lebt.«

Ich ging, ohne zu antworten.

Schwester Lisa, meine Verbündete, wartete schon auf mich.

»Na, was wollte die Oberin?« fragte sie ungeduldig.

»Wie du gesagt hattest.«

Ich war aufgewühlt.

»Du darfst dir nicht soviel aus allem machen«, tröstete mich Lisa. »Die sind doch nur neidisch, die Marie und die Vera und die Bettina. Deren Neid hast du dir schwer erarbeitet. Wenn sie an dich ranreichen würden, wären sie doch nicht so bösartig.«

»Lisa, das ist nicht der Punkt. Ich habe es satt, immerzu verdächtigt zu werden. Und ich bin müde, verstehst du, einfach nur müde. Will nicht mehr gegen Mauern rennen. Ich sehne mich nach Stille, will nicht mehr kämpfen. Auch dieser Ordnung hier werde ich nie entsprechen, wie ich keiner entsprechen werde. Ich bin eben anders. Es hat keinen Sinn. Andreas hat vor ein paar Tagen Post von seiner alten Tante bekommen.

Ganz unverhofft. Sie hatte jahrelang nichts von sich hören lassen. Sie will uns ihr Einfamilienhaus am Berliner Stadtrand vermachen. Ich war bisher dagegen. Der Weg von dort hierher wäre für mich zu weit gewesen. Wenn ich heute nach Hause komme, werde ich Andreas sagen, daß ich dem Umzug zustimme.«

»Soll das heißen, daß du weggehst?«

»Ja. Die Tante will, daß wir das Haus zum Winter übernehmen. Sie schafft es nicht mehr allein, will ihre Ruhe haben und in eine Neubauwohnung ziehen.«

Lisa war aufgebracht. »So weit hast du dich bringen lassen von diesen verblödeten Weibern hier, die mit ihrem Altwerden nicht klarkommen! Was ist mit deinen Plänen?«

»Ich habe jetzt andere. Ich habe wieder angefangen zu malen. Andreas sagt, in diesem Haus im Grünen hätte ich Ruhe und genug Platz. Vielleicht verkaufe ich auch wieder, wer weiß.«

»Und die Patienten? Manchmal hast du sogar an deinen freien Tagen nach ihnen gesehen. Das soll auf einmal alles vorbei sein? Als ob nichts war?«

»Du kennst mich gut genug, Lisa, du weißt, wie schwer es mir fallen wird. Aber anders geht's nicht. Ich bin an meine Grenzen gekommen, glaub mir das. Ich bin auch körperlich fertig, kaputt. Ich brauche einen neuen Anfang. Manchmal ist ein schmerzliches Ende ein guter Anfang. Ich suche, Lisa, weißt du. Und ich will endlich irgendwo zu Hause sein. Richtig zu Hause. Kannst du das nicht verstehen?«

Lisa sagte betroffen: »Das warst du doch hier bei uns.«

»Nein, Lisa. Ich mache mir nichts vor. Die Stationsschwester von der geriatrischen Station, du kennst sie besser und länger als ich, hat erst vorgestern zu einer anderen Schwester im Park laut und für alle hörbar gesagt: ›So was gehört nicht ans Krankenbett!‹ Und damit meinte sie mich.«

»Und deshalb willst du aufgeben?«

»Lisa, was meinst du, wie gern ich bleiben würde! Aber mir wird es hier zu eng, ich kann meine Ideale nicht wiederfinden. Eigentlich ist es doch immer dasselbe. Die, die oben sitzen, bestimmen, was man denken, fühlen und sagen darf. Ich habe geglaubt, daß es bei der Kirche anders zugeht, und ich habe mich leider geirrt.«

Lisa war enttäuscht, sagte dann aber, bevor sie in einem Krankenzimmer verschwand: »Es muß wohl so sein. Aber merk dir eins: Es wird dir überall so gehen.«

»Es ist schön hier draußen!« sagte ich zu Andreas, als wir den langen Weg vom S-Bahnhof zu unserem neuen Zuhause liefen. Die Einfamilienhäuser mit ihren Vorgärten erinnerten mich an das Professorenviertel meiner Heimatstadt, wo ich als Kind so gern gewohnt hätte. Hier könnte man gut ausruhen. Vielleicht würden mich die Nachbarn mögen. Ich müßte mich anstrengen, ihnen wohlgefällig zu sein.

Niemand, da war ich mir mit Andreas einig, niemand durfte etwas von meiner Vergangenheit erfahren. Wir kannten die Nachbarn noch nicht gut genug, um uns jemandem anzuvertrauen. Wem überhaupt konnte man sich anvertrauen? Vertrauen war ein Wagnis. Die Stasi würde auch hier sitzen, lauern, die Ohren aufstellen, die Augen weit aufreißen, damit ihr ja nichts entginge. Ich ertappte mich, wie ich darüber nachdachte, wer von den neuen Nachbarn es wohl sein könnte, wie ich auf der Suche war nach einem Hinweis. Einer mußte es sein, oder waren es zwei oder gar drei?

Von meinen Freunden aus dem Krankenhaus verließ einer nach dem anderen die DDR. Kam dann ein Anruf, ein Lebenszeichen aus der Freiheit, schossen mir die Tränen in die Augen und die Angst ins Hirn, wenn ich es in der Telefonleitung knacken hörte und vermuten mußte: Die Stasi hört mit.

Andreas hatte mir ein Atelier eingerichtet, im hellsten Zimmer der oberen Etage. Einen drei Meter langen Tisch hatte er gezimmert, eine Staffelei dazu, Lampen angebracht, damit ich auch nachts arbeiten konnte.

Maria ging mir nicht aus dem Kopf. Es war töricht zu glauben, daß die Zeit den Schmerz töten würde. Sie kam nicht gegen ihn an.

Vor Jahren hatte ich Kurt Schmidts Telefonnummer ausfindig gemacht, ihn wieder und wieder angerufen. Ihn angefleht, mein Kind wenigstens sprechen zu dürfen. Er hatte immer nur ins Telefon gelacht. Dann hatte ich versucht, Maria selbst zu erreichen. Nachmittags nach der Schule, wenn Kurt Schmidt nicht zu Hause war.

Ich werde den Tag nicht vergessen, als ich das erste Mal wieder mit ihr sprach. Andreas pflückte gerade Kirschen im Garten. Ich hatte ihm nichts gesagt. Ich saß am Telefon, konnte den Hörer kaum in der Hand halten, so zitterte ich. Es war, als ob ich mit mir selbst telefonieren würde. Sie klang wie ich. Ich durfte mich nicht zu erkennen geben, durfte ihr nicht weh tun. Hatte Angst, daß sie auflegte. Ich verwickelte sie in ein Gespräch, tat so, als sei ich falsch verbunden. Jetzt wußte ich wenigstens, wie sie klang. Ich konnte nicht genug bekommen von ihrer Stimme. Die Tränen rannen über mein Gesicht, und ich glaubte, jeden Moment ersticken zu müssen.

Würde ich sie öfter unter einem Vorwand anrufen, würde sie meine Stimme erkennen, was dann? Sie könnte es ihrem Vater sagen, und der würde sie nicht noch einmal mit mir telefonieren lassen.

»Ich hab's geschafft!« Überglücklich fiel ich Andreas um den Hals, als ich die Verkaufsgenehmigung für meine Bilder vom Magistrat von Berlin endlich in Händen hielt.

Der Genehmigung war eine penible Prüfung vorausgegangen. Längst nicht jeder durfte seine Bilder verkaufen. Erst, wenn feststand, daß die Werke der »sozialistischen Ästhetik« entsprachen. Dies entschied ein eigens dafür berufenes Gremium ideologisch zuverlässiger Mitarbeiter des Magistrates für Kultur.

Ich malte, malte Tag und Nacht wie besessen. Wenn ich sie ansah, meine Bilder, strahlte mir auf jedem Farbenfreude, Fröhlichkeit entgegen. Blumen, weit geöffnete Fenster, Felder und Wiesen, eine schlafende Katze dazwischen. Man konnte die Blumen riechen. Das war meine Sehnsucht. Die erträumte, unwirkliche Freiheit im Detail, die Hoffnung. Die Harmonie, nach der ich hungrig war.

Ich verkaufte in einem Geschäft der Kirche, das mit Kunsthandwerk handelte. Die Kunden kauften.

Es ergab sich für mich die Möglichkeit, an einer Prüfung des Verbandes Bildender Künstler teilzunehmen.

Wir waren zwölf Maler, darunter drei Frauen. Ich war die einzige, die in Öl malte, die einzige, die sich wagte, naive Kunst anzubieten. Mindestens acht Bilder und die dazugehörenden Studien mußte jeder von uns beibringen. Andreas hatte mit mir die großen Bilder geschleppt und aufgehängt. Nachdem die Bilder vom Professor und seinen zahlreichen Kollegen begutachtet worden waren, wurde jeder Maler einzeln in ein benachbartes Zimmer gerufen.

Da wurden die Urteile gesprochen.

Auf der langen Tafel, an der sich alle die versammelt hatten, die wußten, wie Kunst auszusehen hatte, standen noch die Reste der kalten Platten. Es duftete nach den längst verspeisten Hackepeterbrötchen und Tomatenscheiben. Die Kognakgläser waren mehr oder weniger geleert, und mancher der Juroren hatte rote, glasige Augen. Die Stimmung unter ihnen war gelöst. Es schien sich eher um eine Belegschaftsfeier zu handeln, bei der man sich die Pausenclowns zur Belustigung der Reihe nach hereinrief.

Mancher Maler stürzte mit hochrotem Kopf wutentbrannt aus jenem Zimmer. Die beiden Frauen kamen weinend zurück.

Als ich an der Reihe war, hatte die Stimmung der Begutachter schon längst ihren Höhepunkt erreicht, und es schlich sich Müdigkeit bei ihnen ein.

»Vorbilder?« fragte der weißhaarige Professor.

»Paula Modersohn-Becker und Henri Rousseau«, antwortete ich, tat, als ob ich nichts bemerkt hätte. Das Gremium kicherte.

»Und?« fragte der Professor desinteressiert.

»Was und?« fragte ich zurück.

»Sie müssen uns doch etwas über Ihre Bilder sagen können?«

»Ja. Natürlich. Sie müssen nur fragen.«

»Was wollen Sie mit Ihren Bildern ausdrücken?«

Ich dachte, wenn der jetzt noch einmal gähnt, räum' ich ihm die Tafel ab, schmeiß' sie um, mit einem Fußtritt, daß ihm Hören und Sehen vergeht. Er gähnte nicht.

»Ich möchte mit meinen Bildern Geschichten erzählen.« Ich zwang mich zur Ruhe. »Es gibt da ein Lied der Gruppe Karussell, Sie werden es bestimmt kennen.

Ich habe ein Bild dazu gemalt … Es heißt wie das Lied: ›Als du fortgingst‹.«

»Wer ist denn ›Karussell‹?« Der Frager mit den müde glänzenden Augen nahm sich rasch noch ein belegtes Brötchen und einen Kognak hinterher. Fünfundvierzig Mark hatte jeder Maler zu bezahlen, um an dieser Prüfung teilzunehmen, die waren wohl für das Büfett. Es war peinlich.

Der Professor kam zur Sache, wollte es endlich hinter sich bringen.

»Mit Bildern Geschichten zu erzählen ist bei uns nicht gefragt«, sagte er, tat beleidigt. »Ihre Bilder haben keinen politischen Hintergrund. Keinerlei Reflexion auf politische Zusammenhänge. Sie setzen sich nicht mit unserer sozialistischen Gegenwart auseinander. Keine gesellschaftliche Bedeutung. Ihre Bilder haben lediglich einen dekorativen Wert. Zuviel Firnis, für meinen Geschmack. Die eine oder andere Metapher, na gut …, aber … ein aufgeschnittenes Brot und ein Glas Milch, ein angebissener Apfel hinter einem geöffneten Fenster! Ich bitte Sie. Was soll das bedeuten?«

Ich antwortete, obgleich ich schon wußte, daß ich längst verloren hatte, es Zeit war, aufzugeben: »Ein arbeitender Mensch kommt nach Hause und gönnt sich eine frische Scheibe Brot und ein Glas Milch, beißt in einen Apfel, macht das Fenster auf und kommt zur Ruhe, entspannt sich.«

Der Professor stutzte. Sagte dann, als wollte er mich so schnell wie möglich loswerden, wie eine Laus, die einem im Pelz juckt: »Sie können ruhig weiter verkaufen, aber eine Aufnahme in den Verband Bildender Künstler können Sie vergessen …«

Ich ließ ihn nicht ausreden, schlug wütend die Tür hinter mir zu.

Andreas schleppte mit mir die Bilder ins Auto. Ich war außer mir, schimpfte: »Gottverdammte arrogante Idioten!«, als Andreas stehenblieb und hinüber auf die andere Straßenseite deutete. Da stand vor einem Geschäft ein mannsgroßes Plakat, auf dem die Ausstellung einer polnischen Malerin »Mit Bildern Geschichten erzählen« angezeigt war.

Es wurde immer schwieriger, Maria ans Telefon zu bekommen. Ich machte mir Sorgen, weil seit Wochen niemand den Hörer abnahm.

Dann die Erklärung.

»Schmidt, nein, Schmidt wohnt hier nicht mehr. Nach der Scheidung hat er das Haus an uns verkauft«, sagte eine fremde weibliche Stimme. »Es soll bereits seine dritte Scheidung sein, uns ist das egal, wir werden schon was machen aus dem Saustall, den er uns hinterlassen hat.«

»Ach so«, sagte ich, gab mich unbeeindruckt. »Davon weiß ich ja noch gar nichts.«

»Na, seien Sie bloß froh. Sachen könnte ich Ihnen da erzählen. Ich weiß ja nicht, wie Sie zu dem Schmidt stehen, aber die neue Adresse und Telefonnummer könnte ich Ihnen geben, wenn Sie wollen.«

Ich nahm ihr Angebot dankbar an. Maria hatte jetzt eine zweite Scheidung miterlebt. Ich mußte etwas tun. Wer weiß, dachte ich, in welcher Not sie ist, was sie mit ansehen mußte, wenn Kurt Schmidt vielleicht auch seine dritte Frau mißhandelt hat.

Ich wählte die neue Nummer. Paßte das Kind wieder am Nachmittag ab. Diesmal gab ich mich zu erkennen.

»Maria! Maria, hier ist deine Mama! Nein, nein, leg jetzt nicht auf, bitte, sag mir nur, ob es dir gutgeht.« In mir krampfte sich alles zusammen vor Aufregung.

»Mama?« sagte sie. »Mama.« Sie hatte mich erkannt. Dann war es eine Weile still. Ich küßte in den Hörer, hätte alles dafür gegeben, sie einmal umarmen zu dürfen.

»Damit muß ich erst einmal fertig werden, daß du es bist, Mama«, sagte sie leise.

»Erzähl mir was von dir, mein Kind! Singst du immer noch so gern? Weißt du noch, wie wir zusammen Lieder gelernt haben?«

Sie lachte verhalten, sagte: »Ja, weiß ich noch.«

Jetzt hatte ich die Gewißheit, sie konnte sich ganz genau an mich erinnern. Die Psychologin, die vor Gericht das Gegenteil behauptet hatte, hatte gelogen.

Maria erzählte von ihren guten Zensuren in Deutsch und Zeichnen, und daß sie Dekorateurin oder Friseuse werden wollte. Ich fragte sie, wie es denn jetzt mit dem Vater sei, nach der Scheidung, dem Umzug. Sie antwortete auf jede dieser Fragen wie ein perfekt programmierter Computer:

»Schön.«

»Hast du nicht Lust, mich einmal zu besuchen, hier in Berlin? Es würde dir gefallen. Wir haben ein Haus mit einem großen Garten und einen Hund.« Ich wollte sie neugierig machen.

»Weiß nicht. Ich möchte schon, aber der Vati muß es erst erlauben. Und wer ist wir?« fragte sie wie eine Erwachsene. Ich staunte, wie wortgewandt sie war, und war erleichtert, weil sie hochdeutsch sprach und nicht mehr stotterte.

»Mein Mann und ich«, antwortete ich.

»Daß du einen Mann hast? Bist du auch wieder verheiratet?«

»Ja, schon seit acht Jahren. Wieso stellst du solche Fragen, Maria?«

»Weiß nicht.«

»Arbeitest du denn?« war ihre nächste Frage.

»Kind, ich frag' mich jetzt, was das alles soll, was hast du überhaupt für ein Bild von mir?«

»Weiß nicht.«

»Ich war Krankenschwester. Seit ein paar Jahren arbeite ich freiberuflich als Malerin. Was möchtest du noch über mich wissen?«

»Viel«, stammelte sie, »aber ich darf nicht.«

»Du mußt dir bei jedem Atemzug bewußt sein: Ich liebe dich sehr. Und du kannst immer zu mir kommen.« Ich spürte ihre Unsicherheit.

Maria sagte leise: »Ja? Wirklich?«

»Wie wäre es, wenn du mir eine Fotografie von dir schicken würdest, damit ich weiß, wie du jetzt aussiehst?« bettelte ich. »Und ein paar Zeilen dazu.«

»Weiß nicht, was der Vati dazu sagt, er muß es mir erst erlauben.«

»Gut«, sagte ich. »Laß dir Zeit. Wenn du Sorgen hast oder Fragen, kannst du mich anrufen, oder wenn du etwas brauchst.«

»Nein«, sagte sie, »das würde der Vati merken, an der Telefonrechnung.«

»Ich muß überlegen, wie ich etwas für dich tun kann. Du erreichst mich immer unter der Adresse, die auf der rosaroten Zahlkarte steht, mit der ich dir jeden Monat den Unterhalt schicke.«

»Was?« fragte das Kind erstaunt. »Du schickst mir Geld?«

»Ja«, sagte ich, verwundert, daß sie anscheinend darüber nichts wußte.

»Aber der Vati erzählt mir doch, daß du nicht für mich zahlst. Asozial bist.«

Es gab nur einen Weg. Ich mußte mit Maria persönlich reden. Nach Thüringen fahren. Sie abpassen, ihr sagen, wie es damals wirklich war, ihren Vater Lügen strafen.

»Darf ich dich wieder anrufen?« fragte ich zögernd. Ich war mir nicht sicher.

»Ja«, sagte Maria. Sie weinte.

Mir tat alles weh. Trotzdem hatte ich Hoffnung. Ich machte Pläne. Ich wollte sie nach Berlin holen. Erreichen, daß sie wenigstens in den Schulferien bei mir sein konnte.

Als ich Andreas von dem Telefonat erzählte, sagte er: »Du bist verrückt. Das bringt doch nichts. Der Schmidt wird schon wissen, wie er den Riegel vorzuschieben hat. Er wird verhindern, daß du deine Tochter wiedersiehst, das ist so sicher wie das Amen in der Kirche. Stell dir mal vor, da hat er alles darangesetzt, dir das Kind wegzunehmen, es dir zu entfremden, und jetzt soll er mit einem Mal erlauben, daß du mit dem Mädchen in Kontakt trittst? So naiv kannst du doch wohl nicht sein. Der wird dich weiter quälen, der macht doch eine Lebensaufgabe daraus. Er wird dich in den Dreck ziehen, um sich damit selbst den eigenen Dreck abzuwaschen.« Andreas reagierte mit der Sachlichkeit eines Nichtbeteiligten.

Was, wenn Andreas recht hätte? Das würde ich nicht ertragen, jetzt, wo ich mit dem Kind gesprochen hatte. Wo mir Maria mit ihrer Stimme nahe schien, als hätte ich sie anfassen können, wo es Hoffnung gab, sie endlich, endlich wiedersehen zu können.

Ich versuchte immer wieder, Maria anzurufen. Es ging niemand an den Apparat.

Hatte der Vater ihr verboten, den Hörer abzunehmen?

Hatte er vielleicht die Nummer ändern lassen, damit ich sie nicht mehr sprechen konnte? Oder wollte sie selbst kein Gespräch mit mir? Sie hatte ihm gewiß von unserem Telefonat erzählt, und er hatte sie sich vorgenommen – sie gestraft, weil sie mit mir gesprochen hatte. Ja, so mußte es gewesen sein, diese Erklärung lag nahe. Und sie tat weh.

Andreas sagte: »Laß es sein, wie es ist. Denk an unser Kind.« Jeder Mann hätte so reagiert, wenn seine Frau schwanger wäre. Wie konnte ich an das ungeborene Kind denken, ohne an das zu denken, das schon lebte?

In Leipzig gingen die Menschen auf die Straße. Brüllten ihren Zorn heraus. Endlich. Bäumten sich auf vor Verzweiflung, weil nichts war, wie man es ihnen vor vierzig Jahren versprochen hatte. Der Sozialismus, dieses kränkelnde, gehätschelte Kind, das immer wieder aufgeputzt wurde, um es der ganzen Welt vorzuführen, lag im Sterben, noch bevor es laufen gelernt hatte. Es war zu spät, nichts mehr zu retten, der Graben zu tief zwischen Schein und Wirklichkeit.

Ich verlor mein viertes Kind. Andreas sagte: »Vielleicht soll es nicht sein.«

»Vielleicht«, sagte ich, drehte mich im meinem Bett zur Wand. Ich konnte es nicht mehr sehen, sein enttäuschtes Gesicht. Und ich wollte den Spruch der Ärzte nicht mehr hören: Sie können Kinder bekommen, Sie sind gesund. Und ich konnte meinen Schmerz nicht mehr ertragen. Es war wie jedesmal, grausam. Ich erholte mich nur langsam, mußte liegen, fühlte mich elend. Versuchte, die Gedanken an meine verlorenen Kinder zu verdrängen.

Die Massenflucht der Menschen aus der DDR hatte mit dem Run auf die Botschaften von Prag und Budapest ihren Höhepunkt erreicht.

»Eigentlich sollten wir auch dabeisein«, sagte ich zu Andreas, der in der letzten Zeit sehr gereizt war.

Sein Abteilungsleiter bedrängte ihn seit Tagen, in die Partei einzutreten. Für einen Angestellten des Rundfunks im Rang eines Gruppenleiters sei es selbstverständlich, Mitglied der SED zu sein.

»Wenn ich es nicht mache, setzen sie mir den nächstbesten Idioten vor die Nase, weil der in der Partei ist, und dann lassen sie mich Achten laufen«, sagte Andreas, und nachdem er seine Pfeife gestopft hatte: »Ich mach's trotzdem nicht, und wenn sie mich noch so unter Druck setzen. Aber wenn wir weggehen, verlieren wir alles. Unser Haus, unseren Garten. Wir werden nie sehen, wie die Bäume, die wir gepflanzt haben, in den Himmel wachsen. Alles wäre verloren. Und es ist ja auch nicht sicher, ob sie uns nicht erwischen. Ich würde eine Haftstrafe überstehen. Aber du mit deiner schwachen Gesundheit? Dich würden sie kaputtspielen, die Vorarbeit haben sie ja schon geleistet.«

Wir saßen lange wach an diesem Abend, bis tief in die Nacht.

Redeten. Schwiegen. Mich beschäftigte: Wer waren diese »sie«? Sie überall zu wissen, die Pharisäer, die Denunzianten, die Machtbesessenen, war eine bedrükkende Gewißheit. Die Angst vor der chinesischen Lösung, daß mit Waffengewalt alles niedergeschossen würde, was sich dem desolaten Staatssystem der DDR entgegenstellte, nach Revolution schrie, nach Demokratie, lähmte mich. Der Alexanderplatz als Hinrichtungsstelle, wie der Platz des Himmlischen Friedens in Peking? Nur dieses Bild hatte ich vor Augen, diese Angstvision mit ihren gespenstischen Bildern. Ich hatte Angst um meine Freunde, von denen ich wußte, daß sie auf den Straßen gegen den SED-Staat demonstrierten. Angst vor dem Bürgerkrieg, der uns die Russen ins Land holen könnte, die womöglich den »deutschen

Herbst 1989« mit Waffengewalt, gleich dem Prager Frühling 1968, ausmerzen würden ... Und wenn es zum Bürgerkrieg käme, was würde aus meiner Tochter?

Ich mußte Maria erreichen, versuchen, sie zu schützen.

Telefonierte wie eine Irre. Nichts. Kein Kontakt. Vielleicht hatte Kurt Schmidt die Zeichen der Zeit zu deuten gewußt und sich ins Ausland abgesetzt? Hatte er Maria mitgenommen? Vielleicht war Genosse Kurt Schmidt sogar mitten unter den Botschaftsflüchtlingen? Hatte er bereits die Seiten gewechselt?

Als Andreas am 9. November von der Arbeit nach Hause kam, wirkte er irritiert. Er ließ Tasche und Jacke fallen und ging ins Wohnzimmer, wo er gleichzeitig Radio und Fernseher einschaltete.

»Was ist?« fragte ich beunruhigt.

Er zuckte mit den Schultern und sagte hektisch: »Ich weiß nicht, aber irgendwas läuft.«

Wir saßen den ganzen Abend vor dem Fernseher. Es war spät geworden. Ich war müde. Andreas machte mich nervös, weil er immer wieder umschaltete. Dann kam die Nachricht. Die innerdeutsche Mauer war gefallen. Nach vierzig Jahren wurde die Gefängnistür geöffnet. Wildfremde Menschen umarmten sich, trunken vor Glück. Selbst Männer weinten. Bilder, die um die Welt gingen.

Wir hörten, wie unsere Nachbarn ihre Autos eilig aus den Garagen fuhren, sich auf den Weg machten, um auch dabeizusein.

Andreas hatte sich aus der Küche eine Flasche Bier geholt, fragte vorsichtig: »Wollen wir auch hinfahren?« Ich schüttelte nur den Kopf. Wir umarmten uns. Hatten das Bedürfnis, uns gegenseitig festzuhalten.

Andreas sagte, wobei er mich streichelte: »Jetzt ist endlich alles vorbei, du brauchst keine Angst mehr zu haben. Es ist vorbei, verstehst du, vorbei, vorbei, vorbei!«

Ich fühlte mich schwach und schwindlig wie ein Schwerkranker, der nach langem Krankenlager aufstehen und wieder ins Freie darf, um erste Schritte zu wagen.

Nach Tagen hatte ich endlich wieder meine Tochter am Telefon. Maria erzählte freudig, daß der Vater ihr einen Stereokasettenrekorder gekauft hatte. Ich fragte: »Und wie geht es dir sonst? Ich habe mir große Sorgen gemacht, weil ich dich so lange nicht erreichen konnte.«

Ihr »Gut« klang aufgesetzt, einstudiert. Ebenso die patzige Antwort, daß sie nichts von mir brauchen, ihr Vater alles für sie tun würde. Jedoch hilflos ihre Antwort auf meine Frage, wann sie mich besuchen käme oder ob ich zu ihr kommen könnte: »Weiß nicht.«

Ich fragte, weil ich das Gefühl hatte, Kurt Schmidt würde hinter ihr stehen: »Hast du Angst?«

Sie schrie stotternd ins Telefon: »Mein Vater ist nicht gewalttätig! Ihr lügt alle! Alle lügt ihr!« Dann wurde der Hörer aufgelegt. Meine Hoffnung war tot.

Es dauerte Wochen, bis ich mein seelisches Gleichgewicht wiederfand. Freunde, die all die Jahre vorher nichts von der Existenz meiner Tochter wußten, reagierten, als ich ihnen jetzt von ihr erzählte, schockiert. Ich merkte, wie es ihnen, jetzt, wo sie es wußten, schwerfiel, mit mir umzugehen. Manche blieben ganz weg, aus Enttäuschung, wie sie sagten, daß ich sie nicht ins Vertrauen gezogen hatte. Die mir geblieben waren, ermutigten mich, doch noch einmal einen Anwalt aufzusuchen. Das Wort »Rehabilitierung« war kurz nach der Wende in aller Munde. Es gab Hoffnung, daß man zu seinem Recht kommen würde.

Der neunte Anwalt, dieselbe Geschichte. Ich hatte keine Nerven mehr. An unserem Gartenzaun hatte jemand ein überdimensionales Plakat angebracht. »Ausländer raus!« stand darauf in roten und schwarzen Lettern. Kurz darauf wurde unser weißer Briefkasten am Gartenzaun mit schwarzer Farbe besprüht.

Von nun an ging ich jeden Tag, bevor ich unseren Hund nach draußen ließ, das Grundstück ab, auf der Suche nach Giftködern.

Der Anwalt beantragte beim zuständigen Bezirksgericht in Thüringen die Kassation des damaligen Urteils.

... bei der Erziehungsrechtsentscheidung haben sich die Gerichte nicht vom Wohl des Kindes leiten lassen, sondern haben eindeutig die politische Haltung der Elternteile berücksichtigt.

Damit war die Tätigkeit des Vaters unter anderem als Abgeordneter und Parteileitungsmitglied Grund, das Erziehungsrecht dem Vater zuzusprechen, obwohl durch die Mutter das Kind vorher vier Jahre lang betreut wurde. Dabei spielte es keine Rolle, daß der Vater des Kindes die Ursachen für das Scheitern der Ehe setzte.

Um dieses Ziel zu erreichen, mußte die Mutter als asozial und arbeitsscheu diffamiert werden.

Ziel des Kassationsantrages ist es, die politische Diffamierung der Mutter, die sie in der Erziehungsrechtsentscheidung sieht, aufzuheben.

Die Mutter ist sich durchaus bewußt, daß die Erziehungsrechtsentscheidung nach so vielen Jahren nicht anders ausfallen wird. Sie möchte diese Entscheidung im wesentlichen vom Willen des Kindes abhängig ma-

chen. Entscheidend für die Antragstellerin ist, daß die Begründung der Entscheidung den tatsächlichen Gegebenheiten entspricht ...

Der Thüringer Senat für Familien- und Zivilrecht antwortete:

... Nach Artikel 17 und 18 sowie Anlage I, Kapitel III, Sachgebiet A, Abschnitt III, Ziffer 14, Buchstabe d), e) und h) des Einigungsvertrages vom 31.08.1990 sowie Artikel 3 Nr. 6 und Artikel 4 Nr. 1 und 2 der Vereinbarung vom 18.09.1990 in Verbindung mit Artikel 1 des Gesetzes vom 23.09.1990 besteht die Möglichkeit der Aufhebung rechtskräftiger Strafurteile.

Die zu beachtende Gesetzes- und Rechtslage bietet keine Möglichkeit der Rehabilitierung bzw. Kassation von gerichtlichen Entscheidungen auf anderen Rechtsgebieten bzw. nur im Zusammenhang mit einem erfolgreichen Kassations- oder Rehabilitierungsverfahren in Strafsachen.

Ich rannte gegen Wände, die wieder so hoch waren, daß ich sie nicht überwinden konnte.

Kurt Schmidt beantragte beim Jugendamt die Überprüfung meiner »wirtschaftlichen Verhältnisse zwecks Unterhaltserhöhung«, wie es im Amtsdeutsch hieß. Der Brief des Amtes kam per Einschreiben, und mir wurde eine Frist gesetzt, bis wann ich Stellung zu nehmen und eine aktuelle Nettolohnbescheinigung zuzuschikken hätte.

Ich erfüllte die Forderungen. Gleichzeitig appellierte ich an die Behörde, Einfluß auf Kurt Schmidt zu nehmen, daß ich mein Kind sehen dürfe. Ich wies auf die politischen Umstände hin, unter denen ich mein Kind verloren hatte.

Ich wartete. Es kam keine Nachricht.

Nachts hatte ich wieder Alpträume, alles war wieder ganz nah, die alten Wunden waren aufgerissen. Ein Vierteljahr später brachte der Postbote ein Einschreiben. Es war von Kurt Schmidt. Er verlangte fast das Dreifache des alten Unterhaltes, drohte mit gerichtlichen Schritten, wenn ich den geforderten Betrag nicht zahlen würde. Er fühlte sich im Recht, gab sich kraftgeil.

Ich befragte meinen Anwalt und das Berliner Jugendamt.

Die Empörung derer, mit denen ich sprach, konnte auch nichts besser machen. Aber eines stand fest, ich zahlte genügend Unterhalt, und ich hatte laut § 1634 des Bürgerlichen Gesetzbuches, das seit der Wiedervereinigung beider deutscher Staaten auch für uns in der ehemaligen DDR Gültigkeit hatte, uneingeschränktes Umgangsrecht mit meinem Kind. Wieder ein Hoffnungsschimmer.

»Bestimmt werde ich Maria bald sehen«, sagte ich zu Andreas, der hingegen skeptisch reagierte: »Das läßt der Schmidt nie zu, da stürzt doch sein Lügengebäude ein, das riskiert er nicht. Eher strengt er sein krankes Hirn Tag und Nacht an, um einen neuen Dreh zu finden.«

Ich war nicht zu belehren, schrieb Kurt Schmidt einen langen Brief. Flehte, bettelte. Bot an, meine finanzielle Unterstützung auszuweiten, wenn ich sie nur sehen könnte, die Tochter, die inzwischen fast sechzehn war. Schrieb, daß schon ein Foto von ihr ein großes Glück für mich wäre.

Ich wartete jeden Tag auf den Postboten. Vergeblich.

Andreas wollte mich davon abbringen, noch einmal an das Jugendamt in Thüringen zu schreiben. Sagte:

»Schmidt wird lügen, daß sich die Balken biegen, und Spaß haben, daß du dich weiter von ihm quälen läßt. Und woher willst du wissen, wer da jetzt noch oder schon wieder im Jugendamt den Ton angibt?«
Abbringen ließ ich mich dennoch nicht, auch wenn ich einige Befürchtungen von Andreas teilte. Aber ich wollte mein Kind endlich wiedersehen, rechnete mir Chancen aus. Wer könnte etwas dagegen haben, daß eine Mutter ihr Kind wiedersieht, in einem demokratischen Land? Wir würden uns umarmen, weinen und danach lange miteinander sprechen. Ja, so würde es werden.

So wurde es nicht.

Das Thüringer Jugendamt schickte mir einen abschließenden Bericht:

... Wir hatten den Eindruck, daß es Ihrer Tochter gutgeht. Ein verständnisvoller Vater kümmerte sich bisher sehr intensiv um das Mädchen, das doch im Laufe seiner Entwicklung mehr oder weniger Probleme hatte. Es schien uns, daß beide ein gutes Vater-Kind-Verhältnis verbindet. Nach Ihrem Schreiben hat Herr Schmidt mit der Tochter über Ihre Familienproblematik gesprochen und diese Dinge mit vorhandenen Akten belegt. Der Kindesvater lehnt den Umgang mit Ihnen ab, solange ihn das Mädchen nicht wünscht.

Wir haben mit dem Mädchen ausführlich darüber gesprochen und beiliegende Erklärung aufgenommen. Da das Mädchen bald 16 Jahre alt wird, kann es entscheiden, und es mußte auch bei gerichtlichem Vorgehen befragt werden, ob es den Kontakt zur Mutter wünscht oder nicht.

Entscheidend bei allen Varianten Ihres Vorgehens sollte doch immer das Kindeswohl sein, an dem Ihnen sicher ebenfalls sehr gelegen ist. Das Ergebnis unserer Bemühungen wird Sie gewiß etwas enttäuschen, aber wir können es nicht ändern ...

Auf einem anderen Blatt Papier war Marias Erklärung getippt.

Datum, Personalien, wie auf einem Gerichtsprotokoll.

Ich sprach mit meinem Vati über die Ehe meiner Eltern. Wir gingen gemeinsam die Gerichtsakten durch und sprachen über die damaligen Probleme. Mein Vati zeigte mir den Brief meiner Mutter. Dazu möchte ich folgendes sagen:

In den vergangenen Jahren hat sich mein Vati sehr um mich gekümmert und mir immer bei Problemen geholfen. Von meiner Mutti erhielt ich kaum Grüße zum Geburtstag oder zu Weihnachten.

Ich möchte keine Verbindung zu ihr haben, da sie für mich wie eine fremde Frau ist.

Mit Schreibmaschine stand Marias Name geschrieben.

Darunter ihre kindliche Unterschrift.

Ich las diese Worte immer und immer wieder. Legte den Brief beiseite, holte ihn wieder vor, meine Augen konnten nicht von der Unterschrift des Kindes lassen. Dieser handgeschriebene Namenszug war das einzig Persönliche, was mir blieb von meiner Tochter, und ihre Unterwäsche, die sie als Vierjährige getragen hatte. Das mußte mir reichen. Mehr stand mir wohl nicht zu. Es war endgültig.

Ich schlug mir Nächte um die Ohren, zermarterte mir das Hirn.

Nein, nein, mein Kind! Ich werde nicht mehr um deine Liebe kämpfen, schon gar nicht feilschen. Deine

Mutter ist keine Händlerin, die sich die Liebe ihres Kindes erkaufen muß. Meine Kämpfe um dich habe ich gekämpft und alle verloren. Werde selbst Mutter, dann weißt du, was das heißt. In meinem Herzen werde ich dich haben, mein Leben lang, weil da der sicherste Ort ist. Da kann dich mir niemand wegnehmen, und da sollst du bleiben. Ich lasse dich los. Weil ich dich liebe. Aber weil ich kühn und unbelehrbar bin, weiß ich, daß du irgendwann vor meiner Tür stehen wirst. Ich stelle es mir jeden Tag vor, wie es einmal sein wird. Heute begreife ich die Worte meiner Mutter, die einmal zu mir gesagt hat: Kinder sind einem nur geliehen.

Den Entschluß, ein elternloses Kind zu adoptieren, faßten wir, als ich wieder lächeln konnte.

❄ ❄ ❄

Band 61324

Anne Christen

Flucht nach vorn

Anne ist gerade 22, als sie ihrer Abenteuerlust folgt und ein neues Leben in Mexiko beginnt. Ihr erster Heimaturlaub hat ihre Tochter Marlene zur Folge - ein unerwartetes, aber dennoch willkommenes Geschenk. Ihr Glück wird perfekt, als sie den Revolutionär Raúl kennenlernt. Mit ihm wird der Traum vom bunten Leben in dem geliebten Land wahr.
Aber Raúl verändert sich total, als Anne von ihm ein Kind erwartet. Die nun folgenden Jahre voller Streit und schließlich Psychoterror kann sie nur schwer ertragen. Als sie sich entschließt zu gehen, nimmt Raúl ihr die gemeinsame Tochter weg. Doch die selbstbewußte Mutter läßt sich nicht einschüchtern und greift zu drastischen Mitteln, um ihr geliebtes Kind zurückzubekommen.

BASTEI LÜBBE